巴基斯坦研究丛书

四川大学巴基斯坦研究中心
教育部人文社会科学重点研究… 四川大学南亚研究所

…继东　晏世经／主编

巴基斯坦报告

（2010年）

Bajisitan Baogao（2010）

陈继东　晏世经　等著

四川出版集团　巴蜀书社

四川省哲学社会科学研究规划项目
“巴基斯坦研究”系列成果

目 录

总　论

2010年巴基斯坦局势述评

陈继东　晏世经

2010年，巴基斯坦恐怖袭击事件不断、部落地区塔利班势力活跃、宪法修正案架空总统权力，表明巴基斯坦社会转型正在进一步深化。特大洪灾影响巨大，灾后重建任重道远，巴基斯坦经济处于困难时期。外交姿态活跃，但成果有限。

一、民主化进程艰难推进，政治转型尚未完成

2010年，以人民党为主导的执政联盟继续推进巴基斯坦的民主化进程，其标志性进展是通过宪法第18修正案，把总统拥有的解散议会、罢免总理和任命军队最高指挥官的权力移交给政府总理，完成了“总统集权”与“总理集权”的新一“轮回”。

巴基斯坦建国以来，伴随着民选政府执政和军人政府执政的交替，出现“总理集权”与“总统集权”的多次“轮回”。1973年宪法确立以政府总理执掌大权的两院制政体，国家总统不掌实权，主要是礼仪性职位。但此后的齐亚·哈克军人政府上台执政后，通过宪法修正案，把大权收归总统，由总统掌握国家大权，

可以罢免政府总理、解散议会。齐亚·哈克之后，巴基斯坦经历了人民党和穆斯林联盟轮流执政的十年，民选政府通过宪法修正案，把军人政府时期移交总统的各项大权又收归政府总理，从而完成由“总理集权”到“总统集权”再到“总理集权”的一次“轮回”。

1999 年穆沙拉夫执政后，通过宪法修正案，把解散议会、罢免总理和任命军队最高指挥官的权力收归总统执掌，巴基斯坦政体又转到“总统集权”。

2008 年民选政府执政后，即着手准备新的宪法修正案，要把解散议会、罢免总理和任命军队最高指挥官的权力收归联邦议会，即要把巴基斯坦政体转到“总理集权”，这成为巴基斯坦民主化进程的核心问题。宪法第 18 修正案的通过和生效，标志着巴基斯坦民主化进程取得重大进展。

然而，巴基斯坦的政治转型还未完成。随着最高法院判决“全国和解令”无效，巴基斯坦各政治势力以此为中心展开了新的博弈。重新审理因“全国和解令”而撤销的案件，既是法制问题，也是政治问题，是巴基斯坦民主化进程难以回避的重大问题。但这又直接涉及现任总统和执政党多位政府高官，事关政局稳定与否，各方均全力以赴，不敢掉以轻心，由此衍生出一系列事端。

国家问责局在此事中的作用极为重要，是具体执行最高法院相关判决的国家机关，但作为政府机关的组成部分，国家问责局又难以对政府首脑和国家总统采取行政行动，只能对最高法院拖延搪塞而冒着藐视法律的风险。在巨大压力下，国家问责局局长辞职以求自保，围绕任命国家问责局新任局长一事，又经历了一番较量。

法院法官的任命问题也是与此相关的重要问题。巴基斯坦民主化进程的一个重要内容，就是恢复和健全法制，而法官和由法官组成的法院是法制的主要践行者。涉及旧案件是否要予重审和如何审理等问题，法官的立场极为重要。法庭判决所产生的连带政治效应，将对政局走向产生影响。因此，围绕最高法院的法官任命问题，政府和司法展开了针锋相对的博弈。此事并未结束，今后还将继续演变。

综上，2010 年的巴基斯坦政局给人“摇摇欲坠”的感觉，但又“摇而不坠”，人民党政府还是能克服困难，渡过危机，继续生存下来。之所以如此，主要原因有以下几点：

一是人民党的执政地位相对稳固。人民党执政联盟在议会拥有过半数席位，在举行新的大选前，最具挑战实力的穆斯林联盟（谢里夫派）也难以改变这一政治组合结构。因此，人民党的执政地位还是相对稳固的。

二是穆斯林联盟（谢里夫派）并不急于上台执政。目前，巴基斯坦正处于社会转型时期，各种矛盾集中爆发，社会动荡，经济困境，安全形势严峻。穆斯林联盟（谢里夫派）采取的策略是在中央对人民党保持压力，不参与执政，从而不承担执政责任；集中精力经营旁遮普省，积聚力量，等待时机，在下次大选中合法上台执政，不急于求成，不采取通过街头政治之类的“倒阁”行动取人民党而代之。除穆斯林联盟（谢里夫派）外，其他政党均不具备取代人民党而上台执政的实力。因此，在没有接替者的情况下，人民党政府即使再弱，也能继续执政下去。

三是巴基斯坦军方支持稳定。在巴基斯坦建国以来的 63 年历史上，军队是一支重要的政治力量，曾四次直接接管国家政权，军人政府执政时期合计长达32年之久，比民选政府的执政时间还长。即使在民选政府执政时期，军队的影响力仍然重大。虽然经过穆沙拉夫军人政府九年执政后，军队退出了巴基斯坦政治舞台，回归专业化，但这并不意味着可以忽略军队的影响力。面对恐怖袭击的频频发生和国家安全形势的日益恶化，军方支持社会政治稳定，以防止出现局面失控。任何政治力量都不能不考虑军方态度这一重要因素。

四是美国因素的影响。对巴基斯坦国内政治影响力最大的外部因素是美国的态度。美国对巴基斯坦的要求，一是要配合美国反恐，包括配合美国在阿富汗反恐和打击巴基斯坦境内的恐怖主义。二是要推进民主化进程，坚持议会政治和法制，三是要管好核武器。只要不危及这三条，美国对巴基斯坦国内事务不予过问。人民党政府执政以来，配合美国反恐做了一些实事，2009年还在斯瓦特和南瓦地区进行了两次大规模军事行动，反恐战争在巴基斯坦境内打开了，这是穆沙拉夫执政时所极力避免的。美国要人民党政府继续打下去，并不支持在此时发生巴基斯坦政局变动。

二、外交姿态积极，成果有限

2010年，巴基斯坦外交呈现出“姿态积极，成效有限”的总体特征：全球、地区及双边层面外交有序开展，安全外交、援助外交、伊斯兰世界外交齐头并进；与中国的关系历久弥新；与美国的关系错综复杂，貌合神离；与印度的关系一度向好的方向发展，但很快又回到“冷对峙”状态；与英国的关系小有插曲，与欧盟的市场准入谈判有所进展；加强与周边主要国家联系，增进安全交流、政治互信，扩大经贸合作，巴基斯坦与世界其他国家的经贸、文化和政治联系进一步加强。值得关注的看点主要有以下方面。

其一，巴基斯坦暂时修复了同美国的关系，但深层次矛盾并未得到缓解。

奥巴马阿富汗新战略的另一个重点，就是要继续寻求巴基斯坦的合作与支持，迫其加大打击躲藏在部落地区的塔利班和“基地”组织残余。为此，美国更加关注巴基斯坦政治社会转型问题，推动国际社会加大对巴基斯坦援助力度。2010 年 3 月，美国提升美巴战略对话级别，国务卿希拉里亲自领衔，制定了援助巴基斯坦加强供水、电力供应等基础设施建设，发展农业，改善民生问题等长期规划。巴基斯坦遭受水灾后，美国又提供了大量援助。奥巴马总统还表示 2011 年将访问巴基斯坦，继续推动美巴两国的战略对话。

但是，美巴两国在地区安全威胁问题上的认识并不一致。美国强调，恐怖主义是美巴两国的共同敌人，需要两国加强合作。而对巴基斯坦而言，主要威胁并不是阿富汗塔利班，并不想因为支持美国而再制造一个新的敌人。

其二，印度和巴基斯坦在阿富汗的角力加剧。

阿富汗国内政治格局的变化，使巴基斯坦影响更加凸显，阿富汗同巴基斯坦的关系也不断改善。卡尔扎伊政府更加重视同巴基斯坦的沟通与协调，承认巴基斯坦是阿富汗稳定的最重要国家。这引起了印度的极大担忧。过去 10 年来，印度凭借雄厚的经济实力，已向阿富汗提供了价值十多亿美元的各类援助，是最重要的援助国之一。印度外长克里希纳在访问阿富汗时表示，印度将再向阿富汗提供10万吨小麦援助，克里希纳表示，印度支持阿富汗民族和解，但反对外部势力干预阿富汗政治进程。印度对同塔利班和谈也持保留态度。

其三，巴基斯坦与印度重返对话轨道，僵局虽破，难有实质突破。

印巴关系在2010年先热后冷，1月至7月发展势头较好，但随着两国外长会谈失败，两国关系急转直下，下半年又重新恢复到之前的冷对峙常态。

美国总统奥巴马访印时对印度申请成为联合国安理会常任理事国表示支持，巴基斯坦在四天之内两次表示反对印度入常，这突出显示印巴关系仍然紧张的事实。

总之，2010年，印巴虽重启全面对话，但举步维艰，印巴改善双边关系和推进多边合作，还任重道远。

三、安全形势严峻，反恐“未有穷期”

2010年，巴基斯坦的恐怖袭击总数和总体伤亡人数比2009年有所减少，但在联邦直属部落区（FATA）的袭击数量则有所增加。其中，安全形势最为严峻的地区是巴焦尔、莫赫曼德、开伯尔以及临近的奥勒格宰、白沙瓦。[①] 军队的大规模打击行动主要集中于奥勒格宰和班努等地区，并打死了哈基姆拉·马苏德等

① *Pakistan Security Report 2010*，PIPS.

塔利班组织领导人。但各地区恐怖袭击的数量显示，恐怖主义活动有向巴基斯坦东部和南部扩散的趋势。

另外，2010年的安全形势变化还与美国和巴基斯坦围绕北瓦济里斯坦的争端相关。北瓦济里斯坦是扎尔达里政权上台以来在FATA唯一没有开展过大规模军事行动的地区。美国极力劝说巴政府进一步横扫北瓦地区，重创哈卡尼网络（Haqqani Network）等塔利班武装，配合美国在阿富汗的反恐战争。但巴政府几度加以拒绝。为此，美国加大了对巴基斯坦的压力，并且向外透露，联军的无人机越境攻击是巴方密切配合的结果。

2010年，美军无人机对FATA地区的攻击次数大为增加，[①]其中绝大部分目标都在北瓦济里斯坦。美国显然不打算为巴政府“留面子”，敦促巴军打击哈卡尼网络。[②] 9月27日，北约直升机越境空袭FATA库拉姆地区，打死5人，巴外交部提出强烈抗议。9月30日，北约直升机在追击嫌犯时，误伤巴基斯坦边防哨所中的士兵，造成2死4伤。巴基斯坦关闭北约联军的后勤补给线作为回应。10月6日，美巴公布联合调查报告结果，驻阿美军总司令彼得雷乌斯（Petraeus）做出正式道歉，双方的关系才趋于缓和。10月8日，巴政府决定再次开放托尔哈姆边境。[③]

在整体安全形势未见好转的背景下，巴政府积极推动各地方

---

① *Pakistan Security Report 2010*，PIPS.

② US Sen. Levin urges Pakistan to crack down on al-Qaida-linked Haqqani militant network，*Fox News*，July 11，2010，http：//www. foxnews. com/world/2010/07/11/sen-levin-urges-pakistan-crack-al-qaida-linked-haqqani-militant-network/

③ Govt decides in principle to reopen Torkham，*Dawn*，Oct. 8，2010，http：//www. dawn. com/2010/10/09/govt-decides-in-principle-to-reopen-torkham.html

的重建工作，通过利用外国经济援助和中央政府的财政资源，帮助深受洪灾和战乱之苦的部落地区走上重建之路。

2010 年 3 月，总理吉拉尼批准了开伯尔—普什图赫省、FATA 和省直辖部落区（PATA）恢复经济的修订案，其中包括免除布内尔、斯瓦特、马拉坎德和奇特拉尔的全部债务。①

另外，为了向落后的部落地区宣传政府的方针，2010 年 5 月，巴基斯坦从美国国际开发署获得 2 台价值 800 万美元的调幅发射机，用以提高白沙瓦等地的广播覆盖率。② 巴基斯坦和平研究所还制定了反激进主义运动的 FM 广播计划，正筹备实施。③ 在此之前，部落地区只能收听到 BBC、Khosh Radio、VOA 和印度的广播频道。④

但美方仍然在北瓦问题上继续向巴政府施压。目前，美巴双方在北瓦问题上的博弈还在继续。未来的发展取决于地区形势的走向。

四、经济再陷困境，灾后重建任重道远

2010 年，巴基斯坦宏观经济先起后落，总体形势堪忧。

---

① Prime Minister approves revised relief package for NWFP, *APP*, Mar. 13, 2010, http://www.app.com.pk/en_/index.php?option=com_content&task=view&id=98445&Itemid=2

② $8m deal inked with US for radio transmitters upgradation, *The News*, May 7, 2010, http://thenews.jang.com.pk/TodaysPrintDetail.aspx?ID=237964&Cat=2&dt=5/7/2010

③ 详情参见 www.san-pips.com

④ Khalid Aziz, Causes of the Rebellion in Waziristan, *Criterion quarterly*, vol. 2, April-June 2007, p. 29.

面对全球金融危机后续影响逐步凸显、安全形势持续恶化、电力供应严重短缺等不利因素的挑战，巴基斯坦政府及时出台稳定经济的政策和措施，使 2010 年 1—6 月宏观经济运行总体平稳，经济呈现温和复苏的迹象。①

然而，7—8 月的特大洪灾给农业和畜牧业造成了沉重打击。暴雨和洪水共毁坏约 240 万公顷农作物，占巴 970 万公顷夏播面积的 24.74%。包括灌溉系统在内的大量农业基础设施也在洪灾中受损，另有超过 50 万头牲畜被洪水冲走。据估计，洪灾给巴农业和畜牧业造成高达 50 多亿美元的损失。② 洪水造成原材料短缺和基础设施被毁，能源供应持续紧张，导致大型制造业出现下滑，直至 12 月才重新恢复增长，受影响较大的行业包括建筑、石油精炼及棉纺和其他以农业为基础的行业。

洪灾地区公私部门和国外机构开展大规模救助活动和灾后重建活动，推动社会、社区服务增长，政府内阁批准向巴铁路公司提供 115 亿救助资金，为交通运输业提供了增长动力，银行业盈利能力大幅提高，使金融保险业增长超过预期，导致服务业呈现增长态势。

反恐及灾后重建支出增加、能源等领域补贴巨大，增加了政府支出。政府收入特别是非税收入大幅下降，使财政赤字维持在高位。

---

① 驻巴基斯坦使馆经商处：“巴基斯坦 2009/2010 财年经济形势分析及 2010/2011 财年经济展望”，2010 年 9 月 14 日，http：//pk. mofcom. gov. cn/aarticle/ztdy/201009/20100907137989. html

② 驻巴基斯坦使馆经商处：“巴 2010—2011 财年上半年经济形势分析”，2011 年 3 月 1 日，http：//pk. mofcom. gov. cn/aarticle/ztdy/201103/20110307455857. html

进出口增加，2010年7－12月出口142亿美元，同比增长26%，进口203亿美元，同比增长17%；贸易赤字虽同比下降了16.9%，但仍达61亿美元。主要原因是：巴最大炼油厂暂停生产，国际市场价格大幅攀升，洪灾后进口需求增加，导致7－12月进口大幅增长。其中，洪灾和国际食品价格上扬导致食品进口同比激增75%。

通货膨胀压力增大，7－12月，巴消费价格指数（CPI）、敏感价格指数（SPI）和批发价格指数（WPI）同比分别增长14.6%、19.3%和22.3%，远高于上年同期的10.3%、9.8%和5.3%。主要原因是：洪灾过后食品短缺，运输不畅，燃料价格持续攀升，国际市场商品价格上涨，政府缺乏资金调控措施，主要依靠持续借贷来筹措资金以应对通货膨胀。截至12月底，巴政府向央行和商业银行贷款总额达2.69万亿卢比，同比增长26%。

国内需求增长，主要原因是：劳动力名义收入增长，政府雇员工资上调，农产品价格增长等因素推动了需求增长。巴政府不得不改变中性货币政策，实施货币紧缩政策，分别于8月2日、9月29日和11月29日三次上调基准利率，使之调高至14%。

外国投资大幅下降。经济发展减速、安全形势欠佳、政府腐败丛生、银行利率过高等因素，严重影响了国外投资的流入。但与此同时，海外侨汇总收入却高达52.9亿美元，与上年同期45.3亿美元相比增长16.8%。这主要得益于巴政府推出的“汇款刺激计划”已进入实施阶段，银行提供多种便利措施，侨民积极响应号召，汇款回国支持洪灾救助。

外汇储备维持高位，截至12月底，巴外汇储备达172.1亿美元，较上年同期的 150.7 亿美元增长 14.2%。侨汇大量流入、出口大幅增长以及同期国际组织援款到位是巴外汇储备保持高位的主要原因。在这种情况下，7—12 月经常账户实现盈余 2600 万美元，为 8 年以来的首次，上年同期经常账户赤字为 25.7 亿美元。

资本市场运行趋好，7—12 月，资本市场整体呈现向上趋势，主要表现为股指的增长。巴主要指数卡拉奇证交所 KSE—100 指数于 11 月 22 日创 2008 年 7 月以来的最高值，达 11205.84 点，并继续攀升。12 月底，KSE—100 已达 12022.46 的高点，与 7 月初的 9866.8 点相比，涨幅高达 21.9%。

货币汇率见底企稳。巴币卢比兑美元汇率全年呈现连续下跌的态势，7 月初突破 86：1 的大关，11 月创下 86.3：1 的最低纪录。随着海外侨汇收入的增长、国外洪灾援助资金的流入和出口大幅增加等有利因素影响，卢比在 12 月逆转了对美元持续贬值的趋势，并保持相对稳定。

综上，政府支出不断增加，以支付用于反恐战争、灾后救济和重建、政府对能源等领域补贴等项开支。政府收入特别是非税收收入下降，导致财政赤字居高不下，财政状况继续恶化。能源及电力价格上调，加重了通货膨胀压力。涉外经济表现较好，海外侨汇收入屡创新高，国外救灾援助大量涌入，出口大幅攀升，推动经常项目从赤字转为盈余，抑制了货币的进一步贬值。总体看，巴基斯坦经济仍处于相当困难的状态。

分　论

2010年的巴基斯坦政治

杨勇

2010年，巴基斯坦政局曲折发展。虽然人民党执政联盟最终使宪法第18修正案得以通过，但党际间分歧犹存。2009年末最高法院判决全国和解令无效的影响在2010年的政治发展中持续显现。人民党政府的救灾不力引发民怨，为未来政治发展增加新的不确定因素。

一、宪法第18修正案获得通过，党际分歧犹存

2009年6月23日，巴基斯坦议会成立一个由27名各政党代表组成的议会宪法改革委员会，负责起草宪法第18修正案，旨在废除宪法第17修正案，废除总统解散议会的权利，取消宪法禁止第三次出任总理的规定，恢复1973年宪法的原貌，即恢复议会制。

（一）各方博弈，进程缓慢

到2010年初，议会宪法改革委员会成立已经过去半年，还没有就宪法第18修正案达成一致。2010年1月1日，穆斯林联盟（谢里夫派）举行记者招待会，该党发言人阿赫桑·伊克巴尔（Ahsan Iqbal）表示，该党可给人民党领导的政府“另外一个机会”去执行民主宪章、废除宪法第17修正案和废除总统解散议会的权力。他表示，人民党政府继续实施拖延战略的话，穆斯林联盟（谢里夫派）将再次发起“长征抗议”运动。①

关于宪法第18修正案，主要存在两个障碍，一是西北边境省的改名问题，一是省自治问题。

关于西北边境省改名的分歧，主要存在于在西北边境省执政的人民民族党（ANP）和省议会反对党穆斯林联盟（谢里夫派）之间。关于西北边境省的新省名，人民民族党向议会宪法改革委员会提交了3个备选省名：Pakhtoonkhawa、Pakhtoonistan 和 Afghania，要求该委员会从这三个备选省名中选择一个作为西北边境省的新省名，而穆斯林联盟（谢里夫派）反对将3个中的任何一个作为新省名。主要原因是，西北边境省的哈扎拉地区（Hazara Division）的哈扎拉人是穆斯林联盟（谢里夫派）的主要支持者，他们想让该省有另外的名字，他们也提出三个备选省名：Khyber、Abaseen 和 Neelab。

---

① http：//news. dawn. com/wps/wcm/connect/dawn－content－library/dawn/the－newspaper/front－page/12－pml－warns－of－long－march－over－17th－amendment－bi－10

为了能在新省名上取得共识，人民民族党的联邦部长比罗尔还专门就西北边境省改名问题与穆斯林联盟（谢里夫派）领导人谢里夫举行了会谈。双方都表示，将在新省名问题上达成一个各相关方都能接受的方案。谢里夫还表示，如果在 Pakhtoonkhawa 后面加一个后缀 Hazara，该党将接受 Pakhtoonkhawa－Hazara 作为西北边境省的新省名。

关于省自治的分歧，主要存在于经济欠发达省的地方性政党和经济发达省属的全国性大政党之间。地方性政党的主张是，除了防务、财政和外交属联邦外，其他事务应该给予地方政府，但是全国性大政党反对这样的自治方案，坚持联邦政府多管一些各省事务。

针对这些分歧，穆斯林联盟（谢里夫派）则提出，宪法修改分为两部分：第一部分是所有政党已经达成共识的内容，即废除 17 修正案和 58（2）B 款等问题。第二部分是西北边境省改名和省自治等政党间还有分歧的问题。穆斯林联盟（谢里夫派）主张把已经达成共识的部分内容先提交议会审议、表决。对于各政党间还存在分歧的部分内容，各政党则继续讨论。[①] 因为，起草宪法第 18 修正案的主要目的，是废除总统解散议会的权利、恢复议会最高权力机构的地位。如果要形成一揽子宪法修正案的话，可能会因其他一些分歧而使宪法草案难以达成一致。2010 年 1 月 5 日，谢里夫在穆斯林联盟（谢里夫派）信德省分部对记者表

① http：//www. nation. com. pk/pakistan－news－newspaper－daily－english－online/Politics/05－Jan－2010

示，省自治不应该与废除宪法第 17 修正案的问题联系在一起。[①]

但一些地方政党反对这样的提议，他们坚持要解决了所有有争议问题的宪法修正案草案，而不是一个零碎的修正案草案。

2010 年 3 月 17 日，宪法改革委员会已经完成除西北边境省改名以外的宪法修改。议会宪法改革委员会主席拉巴尼（Raza Rabbani）准备将草案提交国民大会。[②] 就在议会宪法改革委员会准备把宪法第 18 修正案草案提交国民议会之前的十多个小时，谢里夫的态度来了个 180 度大转弯，他表示，宪法第 18 修正案在提交到国民议会之前要"达成一致"。谢里夫还拒绝之前达成的有关任命法官问题的协议，表示，法官不应该在偏袒的基础上被任命。[③]

各方就分歧点再次进行磋商，3 月 31 日晚，议会宪法改革委员会宣布，该委员会就宪法第 18 修正案草案已达成一致。[④] 4 月 6 日，巴基斯坦内阁召开特别会议，通过了宪法第 18 修正案。4 月 8 日，巴基斯坦国民议会通过第 18 修正案。4 月 15 日，巴基斯坦参议院通过第 18 修正案。4 月 19 日，巴基斯坦总统扎尔达里签署了宪法第 18 修正案。[⑤]

---

① http：//www. dailytimes. com. pk/default. asp? page＝2010 \ 01 \ 06 \ story _ 6－1－2010 _ pg1 _ 5

② http：//www. dawn. com/wps/wcm/connect/dawn － content － library/dawn/the－newspaper/front－page/rabbani－committee－completes－review－of－constitution－830

③ http：//www. dailytimes. com. pk/default. asp? page＝2010 \ 03 \ 26 \ story _ 26－3－2010 _ pg1 _ 1

④ http：//www. dailytimes. com. pk/default. asp? page＝2010 \ 04 \ 01 \ story _ 1－4－2010 _ pg1 _ 1

⑤ http：//news. dawn. com/wps/wcm/connect/dawn － content － library/dawn/news/pakistan/03－president－zardari－signs－18th－amendment－bill－ss－07

宪法第18修正案的主要改动之处，一是废除宪法中有关总统有权解散议会的第58（2）B款，改为总统只能在总理的建议下解散议会；二是废除不能第三次出任总理的规定；三是加强地方政府权力；四是将西北边境省改名为开伯尔—普赫图赫瓦省；五是成立任命法官的议会委员会；六是建立独立的选举委员会。

宪法第18修正案从达成一致、提交议会表决到总统签署，仅用了二十天的时间。在宪法修正案上，媒体对扎尔达里总统给予了积极评价，称宪法第18修正案是总统的又一个巨大的成就。[①] 另一则报道则表示，扎尔达里将作为巴基斯坦历史上第一位削减自己权力的总统而载入史册。[②]

（二）各党分歧犹存

对于该修正案中的某些条款，各党派仍存在一些分歧。分歧主要集中在两个方面：一是法官任命委员会、司法委员会的人员组成和法官任命程序问题，二是西北边境省改名问题。

对议会任命法官委员会和司法委员会的组成人员名额和法院法官的任命程序，各党之间存在不同看法。4月28日，拉瓦尔品第地区律师协会的纳迪姆·艾哈迈德（Nadeem Ahmed）律师、共和国家党（the Watan Party）、最高法院律师协会、穆斯林联盟（哈克派）主席伊贾兹·乌尔·哈克（Muhammad Ejaz-

① http://www.dawn.com/wps/wcm/connect/dawn-content-library/dawn/the-newspaper/editorial/reforms-at-last-240

② http://www.dailytimes.com.pk/default.asp?page=2010\04\06\story_6-4-2010_pg3_5

ul－Haq）等对宪法第 18 修正案中的一些条款，特别是有关法官任命的条款向最高法院提出上诉。他们认为，对法官的任命直接关系着司法独立，不能通过政治代理的司法委员会来任命法官。最高法院组成法庭对此上诉进行了听证。① 经过最高法院的多次听证，2010 年 10 月 21 日，巴基斯坦最高法院对宪法第 18 修正案中的上述条款进行了判决。② 议会宪法改革委员会表示，将考虑最高法院在 10 月 21 日发布的宪法第 18 修正案令中的建议。

2010 年 12 月 19 日，议会宪法改革委员会依照法院此前对宪法第 18 修正案的判决，最终确定了宪法第 19 修正案草案。该修正案主要是对宪法第 18 修正案中有关法官任命委员会和司法委员会的组成人员名额和法院法官的任命程序条款的修改。12 月 22 日，国民议会通过宪法第 19 修正案。③ 12 月 30 日，巴基斯坦参议院全票通过宪法第 19 修正案。④

2011 年 1 月 1 日，巴基斯坦总统扎尔达里签署宪法第 19 修正案。⑤

对于西北边境省改名问题，各方之间也存在分歧。主要是西北边境省的哈扎拉地区的人民认为新省名没有考虑对哈扎拉人的

---

① http：//www. dailytimes. com. pk/default. asp? page＝2010 \ 05 \ 13 \ story _ 13－5－2010 _ pg1 _ 1

② http：//ftpapp. app. com. pk/en _/index. php? option ＝ com _ content&task＝view&id＝119765

③ http：//ftpapp. app. com. pk/en _/index. php? option ＝ com _ content&task＝view&id＝125424&Itemid＝1

④ http：//ftpapp. app. com. pk/en _/index. php? option ＝ com _ content&task＝view&id＝126189&Itemid＝1

⑤ http：//ftpapp. app. com. pk/en _/index. php? option ＝ com _ content&task＝view&id＝126361&Itemid＝1

关切，要求要么就不改省名，要么就成立一个以哈扎拉命名的新省。[①] 也有政党准备向议会提交新的宪法修正案来解决这个问题。穆斯林联盟（志同道合派）领导人萨利姆·赛福拉·汗(Salim Saifullah Khan) 表示，该党将向议会提交旨在建立更多省的宪法修正案来解决类似哈扎拉的情况。[②]

二、政府、法院之争余波未平

政府和法院的较量主要在两个方面展开，一是最高法院有法官退休时，按照相关法律规定，总统应该在最高法院大法官的建议下任命新的法官。二是最高法院宣布对全国和解令（NRO）的判决并要求国家问责局（NAB）执行最高法院的相关判决。

（一）任命新法官之争

在任命巴基斯坦最高法院新法官一事上，由于总统没有按照最高法院大法官乔杜里的建议任命新法官，导致政府和法院在此事上的分歧。

1. 拖延任命法官

2010 年 1 月 12 日，最高法院哈利鲁尔·拉赫曼·拉姆戴伊法官（Justice Khalilur Rehman Ramday）退休。最高法院首席

① http: //news. dawn. com/wps/wcm/connect/dawn - content - library/dawn/the-newspaper/front-page/protests-against-renaming-of-nwfp-040

② http: //www. dailytimes. com. pk/default. asp? page = 2010% 5C12% 5C07%5Cstory _ 7-12-2010 _ pg7 _ 32

大法官乔杜里在哈利鲁尔·拉赫曼·拉姆戴伊法官退休前两周就向总统提出建议：任命拉合尔高等法院的萨基卜尼萨尔法官（Justice Saqib Nisar）为最高法院法官。1月16日，有媒体报道称，总统不准备按照首席大法官的建议任命萨基卜尼萨尔法官为最高法院法官，而是准备“择优”任命哈瓦贾·谢里夫法官（Justice Khawaja Sharif）为最高法院法官。①

2月14日，总统发布通知，任命哈瓦贾·谢里夫法官为最高法院法官，任命萨基卜·尼萨尔法官为拉合尔高等法院代理首席法官。②

2. 各方反应不一

在总统发布任命新法官的通知后，最高法院大法官立即成立了3人法庭对此进行听证，并暂停执行总统的任命通知。法院称，任命哈瓦贾·谢里夫为最高法院法官违反宪法第177款的相关规定。③

穆斯林联盟（谢派）发言人表示，总统违反宪法，该党不接受政府的决定。④ 穆斯林联盟（谢派）领导人谢里夫的弟弟、旁遮普省首席部长夏巴兹对最高法院暂停执行联邦政府的决定则表示欢迎。⑤

---

① http：//thenews. jang. com. pk/print3. asp? id=26698

② http：//www. dailytimes. com. pk/default. asp? page=2010 \ 02 \ 14 \ story _ 14-2-2010 _ pg1 _ 1

③ http：//www. dailytimes. com. pk/default. asp? page=2010 \ 02 \ 14 \ story _ 14-2-2010 _ pg1 _ 1

④ http：//www. dailytimes. com. pk/default. asp? page=2010 \ 02 \ 14 \ story _ 14-2-2010 _ pg1 _ 4

⑤ http：//www. dailytimes. com. pk/default. asp? page=2010 \ 02 \ 14 \ story _ 14-2-2010 _ pg7 _ 11

作为当事人的拉合尔高等法院法官，萨基卜·尼萨尔和哈瓦贾·谢里夫都拒绝接受总统的任命，拉合尔高等法院表示，支持最高法院大法官乔杜里暂停执行总统通知的决定。①

法律界专家在任命最高法院新法官一事上也分成两派，一派认为总统的任命符合宪法，一派认为总统的任命违反宪法。②

对各方对总统任命法官的批评，特别是当反对党在国民议会上批评政府有关法官任命时，总理吉拉尼表示，法律专家说总理不能签署恢复法官职务的行政命令。但是，恢复法官职务的命令正是由政府总理签署的，因此，这个命令还必须得到议会的批准。③ 这样，就把包括大法官乔杜里在内的现任最高法院法官们的复职合法性问题又提了出来，并要交给人民党占多数的国民议会来审议批准。反对党和法官们知道这意味着什么，这样就又把球抛给了反对党和最高法院。

统一民族运动党领导人法鲁克·斯塔尔、伊斯兰神学会（法扎尔派）领导人法扎尔·拉赫曼、人民民族党领导人古拉姆·阿赫迈德·比罗尔等执政联盟各政党领导人敦促总统扎尔达里撤销之前任命新法官的通知，避免司法部门与政府在任命法官一事上产生冲突。

2月16日，总理吉拉尼又在国民议会上表示，恢复大法官

---

① http://www.dawn.com/wps/wcm/connect/dawn-content-library/dawn/the-newspaper/front-page/06-high-court-judges-stand-by-chief-justice-420-rs-01

② http://www.dailytimes.com.pk/default.asp?page=2010\02\14\story_14-2-2010_pg1_5

③ http://www.dawn.com/wps/wcm/connect/dawn-content-library/dawn/the-newspaper/front-page/06-judges-reinstatement-needs-parliament

任命的问题不需要得到议会的批准。[①] 总理吉拉尼还在 2 月 16 日晚出席了乔杜里大法官主持的退休法官的道别宴会。[②] 这表明，在任命新法官一事上，总统可能会有新的表态。

3. 重新任命法官

2010 年 2 月 17 日，总统根据总理的建议，签署新的任命法官命令，任命拉合尔高等法院的阿西夫·赛义德·汗·霍萨法官（Justice Asif Saeed Khan Khosa）和萨基卜·尼萨尔法官（Justice Saqib Nisar）为最高法院法官；任命刚退休的哈利鲁尔·拉赫曼·拉姆戴伊法官（Justice Khalilur Rehman Ramday）为最高法院专案法官，任期一年；任命 22 名拉合尔高等法院法官以及 9 名信德高等法院法官。拉合尔高等法院的首席法官哈瓦贾·谢里夫（Justice Khawaja Sharif）的职位不变。[③]

2 月 18 日，3 名由总统扎尔达里新任命的最高法院法官在最高法院举行了宣誓仪式。[④]

至此，政府和法院关于任命新法官的斗争以总统重新任命新法官而结束。

---

① http：//www. nation. com. pk/pakistan－news－newspaper－daily－english－online/Politics/17－Feb－2010/Restored－judges－dont－need－Parliaments－approval－PM/

② http：//news. dawn. com/wps/wcm/connect/dawn － content － library/dawn/the－newspaper/front－page/06－zardari－urged－to－withdraw－notifications－720－rs－05

③ http：//www. dawn. com/wps/wcm/connect/dawn － content － library/dawn/the－newspaper/front－page/06－president－signs－summary－820－rs－05

④ http：//www. nation. com. pk/pakistan－news－newspaper－daily－english－online/Politics/19－Feb－2010/Three－SC－9－SHC－judges－sworn－in

（二）对“全国和解令”的判决

2009年7月31日，巴基斯坦最高法院裁定，穆沙拉夫2007年宣布巴基斯坦进入紧急状态的做法违反宪法，此后颁布的“全国和解令”必须在11月28日前再经议会表决通过，否则将自动失效。联邦政府曾试图将“全国和解令”提交人民党占优势的国民议会审议，但因遭到强烈反对而未能成行。“全国和解令”遂于2009年11月28日自动失效。

1. 最高法院发布判决

继2009年12月16日最高法院发布“全国和解令”无效的判决后，2010年1月19日，最高法院又公布了长达287页的对“全国和解令”的详细判决。

该判决要求，立即重开在“全国和解令”下结案的包括在巴基斯坦国内和在国外的所有案子，所有案子要毫无例外地恢复到2007年10月5日之前的状态。[①] 该判决没有涉及总统扎尔达里的豁免权问题，而是要求因“全国和解令”而结案的案子无一例外要全部重开。因此，总统扎尔达里有面临司法审判的可能。

最高法院在该判决中还对国家问责局主席阿赫桑、总检察长和助理总检察长缺乏与法院恰当的合作表示不满，认为该机构的领导人应该是能彻底执行最高法院判决的人，建议联邦政府按照国家问责局令第6章的标准，任命能胜任的、诚实的人。[②] 巴基

① http：//thenews. jang. com. pk/print3. asp? id=26760
② http：//thenews. jang. com. pk/print3. asp? id=26761

斯坦国家问责局作为直接负责调查公职人员腐败案件的机构，该机构主席对“全国和解令”失效后重开、审理包括与总统有关的案件至关重要。

最高法院还要求，政府在任命国家问责局新主席时，有义务咨询最高法院首席大法官的意见。按照《国家问责局法令》第6章的相关规定，总统在任命国家问责局主席时应该咨询总理和国民议会反对党领袖的意见，并未提到要咨询最高法院首席大法官的意见。因此，法院判决和国家问责局法令之间的差异，可能会引起在任命国家问责局新主席上的分歧。①

2. 政府高官表态

在最高法院颁布对“全国和解令”的判决后，经过人民党内部的讨论磋商，人民党领导的联邦政府多名高级官员，包括总理吉拉尼、新闻和广播部长凯拉、内政部长马利克等，都表示要执行最高法院关于“全国和解令”的判决。

对于与扎尔达里总统有关的案件，大家的表述又有不同。巴基斯坦总理吉拉尼在国民议会谈到最高法院对“全国和解令”的判决时表示，如果议会撤销了依照宪法授予扎尔达里的豁免权的话，政府准备重开在瑞士起诉总统扎尔达里的案子，不过他又说，执行对“全国和解令”的判决还需要时间，他已经通过司法部，命令国家问责局展开调查。② 巴基斯坦司法部长表示，瑞士总检察长已经声明，有关扎尔达里在瑞士的案件已经过去，且已

---

① http://www.dailytimes.com.pk/default.asp?page=2010\03\11\story_11-3-2010_pg1_6

② http://www.dailytimes.com.pk/default.asp?page=2010\01\28\story_28-1-2010_pg1_1

经结案处理了。巴基斯坦司法部长还表示，瑞士案件是出于政治动机提交的。[①] 国防部长乔杜里·艾哈迈德·穆赫塔尔表示，人民党领导的政府不会写信给瑞士当局要求重开起诉自己总统的案子。[②] 吉拉尼总理在参议院讲话时表示，总统作为军队最高指挥官和议会的一部分，享有宪法第248款赋予的豁免权，反对最高法院关于要求政府向瑞士当局写信重开案子的决定。吉拉尼总理说，都已经过去一年半了，如果想审判他，也要等他完成任期和没有豁免权之后。[③]

3. 政府采取拖延战略

中央政府口头上表示执行最高法院的判决，但在实施过程中却采取拖延战略。主要表现在从各种程序上放缓国家问责局的调查、执行过程；政府还对最高法院的判决提出上诉，并通过各种理由推迟法院举行关于“全国和解令”判决执行情况的听证会。

按照现政府机构的设置，国家问责局设在司法部之下，该局的许多执行程序需要上级批示。在最高法院发布“全国和解令”判决后，国家问责局正式写信给司法部，要求发布在国外重开案件的必要说明。但司法部一直没有做决定。[④]

巴基斯坦总理也要求将“全国和解令”判决执行情况的听证会推迟到最高法院对政府的上诉做出判决之后。[⑤] 为了推迟最高

① http://www.app.com.pk/en_/index.php?option=com_content&task=view&id=102532&Itemid=1

② http://thenews.jang.com.pk/top_story_detail.asp?Id=28882

③ http://www.dailytimes.com.pk/default.asp?page=2010\09\25\story_25-9-2010_pg1_2

④ http://thenews.jang.com.pk/print3.asp?id=27362

⑤ http://ftpapp.app.com.pk/en_/index.php?option=com_content&task=view&id=117293&Itemid=1

法院对全国和解令判决执行情况的法庭听证会，政府向最高法院申请推迟举行听证。理由是该案的法律顾问阿兹发（Azfar）已升任总理法律顾问，政府需要时间找寻合适的人选。[①]

4. 最高法院反应

最高法院对于政府一面表示尊重并表示将执行最高法院的判决，另一面又通过各种方式拖延执行最高法院判决的行为表示不满。

2010年2月19日，巴基斯坦最高法院要求国家问责局在48小时之内报告该局在执行“全国和解令”判决中关于重开瑞士案件命令的进程。大法官乔杜里还告诫国家问责局主席，如果没有重开瑞士案件，他将承担不执行法院12月16日判决的责任。[②]国家问责局主席表示，处理瑞士案件需要司法秘书的指示。最高法院首席大法官乔杜里则表示，不需要任何指示，最高法院已经清楚要求重开瑞士案件，国家问责局应完全执行最高法院的命令。

3月30日，最高法院在首席大法官乔杜里的主持下对国家问责局、内政部、联邦调查局等机构藐视法庭案进行审理，认为，国家问责局在执行最高法院关于“全国和解令”无效的判决上毫无进展，浪费了几个月的时间，要求国家问责局必须在24小时内确保最高法院的裁决得到彻底执行。[③] 9月24日，乔杜里

① http://www.dawn.com/wps/wcm/connect/dawn－content－library/dawn/the－newspaper/front－page/govt－again－seeks－postponement－of－nro－hearing－000

② http://thenews.jang.com.pk/print3.asp?id=27360

③ http://www.dailytimes.com.pk/default.asp?page=2010\03\30\story_30－3－2010_pg1_1

警告中央政府，如果最高法院的判决没有被执行的话，最高法院将不得不采取“一些行动”。[①]

5. 国家问责局左右为难

国家问责局主席阿赫桑处在左右为难的境地。一方面，最高法院要求阿赫桑立即重开扎尔达里在瑞士的案件，否则将冻结他的薪水，另一方面，包括司法部在内的政府机构却寻求机会推迟这个过程。[②] 在这种情况下，国家问责局主席阿赫桑于2月24日提出辞职，但总理要求他工作到新的人选被任命之时。3月初，国家问责局主席阿赫桑被批准放长假，其职务由副主席伊凡·纳迪姆（Irfan Nadeem）代理。[③] 6月14日，国家问责局主席阿赫桑的辞呈正式被总统扎尔达里接受，同时，总统任命国家问责局副主席齐亚·卡齐（Javed Zia Qazi ）为代理主席。[④]

6. 任命国家问责局主席

按照《国家问责局法令》第6章的相关规定，总统在任命国家问责局主席时应该向总理和国民议会反对党领袖进行咨询。人民党提出3名新任主席候选人，都被反对党否定了。在最高法院要求9月30日前任命新的国家问责局主席的最后期限到来时，人民党与反对党就新任主席人选没能达成一致。因此，政府要求

① http：//www. dailytimes. com. pk/default. asp? page＝2010 \ 09 \ 25 \ story _ 25－9－2010 _ pg1 _ 1

② http：//www. dailytimes. com. pk/default. asp? page＝2010 \ 02 \ 21 \ story _ 21－2－2010 _ pg1 _ 4

③ http：//www. dailytimes. com. pk/default. asp? page＝2010 \ 03 \ 11 \ story _ 11－3－2010 _ pg1 _ 6

④ http：//www. nation. com. pk/pakistan－news－newspaper－daily－english－online/Politics/15－Jun－2010/NAB－chief－quits

最高法院把最后期限再延长些。[①]

10 月 8 日，在与反对党关于新人选没有达成一致的情况下，总统扎尔达里任命退休法官侯赛因·沙阿（Justice Deedar Hussain Shah）为国家问责局新主席。

国民议会反对派领袖阿里·汗对该任命表示反对，因为该法官是人民党成员。[②] 穆斯林联盟（谢派）领导人夏巴兹表示，如果不废除这种任命，将被迫进行“长征抗议”。[③]

司法部长表示，对于任命国家问责局主席，反对党只能给出建议而不是命令。而且，政府就任命国家问责局主席一事已经咨询过反对党。[④]

国民议会反对党领袖阿里·汗针对总统任命沙阿为国家问责局主席向最高法院提出上诉，称总统在任命沙阿为国家问责局主席前，没有咨询最高法院首席大法官的意见。

11 月 26 日，最高法院对此上诉进行法庭听证会。政府要求法庭休庭，理由是联邦法律顾问阿卜杜尔·哈菲兹·皮尔扎达（Abdul Hafeez Pirzada）在国外而无法出庭。伊克巴尔法官表示，政府应该雇佣另外的法律顾问来为此案辩护，而不应该用拖延战术。他表示，如果皮尔扎达在 15 天内不能回国的话，政府

① http://www.dawn.com/wps/wcm/connect/dawn-content-library/dawn/the-newspaper/front-page/govt-to-seek-more-time-for-naming-nab-chief-opposition-rejects-govts-nominees-990

② http://www.dailytimes.com.pk/default.asp?page=2010\10\09\story_9-10-2010_pg1_1

③ http://www.dailytimes.com.pk/default.asp?page=2010\10\11\story_11-10-2010_pg1_1

④ http://www.dailytimes.com.pk/default.asp?page=2010\10\12\story_12-10-2010_pg7_25

应该另外雇佣联邦法律顾问。①

在最高法院判决“全国和解令”失效后，政府没有彻底执行最高法院的相关判决。这主要是“全国和解令”的受益人包括人民党以及人民党执政同盟的多位高级领导人。如果政府彻底执行法院判决，就有可能影响自己的执政地位，不执行又会有来自各方的压力。因此，人民党最好的战略就是拖延时间。从2010年一年的发展来看，这正是人民党所实施的方法。

三、军方高层保持稳定，继续推进专业化建设

2010年下半年，巴基斯坦军方有多位高层领导任期届满，其中包括10月8日届满的巴基斯坦参谋长联席会议主席塔里克·马吉德和11月29日届满的陆军参谋长基亚尼将军。此前，参联会主席马吉德将军一再表示，他将在届满后退休，不寻求连任。美国的南亚反恐战争正处于关键时期，需要巴基斯坦军方的密切配合。各方对巴基斯坦军方高层能否保持稳定表示关切。

7月22日晚，巴基斯坦总理吉拉尼宣布，延长陆军参谋长基亚尼将军三年任期，以保证国家打击极端主义和恐怖分子的军事行动的连续性。②

吉拉尼宣布延长基亚尼将军三年任期刚好在美国国务卿希拉里·克林顿结束两天的访巴行程之际。有媒体报道，希拉里在与

---

① http://www.dailytimes.com.pk/default.asp?page=2010%5C11%5C27%5Cstory_27-11-2010_pg7_1

② http://www.app.com.pk/en_/index.php?option=com_content&task=view&id=110119&Itemid=1

巴基斯坦政府领导人会谈时表示，巴基斯坦现任军队领导人如能继续任职，奥巴马政府将会感到满意，认为改变现任军队领导人对正在进行的反恐战争有重要影响。因此，媒体认为，希拉里在两天访巴行程中，成功游说了巴基斯坦政府，使之延长基亚尼三年任期。①

对于延长陆军参谋长基亚尼三年任期一事，工商界人士表示欢迎，认为这将有利于巴基斯坦的稳定和经济发展。巴基斯坦工商联合会主席阿里·马利克（Iftikhar Ali Malik）表示，延长基亚尼将军任期是保证在巴基斯坦和整个地区继续反恐战争而必须做的事情。② 巴基斯坦前总统穆沙拉夫也打电话给基亚尼，向他表示祝贺，并认为基亚尼的连任有利于民族团结、国家稳定。③

但穆斯林联盟（谢派）发言人却表示，政府在宣布延长陆军参谋长基亚尼将军的任期前没有咨询该党。④

陆军参谋长基亚尼将军在 11 月 29 日新的三年任期开始时做出表示：他将把巴基斯坦军队带到一个新的专业化高度；军队将不会介入政治。⑤ 在基亚尼将军上一任期中，军队在政府与法院、政党之间争斗中的“不作为”与在巴基斯坦遭遇建国以来最

---

① http：//www. nation. com. pk/pakistan－news－newspaper－daily－english－online/Politics/20－Jul－2010/Hillary－pleads－Kayanis－extension

② http：//www. app. com. pk/en _/index. php? option = com _ content&task=view&id=110243&Itemid=1

③ http：//www. dailytimes. com. pk/default. asp? page=2010 \ 07 \ 25 \ story _ 25－7－2010 _ pg7 _ 15

④ http：//www. dawn. com/wps/wcm/connect/dawn － content － library/dawn/the－newspaper/front－page/pmln－says－it－was－not－consulted－on－kayani－extension－570

⑤ http：//www. nation. com. pk/pakistan－news－newspaper－daily－english－online/Politics/29－Nov－2010/Kayanis－agenda－for－next－term

大洪灾中救灾时的“有作为”形成鲜明对比，为军队赢得许多正面评价。从他的新任讲话可以看出，巴基斯坦军队将试图避免卷入巴基斯坦政治争斗中。

四、两级议会补选和政党重组对当前政局影响不大

2010年巴基斯坦联邦议会和省议会进行了补选，各政党出于备战下届议会选举考虑，开始分化组合，这也是巴基斯坦国内政治发展需要关注的方面。

（一）两级议会补选

2010年，巴基斯坦联邦议会和省议会对因持假学历的议员辞职以及议员逝世等原因造成的议会席位空缺进行了补选。补选的选区包括：国民议会9个选区、旁遮普省议会10个选区、信德省议会4个选区、开伯尔—普赫图赫瓦省议会3个选区、俾路支斯坦省议会2个选区。

国民议会补选情况是：人民党赢得4个席位、穆斯林联盟（谢派）赢得4个席位、伊斯兰神学者协会（法扎尔派－JUI－F）赢得1个席位，国民议会的各党议席结构变化不大。

旁遮普省议会补选的情况是：10个席位中穆斯林联盟（谢派）赢得6席，人民党赢得1席，穆斯林联盟（齐亚派）（PML－Z）赢得1席，独立候选人赢得2席。这些都是穆斯林联盟（谢派）在旁遮普省的执政联盟，所以对旁遮普省政局无大的影响。

开伯尔—普赫图赫瓦省共补选 3 个席位，执政的人民民族党（ANP）、人民党（PPP）、伊斯兰神学会（法扎尔派）（JUI－F）各赢得 1 席。人民党和伊斯兰神学会（法扎尔派）都是人民民族党在开伯尔—普赫图赫瓦省的执政联盟，所以，补选对开伯尔—普赫图赫瓦省的政局影响不大。

俾路支斯坦省议会补选 2 席，由执政党人民党赢得，这有利于该省政局稳定。

信德省议会共补选 4 席，执政的人民党赢得 2 席，统一民族运动党（MQM）赢得 2 席。因此，信德省议会的补选对该省影响也不大。①

总的来说，2010 年的两级补选席位基本上呈现哪个党空出的选区席位依然由该党推出的候选人所赢得的态势，当前两级议会中执政联盟和反对派之间的席位比例没有产生实质性的变化，因此，两级补选不会对当前的执政格局产生大的影响。

（二）政党重组

2010 年 9 月 18 日，皮尔帕加罗领导的穆斯林联盟（机能团体派）（PML－F）与苏贾特·侯赛因领导的穆斯林联盟（领袖派）（PML－Q）宣布合并，准备成立全巴穆斯林联盟（All－Pakistan Muslim League，APML）。②

2010 年 10 月 29 日，穆斯林联盟（机能团体派）（PML－

① 作者根据巴基斯坦各省议会网站数据统计。

② http：//www. dailytimes. com. pk/default. asp? page=2010 \ 09 \ 19 \ story _ 19－9－2010 _ pg7 _ 5

F），穆斯林联盟（志同道合派）（PML－like minded），穆斯林联盟（齐亚派）（PML－Z）和人民穆斯林联盟（AML）4 个穆斯林联盟小党派宣布组成联合穆斯林联盟（the Muttahida Muslim League ）。①

而这次却没有穆斯林穆盟（领袖派）（PML－Q）参加。这 4 个小党派在国民大会中总共只有几个席位，且穆斯林联盟（谢里夫派）（PML－N）和穆斯林联盟（领袖派）（PML－Q）没有参加联合穆斯林联盟，因此，政党重组对当前的执政党影响有限。

在 2011 年巴基斯坦可能举行地方选举、2013 年举行大选的前提下，巴基斯坦国内各种政治势力都在寻求在未来的选举中对自己政党有利的可能性。穆斯林联盟（机能团体派）（PML－F）宣布与穆斯林联盟（领袖派）（PML－Q）合并，仅仅一个多月后，穆斯林联盟（机能团体派）（PML－F）又宣布与其他 3 个穆斯林联盟派别合并，但这一次穆斯林联盟（领袖派）（PML－Q）却没有加入。这是政党寻求未来选举的各种可能性的具体表现。

---

① http：//www. dailytimes. com. pk/default. asp? page = 2010％5C10％5C30％5Cstory _ 30－10－2010 _ pg1 _ 3

2010 年的巴基斯坦外交

张超哲

2010 年的巴基斯坦外交积极主动，除着力经营与美国的关系、与中国保持高层往来之外，还努力拓展与其他大国关系，积极参与地区合作。但总体看，这些努力并未从根本上改观巴基斯坦的外交态势，实际成效有限。

一、与中国的关系

2010 年对中巴关系来说，是具有里程碑意义的一年。中巴风雨同舟，在复杂的环境中巩固了全天候战略合作伙伴关系。中国总理温家宝的巴基斯坦之行把中巴关系推向高潮，进一步巩固和深化两国传统友好和务实合作。

（一）高层互访频繁，政治互信增强

2010 年，中巴两国高层互访频繁，两国在政治、经济、军

事、文化及安全各方面扩大合作，进一步增强双方战略互信。巴方访华的政要有总统扎尔达里、陆军参谋长吉亚尼、外交部长库雷希、内政部长马利克以及巴基斯坦最大反对党穆斯林联盟（谢里夫派）领导人纳瓦兹·谢里夫等；中方访巴的高层领导包括国务院总理温家宝、副总理张德江、国防部长梁光烈、人民解放军副总参谋长马晓天、商务部副部长高虎城、交通部副部长徐祖远、中国人民外交友好协会副会长蔡金彪等。

1. 巴基斯坦政要访华

2月21日至25日，应中国外长杨洁篪的邀请，巴基斯坦外长库雷希对中国进行正式访问。温家宝总理接见了库雷希外长，杨洁篪外长与之举行了会谈，库雷希在中国国际问题研究所发表了题为“巴基斯坦的挑战及应对策略”的演讲，重点阐述了巴基斯坦为打击恐怖势力所付出的“巨大努力”。库雷希表示，此访旨在巩固和深化巴中全天候友谊。“我们期待推进两国经济关系发展，使之跟上两国政治关系发展的步伐”。① 中国外交部2月25日举行新闻发布会称：“双方一致高度评价中巴睦邻友好合作关系的发展，决心继续保持两国关系的良好势头，保持高层交往，加强各领域和各级别交流与对话，深化务实合作，推动两国传统友好合作关系进一步向前发展。中方和巴方在各领域都保持着正常的交往与合作。”②

5月6日，应中国公安部的邀请，巴基斯坦内政部长拉赫曼·

① “巴基斯坦外长访华中巴欲将贸易额扩到150亿美元”，http：//finance.eastday.com/m/20100224/u1a5037881.html

② 中国外交部网站：http：//www.fmprc.gov.cn/chn/gxh/tyb/fyrbt/jzhsl/t660166.htm

马利克对中国进行为期两天的正式访问。双方同意加强安全合作。巴方愿协助中方抓捕逃亡在巴的恐怖分子，愿协助中国维护上海世博会的安全。中国公安部表示，将帮助巴基斯坦加强军事能力建设以及向巴提供1.84亿美元资金援助用于巴的反恐行动。双方还同意为促进中巴接壤地区的稳定加强合作。双方签署了中国公安部向巴基斯坦内政部提供警用装备援助的换文。①

6月16－17日，应中国人民解放军的邀请，巴基斯坦陆军参谋长吉亚尼访华。17日，吉亚尼参谋长与中国国防部长梁光烈举行会谈。双方对当前的军事合作表示满意。希望继续加强双边军事防务领域的合作。期间，吉亚尼参谋长还会见了中国全国人大委员长吴邦国、中国军委副主席吴伯雄以及中国公安部长孟建柱，就双方感兴趣的问题交换了看法。②

7月，巴基斯坦总统扎尔达里访华。中巴双方就进一步扩大两国在各领域合作、深化传统友谊交换意见，双方签署农业、卫生、经济技术等领域的合作文件。中巴在打击恐怖主义等“三股势力”方面一直保持着密切沟通与合作。今后双方将继续携手，维护本地区的和平、安全与安宁，造福两国人民，也造福本地区人民。本次扎尔达里访华，中巴在核能、铁路、安全合作方面取得实质性进展。③ 在7月8日中国外交部举行的新闻发布会上，在回答有关中巴铁路合作的问题时，外交部发言人秦刚说：“中

---

① http：//www. china. com. cn/photochina/2010－05/10/content_20003765. htm

② http//www. app. com. pk/en_/index. php? option＝com_content&task＝view&id＝106590&Itemid＝1

③ http：//www. fmprc. gov. cn/chn/gxh/tyb/fyrbt/jzhsl/t714332. htm

巴是战略合作伙伴，有着深厚的传统友谊，各领域务实合作不断深化。这种合作是互利共赢的，不针对任何第三方，不仅造福两国人民，而且有利于本地区稳定、共同发展和繁荣。”①

11 月，扎尔达里携儿子比拉瓦尔、吉尔吉特-巴尔蒂斯坦省首席部长、外交国务部长及总统发言人访华，出席广州亚运会开幕式。巴基斯坦派出由 237 人组成的体育代表团参加广州亚运会，参加了足球、棒球、卡巴迪、武术等 17 个项目比赛。扎尔达里对亚运会给予了很高评价，称“广州亚运会向世界展示了中国的软实力”。② 温家宝总理与扎尔达里总统举行会晤，双方就边境贸易、中国对吉尔吉特-巴尔蒂斯坦的援助以及温家宝总理出访巴基斯坦等问题交换了看法。

2. 中国政要访巴

2010 年 1 月，中国人民解放军副总参谋长马晓天访巴，参加中巴第七轮国防安全战略对话。9 日，巴基斯坦总理吉拉尼接见马晓天一行。吉拉尼表示，巴方对两国防务合作以及军事项目合作表示满意。认为 JF-17 战机合作的成功是中巴军事合作的里程碑，对正在进行的 F-22 护卫舰合作项目充满信心。他希望中巴进一步增强海上安全合作，共同应对日益复杂的海上安全问题。③ 10 日，马晓天副总参谋长与巴基斯坦参联会主席马吉德上将共同主持了本次防务安全对话，双方就国际地区安全形势、发展两国两军关系及其他共同关心的问题交换了意见，并达成广泛

---

① http：//www. fmprc. gov. cn/chn/gxh/tyb/fyrbt/jzhsl/t714888. htm

② http：//www. xjrb. com/2010/1113/304363 _ 2. html

③ http：//www. app. com. pk/en _/index. php? option = com _ content&task=view&id=93504

共识。①

5月23－24日，中国国防部长梁光烈对巴基斯坦进行了正式访问。双方讨论了军事安全合作、防务合作、地区战略及巴基斯坦反恐等问题。两国同意分享情报、合作打击恐怖主义。梁光烈表示，中国将继续向巴基斯坦提供军事和经济援助。中巴同意全方位提升军事合作和战略交流以应对两国面临的挑战。巴基斯坦总理吉拉尼会见了梁光烈一行。吉拉尼对中巴JF－17战机合作和F22－P护卫舰的进度表示满意。吉拉尼称，F22－P战舰增强了巴基斯坦保卫领海的能力。他感谢中国决定扩大巴基斯坦武装部队购买防御设施的信贷措施。他强调巴基斯坦迫切需求包括直升机和夜视仪器等装备，以便有效打击武装分子。双方签署了多项协议，中国同意向巴基斯坦空军提供4架教练机及900万美元，用于训练其武装部队。②

12月底，温家宝总理访问巴基斯坦，推动了中巴两国在政治、经济、文化、军事、安全等各领域的实质性合作。这是中国总理时隔5年之后的又一次到访。温家宝总理和吉拉尼总理共同出席中巴友谊中心揭牌仪式和“中巴友好光明行”活动启动仪式。温家宝提出推进中巴战略合作的三点建议，即：把巴灾后重建作为双方务实合作最紧迫的任务；扎实推进基础设施领域的合作；扩大贸易、投资、金融领域合作。在中巴商务合作峰会上，温家宝表示，根据巴方意愿，中方将采取多项措施落实救灾援款：其一，拨出1000万美元现汇，用于支持巴政府出台的“灾

---

① http：//www. app. com. pk/en _/index. php? option = com _content&task=view&id=93569

② http：//junshi. xilu. com/2010/0527/news _ 44 _ 86882. html

民补偿计划”，直接发放到灾区人民手中，帮助灾民尽快实现生产自救；其二，援建三个农业合作项目，即粮食加工项目，调气和冷藏仓库项目，农作物遥感卫星测控项目；其三，承担巴方受灾地区部分水毁公路修复工程，帮助打通巴基斯坦交通要道；其四，开展人力资源培训合作，为巴方举办防灾减灾、纺织技术或管理、农业种植等培训班，增强巴基斯坦可持续能力建设。访问期间，中国投资贸易促进团同巴方签署了约 100 亿美元的各类经贸协议。此外，双方就战略合作、双边关系、地区形势和重大国际问题进行了友好、坦诚、深入的会谈。温家宝表示，当前国际和地区形势错综复杂，中巴要加强沟通合作，携手应对挑战，为中巴全天候战略合作伙伴注入新的活力。双方同意建立两国领导人年度会晤机制和外长定期对话机制，及时就重大问题交换看法，密切在联合国等重要国际组织中的相互配合。双方还就中巴今后几年的关系发展做了务实性、前瞻性及战略性、长期性的安排。

总之，2010 年的中巴政治关系迈上了新的台阶。

（二）全方位合作继续发展，“全天候友谊”加深

2010 年，中巴全方位合作进一步加深，“全天候友谊”进一步得到巩固。其中比较突出的是：深化军事、安全合作；加强经贸合作；在抗灾救灾方面无私援助、肝胆相照。

1. 军事、安全合作

军事、安全合作主要表现在 7 月中巴开展第三次“友谊—2010”联合军演。

2010 年 7 月 3 日开启的“友谊— 2010”联合军演是中巴两国陆军继“友谊— 2004”、“友谊— 2006”后举行的又一次重要军事合作训练。本次联训的性质和前两次一样，突出“反恐”和“友谊”。但表现出突出反恐实战、深化交流、高度联合、深度互信的四大鲜明特点，表明中巴反恐合作的务实性及全面性，也突出反映了中巴在安全领域的合作需求。本次军演的意义，旨在进一步巩固和深化两国两军关系，促进两军务实交流与合作，提高联合反恐作战能力，为维护地区和平稳定做出贡献。

2. 经贸合作

2010 年，中巴经贸合作续有发展，边贸发展面临新机遇。

一是中方提前开放边境口岸。1 月 4 日，大规模山体滑坡阻塞了巴基斯坦北部罕萨谷大部分地区和罕萨河。之后，又发生多次山体滑坡，喀喇昆仑公路主干道 3 公路被堵，交通阻塞，当地巴基斯坦民众陷入困境。陆上通道只有借道中国才能进驻灾区。而此时正是中巴边境闭关之时。为了帮助巴基斯坦人民尽快渡过难关，中国政府应巴方要求，做出特别安排，于 1 月提前开放边境口岸，为巴方提供急需的商品及生活用品。① 巴基斯坦新闻广播部长、吉尔吉特-巴尔蒂斯坦省督凯拉感激地说“中国政府这一举措是中巴全天候友谊的又一里程碑，并会进一步加强两国历史联系”，“中国政府能够理解巴基斯坦人民在这样艰难时刻的需求，并给以慷慨的人道主义援助，巴基斯坦政府对此表示深深的

① 按惯例，中巴边贸在每年 5 月 1 日开关至 12 月底，2010 年提前到 1 月开关，更多是出于战略性、政治性考虑的临时性安排。但提前开关的意义及影响是深远的。

感谢”。[1]

二是中国提出扩大中巴边贸新举措。2010 年 5 月，中央新疆工作会议在北京举行。会上，中央正式批准设立喀什经济特区，把喀什建设成为面向南亚、中亚、西亚的“桥头堡”。这也是扩大中巴边贸发展的新举措，意义重大，影响深远。喀什区位优势明显：与塔吉克斯坦、阿富汗、巴基斯坦、吉尔吉斯等国接壤，目前已有红其拉甫、吐尔尕特、伊尔克什坦、卡拉苏四个口岸对外开放；1999 年南疆铁路库尔勒至喀什段开通，2004 年喀什航空口岸开放，喀什至巴基斯坦伊斯兰堡通航。喀什作为中国进入南亚、中亚、西亚至欧洲的国际大道、向西开放桥头堡的条件日益具备。

中国的战略性安排得到巴方的积极回应。2010 年 11 月巴基斯坦总统扎尔达里访华时，特别安排吉尔吉特-巴尔蒂斯坦省首席部长沙赫随访，与中方就扩大边境贸易和人员往来交换意见。这是中巴两国有意扩大边贸的一项重要举措。温家宝总理 12 月访巴期间，双方在《中巴联合声明》中的第 12 条明确表示，双方支持和鼓励边境贸易，以促进两国边境地区的共同发展和繁荣。[2]

三是双边经贸合作继续发展。2010 年前 9 个月，中巴贸易

---

① http://www.app.com.pk/en_/index.php?option=com_content&task=view&id=94818

② 参见《中华人民共和国和巴基斯坦伊斯兰共和国联合声明》，http://politics.people.com.cn/GB/1026/13521318.html

额达到 62 亿美元，同比增长 29%。[①] 在此基础上，加上第四季度的 14 亿美元贸易额，全年中巴双方贸易额有望超过 76 亿美元。[②]

为促进经贸合作，建立稳固的贸易合作关系，双方决定多举措并进。中国商务部副部长高虎城访巴，尤其是 12 月份温家宝总理的巴基斯坦之行，促成《中巴经贸合作五年发展规划》的签署，为今后 5 年中巴经贸合作定下框架基础，有利于中巴经贸合作的进一步加深。同时，双方共同宣布，将在 2011 年第一季度启动中巴自贸协定第二阶段谈判，以进一步提升贸易自由化水平，促进两国经济贸易增长；双方承诺不断推进和全面深化中巴自由贸易区建设；决定成立中巴企业家论坛，加强两国企业界的交流。巴方决定为中国企业设立经济特区，吸引中国企业赴巴投资。双方将探讨设立跨境经济区的可行性，采取步骤加强双方在边境管理方面的合作。[③] 双方的这些安排都是机制性、战略性、基础性的长效安排，建立在此基础上的经贸合作必将显现其后发效果及长远利益。

3. 救灾援助

2010 年 8 月，巴基斯坦遭遇特大洪水灾害。截至年底，两

---

① 这是巴基斯坦驻中国大使马苏德汗在 12 月 14 日接受记者采访时提到的数字。http：//www. statestimes. com/2010/2010/12/14/china-pakistan-trade-could-surpass-target-pak-ambassador. html

② 巴基斯坦国家银行的统计数字，以每月的 10 日为截止日期。具体月份统计请参见进出口统计表，http：//www. sbp. org. pk/ecodata/Exports－（BOP）－Countries. xls 和 http：//www. sbp. org. pk/ecodata/Imports－（BOP）－Countries. xls

③ 请参见：《中华人民共和国和巴基斯坦伊斯兰共和国联合声明》，http：//politics. people. com. cn/GB/1026/13521318. html

千多万群众受灾，170 万间房屋倒塌。中国为巴方的抗灾救灾工作提供了大量无私援助。截止 11 月，中国政府向巴基斯坦提供了近 3 亿美元的救灾援助和捐款，还向巴派遣了由 4 架直升机组成的救灾运输大队和 3 批医疗队，向巴北部地区灾民提供了 101 辆卡车的救灾和过冬物资。①

中国在这次救援中第一次向海外派遣如此大规模的救援队伍，第一次动用军用直升机参与救援。12 月温总理访巴期间，明确表示要继续加大对巴基斯坦灾后重建方面的援助，将全力参与巴灾后重建，落实已有承诺，并提供 1 亿美元优惠贷款和 3 亿美元优惠出口买方信贷用于巴方急需的项目；中方愿与巴方共享减灾救灾相关信息和经验，向巴提供防灾减灾技术支持及培训；双方同意探讨设立环境联合研究项目，特别是对共享生态系统进行研究和开展信息交流。②

总之，尽管国际、地区环境复杂多变，但巴方视“中国为巴基斯坦外交政策的基石”的外交方针没有改变，中国继续视巴基斯坦为“全天候战略合作伙伴”。因此，2010 年，中巴关系继续得到发展，不但合作领域得到拓展，各领域的合作也进一步加深。双方在政治、外交、军事、安全、文化等领域保持并继续有步骤地扩大合作。

---

① http：//pk. chineseembassy. org/chn/zbgx/t764091. htm

② 请参见《中华人民共和国和巴基斯坦伊斯兰共和国联合声明》第十条，http：//politics. people. com. cn/GB/1026/13521318. html

二、与美国的关系

2010年，巴基斯坦与美国进行了三次战略对话，但没有达到预期效果。美巴关系仍是错综复杂，貌合神离。出于阿巴反恐战略的考虑，美国必须发展与巴基斯坦的同盟关系，2011年开始从阿富汗撤军的计划，更需要美国重视对巴关系。巴基斯坦同样对美国有很多利益诉求：以反恐换取美国更多的经济、军事、外交援助。巴基斯坦希望，美国从阿富汗撤军不要留下太多的遗留问题，以减少巴方应对的困难。

2010年初，巴基斯坦籍乘客资格审查问题闹得沸沸扬扬。自反恐以来的无人机轰炸问题在10月达到顶峰。11月奥巴马访印的安排，同样刺痛了巴基斯坦人的神经。维基泄密接二连三揭露美巴反恐秘密合作，加大了双方的不信任感。

美国西北航空523航班飞机爆炸未遂，美国随即修改航空条例，于2010年1月4日宣布包括巴基斯坦在内的14国的严格审查名单，[①] 凡是从这些国家登机或者经由这些国家飞往美国的乘客，都必须接受严格检查。这引起巴方强烈反对。国民议会副议长费萨尔·卡里姆·昆迪强烈谴责美国对巴基斯坦乘客实行严格的安检程序，并称，此举无益于双边关系的发展。巴民众反对呼声高涨。新年伊始，美巴关系就遇到了麻烦。

---

① 其中，古巴、伊朗、苏丹、叙利亚四国属于“支持恐怖主义”国家，阿富汗、阿尔及利亚、黎巴嫩、利比亚、伊拉克、尼日利亚、巴基斯坦、沙特阿拉伯、索马里、也门等十国归为“恐怖主义的乐园”。参见：http://www.app.com.pk/en_/index.php?option=com_content&task=view&id=93169

3月24—25日，美巴第一次战略对话在华盛顿召开，议题涉及能源、农业、国防和贸易等领域。双方签署了关于巴美建设巴基斯坦公路和援助马拉坎德重建的合作文件，美国承诺加快兑现之前提出的各项援助，并向巴保证，要为其产品进入美国市场放宽市场准入标准。巴基斯坦外长库雷希会后表示满意，称："美巴在两年前就开始讨论的议题，今天终于达成一致。"① 尽管如此，此后双方关系发展并不顺利。美国一贯的拖延战略以及口惠而实不至的外交手段再一次表明，本次对话的成果只是"空头支票"。双方在很多实质性问题上的分歧日益突出，在反恐问题上的分歧越来越大。6月初，印美在华盛顿举行首次战略对话，这对美巴、印巴关系多少有些影响。

美国在南亚的核心战略利益需要在印巴之间搞平衡。7月19日，也就是印巴外长7月15日会谈破裂的第四天，美巴在伊斯兰堡举行了第二轮战略对话。美国承诺，将在水利和能源方面对巴基斯坦提供一系列帮助，支持巴基斯坦和印度对话解决克什米尔问题。总体来说，本次对话成果不如上次丰硕，重要性也比不上美印首次战略对话。②

9月30日，美国领导的北约部队直升机飞越巴基斯坦和阿富汗边界进入巴基斯坦的库拉姆地区，对边境附近一处安检站进

---

① http://www.app.com.pk/en_/index.php?option=com_content&task=view&id=99266&Itemid=1

② 有学者认为，美巴战略对话高于美印战略对话，参见《联合早报》2010年8月7日，http://www.chinaelections.org/newsinfo.asp?newsid=184167。但笔者认为，美印战略对话的重要性更高，因为美印战略对话属于全球战略层次，是美国对未来世界大战略的未雨绸缪。也是美国为阿富汗撤军计划而作的较高层次的必要考虑。

行轰炸。造成 3 名巴军士兵死亡，5 人受伤。北约虽承认进行了轰炸，但不承认对巴方军人进行了袭击。因此，巴方关闭了托尔哈姆（Torkham）边境检查站，切断了北约补给车队经过巴开伯尔部族地区进入阿富汗的补给线。巴基斯坦要求美国及北约对此事承担责任，巴基斯坦与美国为首的北约关系骤然紧张。10 月 4 日，巴外长库雷希约见北约秘书长拉斯穆森，拉斯穆森就此事向巴方道歉。7 日，美国参联会主席马克马伦向巴基斯坦陆军参谋长吉亚尼致慰问电，对此次不幸事件的死难者表示哀悼。8 日，美国和国际安全援助部队也就此事向巴方道歉。随后，巴基斯坦政府决定重开托尔哈姆边境，同意北约补给车队经由此处为北约部队提供供给。9 日，巴基斯坦重新为北约驻阿富汗联军开放运输线，美国则表示，今后将不会再发生类似事件。此事稍微缓和下来，但是美国无人机轰炸并没有完全终止，巴基斯坦平民伤亡仍时有发生，巴基斯坦民众反美情绪持续不断。

10 月 20—22 日，美巴第三次战略对话在华盛顿举行。本次战略对话由美国国务卿希拉里和巴基斯坦外交部长库雷希主持，与会人员分成 13 个工作组，分别就不同领域进行讨论。除了政府层面的对话外，两国军方高层也进行了交流。美国国防部长盖茨、参谋长联席会议主席马伦以及其他美军高层领导人同巴基斯坦陆军参谋长基亚尼举行了会谈。本次对话议题广泛，包括安全、军事、经济、农业等。本来美国试图通过此次对话修缮两国日益紧张的关系，但效果并不理想。[①] 本次对话更多地是一次修

① http://ftpapp.app.com.pk/en_/index.php?option=com_content&task=view&id=119945

复关系的对话，美巴分歧仍在，各方的利益诉求并没有得到实质性满足。美国没有许诺巴方所要求的核能合作，没有提供巴方渴望的无人战斗机等先进武器，巴方没有收到美国许诺的75亿援款；巴方也没有给出与美国合作反恐的细节步骤，没有制定打击北瓦地区塔利班的计划表。

11月，美国总统奥巴马访问印度却没有访问巴基斯坦，在巴基斯坦引起了不小的轰动。巴媒体认为，这是美国对巴基斯坦的又一次欺骗和侮辱。巴官方也非常关注这次访问。巴外交部发言人巴斯特表示："美印发展双边关系不关我们的事，但是如果与地区或巴基斯坦有关，那就是我们的事了"，"巴基斯坦在孟买恐怖袭击事件上的立场是明确的，一贯的"，"美国与印度发展友好关系，就有责任促进克什米尔问题得到永久解决"。①

另外，自2010年7月26日起，"维基解密"在网上陆续公开了多达9.2万份的驻阿美军秘密文件，其中很多涉及美巴的秘密合作，主要是巴方配合美国反恐，为美国提供情报和军事支持。因此，密件一经公布，就在巴基斯坦引起巨大轰动，巴基斯坦政府的秘密行为受到国内各方的严厉批评。巴基斯坦政府一边安抚国内民众，保证让民众享有知情权，一边转移视线，要求美国给个说法，承担责任。但是美国并未为此做什么。美巴的政治互信受到影响。

总之，2010年的美巴关系跌宕起伏。双方在反恐问题上分歧明显；在对巴援助问题上，美国说的多，做的少；巴乘客资格

① http://app.com.pk/en_/index.php?option=com_content&task=view&id=121409&Itemid=1

审查和维基解密加大了美巴两国的政治不信任。美巴借助对话机制以及救灾援助来修复关系，加强在反恐中的合作。但美国在三次战略对话中没有给予巴基斯坦实惠，在抗洪救灾中的表现，也没能有效改善美国在巴基斯坦人民心目中的形象。尽管如此，美巴关系对双方都具有极端重要性，双方分歧不致损害相互需要的双边关系大局，巴美关系仍然重要而紧密。

三、与印度的关系

印巴关系在 2010 年先热后冷，1 月至 7 月发展势头较好，但随着两国外长会谈失败，两国关系急转直下，下半年又重新恢复到之前的冷对峙常态。

2010 年 1 月，印度时报集团和巴基斯坦 Jang 报业集团联手启动了旨在推动印巴民间交往的“和平希望”（Aman Ki Asha）运动。[①] 希望扩大民间交往，以民间交往为基础培育印巴友好的基础，进而促进印巴两国全面友好关系的发展。

2010 年 2 月 4 日，印度正式宣布，愿意与巴基斯坦重启外秘级别会谈。[②] 24 日，巴基斯坦外秘巴希尔带团赴印，开启印巴外秘级别会谈。双方对会谈议题争论不休，仅仅做出了保持进一步接触的承诺。3 月，印度多次表达尽快在伊斯兰堡举行第二次外秘级别会谈的意愿。巴方表示，巴基斯坦想要与印度举行“有

---

① Aman Ki Asha 是“和平希望”的意思。有关这项运动具体信息请参考：http：//thirtysixandcounting. wordpress. com/2010/01/13/of-aman-ki-asha/

② “India offers to resume talks with Pakistan”，BBC New，February 4，2010，http：//news. bbc. co. uk/2/hi/8498556. stm

成果的对话”（result-oriented talks），而对“镜头外交”（photo opportunity）不感兴趣。4 月，在华盛顿核安全峰会和廷布南盟峰会上，两国总理举行了会谈。取得的积极成果就是“双方同意外长和外秘尽快会谈，商讨两国未来对话的方式及重塑信任”。很快，第二次外秘会谈于 6 月 24 日在伊斯兰堡举行。这次对话虽没有解决印巴分歧的实质性问题，但对印巴未来的对话机制有了程序性的安排：确定 7 月份进行两国外长会谈。巴基斯坦希望通过“后门外交”（back-channel diplomacy）解决克什米尔问题。这次对话与上次会谈的最大不同，正如印度外秘拉奥琪所说的那样，在于会谈为双方“提供了一次双方交流（talk to each other）而不是单方倾诉（ talk at each other）的机会”。①

与此同时，整个 2010 年上半年，克什米尔地区局势保持相对稳定，这与两国关系的缓和是分不开的。但是 7 月 15 日两国外长会晤的失败，又使双方重新回到起点。

7 月 18 日，即印巴外长会晤失败的第三天，巴基斯坦和阿富汗就过境贸易事项在伊斯兰堡达成一致。② 巴基斯坦放宽对阿富汗的过境条件，同时仍然坚持针对印度的过境限制。

8 月巴基斯坦发生特大洪水，印度没有表示出慷慨姿态，也没有再现 2005 年印度援助巴基斯坦的热心场景，直到 8 月 19 日，印度总理辛格才打电话给吉拉尼总理表示慰问。③

---

① “An opportunity to talk to each other and not at each other：Nirupama Rao”，The Hindu，June 25，2010

② http：//www. app. com. pk/en _/index. php? option = com _content&task=view&id=109736&Itemid=1

③ http：//www. app. com. pk/en _/index. php? option = com _content&task=view&id=113822&Itemid=1

10月之后，克什米尔问题升级更恶化了印巴两国关系。10月9日，巴总理吉拉尼在与克什米尔议会委员会主席拉赫曼举行会谈后，重申巴基斯坦政府将继续在道义、外交、政治等领域支持克什米尔人民的斗争，支持他们争取自决权的努力。[①] 同一天，巴基斯坦驻联合国大使在联大第四届非殖民化委员上表示："和平解决克什米尔争端对于维护南亚地区的和平与稳定是十分必要的"，"克什米尔问题其实就是克什米尔人民为实现联合国监督下的自由、公平、合理选举权的斗争"。[②]

巴基斯坦预判到奥巴马的访印之行会涉及印度"入常"问题。因此在奥巴马访问印度的前一天，巴方表示，任何支持印度成为联合国安理会常任理事国申请的决定，都将会对南亚的和平安全构成负面影响。但奥巴马11月8日在印度国会发表演讲时，还是对印度申请成为联合国安理会常任理事国表示支持。巴基斯坦外交部发言人巴斯特随即表示，"任何有违《联合国宪章》的安理会改革举动都将对国际关系体制产生严重破坏"。[③] 在四天之内，巴基斯坦两次表示反对印度入常，突出显示印巴关系紧张的事实。

在对待土库曼斯坦－阿富汗－巴基斯坦－印度（TAPI）天然气管道问题上，印巴的态度也不一致。12月11日，巴基斯坦、土库曼斯坦、阿富汗和印度最终签署了《政府间协议》和《天然

---

① http://ftpapp.app.com.pk/en_/index.php?option=com_content&task=view&id=118712&Itemid=1

② http://ftpapp.app.com.pk/en_/index.php?option=com_content&task=view&id=118769&Itemid=1

③ "印度入常获美支持巴基斯坦四天两提反对意见"，http://news.qq.com/a/20101109/001793.htm

气管道的框架协议》。但是印度总理辛格并没有参加，由印度石油部长签署《政府间协议》。[①] 印度对此项目并没有表现出与其他几国同样大的兴趣。印度认为，土库曼斯坦的天然气必须经由巴基斯坦领土才能到达国内的事实，是当前印度面临的最大问题。第二，有关天然气的分配问题能否得到落实也是潜在的隐患。签约的第二天，巴基斯坦《商业记录报》报道，根据协议，将从土库曼斯坦气田每日输送 32 亿立方英尺天然气至巴中部城市木尔坦和印度西北城镇法兹卡。阿、巴、印三国天然气分配为：阿富汗 5 亿立方英尺/日、巴基斯坦、印度各 13.25 亿立方英尺/日。第三，启动资金的筹集、分配和使用，工期能否按时完成等，都是问题。印巴对待 TAPI 油气管道问题的不一致，增大了此项目的不确定性。

总之，2010 年，印巴虽重启全面对话，但举步维艰，印巴改善双边关系和推进多边合作，还任重道远。

四、与英国及欧盟的关系[②]

2010 年，英巴关系进展突出。除了英巴本身的深远联系之外，巴基斯坦希望借助英国为巴产品进入欧盟市场提供方便。

年初，巴基斯坦官方公布，2009 年巴基斯坦在对法国、德

① http://ftpapp.app.com.pk/en_/index.php?option=com_content&task=view&id=124298&Itemid=1

② 由于英国是欧盟重要成员国之一，英巴存在传统关系，巴基斯坦希望利用英国帮助巴基斯坦产品进入欧盟市场，因此本文将巴基斯坦与欧盟的关系同时归列到英巴关系中一起介绍。

国、意大利等欧盟国家出口下降的同时，对英国贸易出口增长了 8%。[1] 这对处于经济困难的巴基斯坦来说是难能可贵的。因此，2010 年，巴基斯坦重点发展与英国的贸易关系。2010 年 1 月 9 日，英国外交大臣米利班德第六次访问巴基斯坦。期间，巴基斯坦总统扎尔达里、总理吉拉尼分别接见了他。库雷希外长与其举行了对话。巴英举行了双边战略对话，同意扩大民间交往的基础。双方就经贸问题、人员交流问题、军售问题、阿富汗安全问题、巴产品进入欧盟市场问题等交换了看法。米利班德重申，英国 4 年内向巴提供 6500 万英镑的援助。[2] 1 月 26 日，英国外交大臣米利班德在伊斯坦布尔出席阿富汗问题峰会期间，会见了巴基斯坦总统扎尔达里。在与米利班德会面时，扎尔达里再次强调，巴基斯坦需要欧盟市场以求得更快的发展。[3] 紧接着，28 日，英国内政大臣雅基·史密斯率团访问巴基斯坦，与巴基斯坦内政部长马利克举行会谈。

但是巴基斯坦与英国的关系发展并不顺利。英国逮捕巴基斯坦学生，加强针对巴基斯坦人的审查事件还没有平息，英国首相卡梅伦在印度之行中对巴基斯坦的言语攻击又引起巴方的强烈不满。

8 月 4－7 日，巴基斯坦总统扎尔达里访问英国，缓和与英国来之不易的关系，继续为巴基斯坦产品进入欧盟大门而努力。扎

① http://www.app.com.pk/en_/index.php?option=com_content&task=view&id=93503

② http://www.app.com.pk/en_/index.php?option=com_content&task=view&id=93499

③ http://www.app.com.pk/en_/index.php?option=com_content&task=view&id=95044

尔达里的这次访问，换来了巴英关系“牢不可破”的承诺，争取到了英国在各领域的支持。9月17日，英国宣布对巴基斯坦特大洪灾再增1700万英镑的援助，用于巴基斯坦抵御洪灾。①

12月初，英巴在伦敦举行年内第二次战略对话。巴基斯坦外交部长库雷希同英国外交大臣黑格举行会谈。对双方感兴趣的问题，包括两国关系、宗教、全球事务、阿富汗问题以及南亚安全等问题交换了看法。② 此后，英国首相卡梅伦与巴基斯坦总统扎尔达里几次通电话，就双边关系和地区形势保持交流和沟通。

巴基斯坦与欧盟的谈判在3月份取得实质性进展。3月4日，据巴基斯坦报道，欧盟为巴基斯坦商品进入所有欧盟成员国打开了大门。报道说，除了英国和荷兰外，欧盟另外16个国家的外交代表在白沙瓦做出了这个决定，巴总理吉拉尼参加了这次会议。欧盟代表们表示，他们之所以来到白沙瓦，就是要支持巴基斯坦政府的反恐行动，就是希望与巴基斯坦在各个领域开展合作。吉拉尼希望，巴基斯坦和欧盟的关系在21世纪成为重要的外交关系。③

9月17日，欧盟峰会在布鲁塞尔举行。会上，欧盟决定对巴基斯坦主要出口产品实施限期关税减让的优惠贸易政策，以帮助巴基斯坦消除洪灾负面影响并维持政局稳定。该政策每年将涉及价值3亿欧元（约合3.9亿美元）的巴对欧出口产品。同时承

---

① http://ftpapp. app. com. pk/en _/index. php? option = com _content&task=view&id=116212&Itemid=1

② http://ftpapp. app. com. pk/en _/index. php? option = com _content&task=view&id=123394&Itemid=1

③ http://www. app. com. pk/en _/index. php? option = com _content&task=view&id=97748&Itemid=1

诺，到 2014 年，如果巴基斯坦达到欧盟的标准，将给以优惠待遇身份。[①]

据巴基斯坦《黎明报》10 月 1 日报道，欧盟对巴基斯坦的援助总额增加到 1.5 亿欧元。《国际新闻报》10 月 7 日报道，欧盟采纳了向巴基斯坦出口欧盟市场的物品暂停征收三年关税的建议，帮助巴基斯坦恢复被洪水影响的经济。欧盟于 10 月 8 日发布 75 种进口巴基斯坦物品免税清单。11 月 1 日，欧盟代表团在伊斯兰堡拜见巴基斯坦国民议会议长米尔扎时表示，将支持巴基斯坦受灾地区的基础设施建设，双方还就恐怖主义、巴基斯坦财政问题和能源短缺问题交换了意见。[②]

总体来看，2010 年英巴关系经历了曲折的过程。巴基斯坦学生被捕问题以及新任首相卡梅伦言行风波曾影响英巴关系的发展。但扎尔达里的出访以及巴基斯坦开展洪水援助外交和英巴第二次战略对话的进行，英国表现出对巴基斯坦的友好姿态：援助增多，对巴基斯坦产品进入欧盟给以支持，双边互访增多，在双边和地区安全问题上保持频繁接触。

2010 年，巴基斯坦与欧盟关系主要表现在巴基斯坦产品进入欧盟市场的谈判上。作为对巴基斯坦反恐的回报以及对巴基斯坦灾情的援助，2010 年，欧盟对巴基斯坦产品给予了很多优惠照顾。但是欧盟对巴基斯坦产品入盟的核心硬性标准并没有免除。因此，巴基斯坦开发欧盟市场还有很长的路要走。

---

① http：//www. dailytimes. com. pk/default. asp? page＝2010 \ 09 \ 17 \ story _ 17－9－2010 _ pg1 _ 1

② http：//ftpapp. app. com. pk/en _/index. php? option ＝ com _ content&task＝view&id＝120848&Itemid＝1

五、与周边国家关系

2010 年，巴基斯坦重点发展与阿富汗、土耳其和伊朗三国的关系，召开了巴阿土三方会议。基于对美国 2011 年开始撤军的前瞻性考虑，巴基斯坦意识到：必须提前处理好与卡尔扎伊政府的关系。同时，2010 年阿富汗与美国关系出现波折，有利于巴基斯坦展开对阿富汗的兄弟外交、邻国外交。美国在阿富汗的军事存在以及美巴反恐同盟，或多或少限制了巴基斯坦发展与伊朗的关系。但美国的撤军意图加速了巴伊关系的发展，双方的联系，尤其是经贸联系在 2010 年明显增多。土耳其是伊斯兰世界的重要国家，在处理伊斯兰国家问题上具有重要地位，尤其是在阿富汗问题上。发展与土耳其的关系对巴基斯坦周边战略很重要。

（一）与阿富汗的关系

2010 年巴阿关系的发展主要表现在如下方面：

1. 高层会晤频繁，政治互信有所加深

阿富汗访问巴基斯坦的有：阿富汗总统卡尔扎伊在 3 月和 9 月两次访问巴基斯坦，8 月 5 日，阿富汗副总统哈利利访问巴基斯坦，8 月 9 日，阿富汗团结党（Hizb-e-Wahadat party）领袖莫哈奇克和哈扎拉族议员代表团拜访了巴基斯坦外交部长库雷希，7 月 6 日，阿富汗财政部长扎克里尔瓦尔（Zaklilwal）率代表团访问巴基斯坦，并与巴基斯坦财政部长谢赫在伊斯兰堡举行阿富汗过境贸易协定（ATT）谈判；6 月底，阿富汗外交部长扎尔枚拉苏尔和内政部长访问巴基斯坦，分别与巴领导人会谈，并参加南盟内政部长会议。

巴基斯坦访问阿富汗的有：12 月吉拉尼总理对阿富汗进行了回访；巴基斯坦陆军参谋长吉亚尼分别于 5 月和 8 月两次访问喀布尔。

2. 两国经贸合作增多，经贸联系不断加强

3 月 11 日，卡尔扎伊访巴期间，两国发表了名为“巴阿全面合作展望”（Next Steps in Afghanistan-Pakistan Comprehensive Cooperation）的联合公报，重申巴阿关系在地区和平、安全和发展方面的重要性。两国同意在通讯网络领域展开合作，并希望到 2015 年将两国贸易额提高到 150 亿美元，同时加强两国在教育、农业和能源领域的合作。[①] 9 月访巴期间，卡尔扎伊再次肯定巴基斯坦在阿富汗政府与塔利班和其他派别的和解中的作用。巴基斯坦总理吉拉尼表示，阿富汗的统一、主权和领土完整以及国家重建对巴基斯坦至关重要，他敦促阿方允许巴基斯坦与塔吉克斯坦两国的公路运输途经瓦罕走廊，以便充分利用巴、阿、塔三国的过境贸易协定，共同从发展跨境贸易中受益。

尽管巴阿两国的经贸合作规模还比较小，水平还比较低，但两国的积极努力已经获得了一些突出的业绩。据巴基斯坦联邦统计局公布数据显示，近年来，巴对阿出口增长较快，从 2004 财年的 5 亿美元，增至 2010 财年的 15.7 亿美元，阿已成为巴第三

① http://www.app.com.pk/en_/index.php?option=com_content&task=view&id=98212&Itemid=1

大出口对象。阿自巴进口商品种类繁多，包括建材、能源、食用油、食品、药物以及日常生活用品等。巴总理吉拉尼于 2010 年 12 月访问阿富汗时称，希望在未来五年将两国贸易额扩大至 150 亿美元。

另外，2010 年阿巴合作的另一大亮点就是双方最终签署了《过境贸易协定》。巴总理吉拉尼和到访的美国国务卿希拉里共同出席了在巴总理府举行的签字仪式。新签署的过境贸易文件规定，不允许印度通过瓦噶口岸向阿富汗出口货物；阿富汗货物可以经巴境内指定路线由海港或瓦噶口岸对印度出口，巴基斯坦货物也获准过境阿富汗运往中亚国家。过境车辆应申请通行证，且装载进出口货物的货柜和车辆必须符合有关标准。根据该协定，阿货车将可直达巴境内瓦嘎（Wagah）边境口岸及卡拉奇港。同时，巴货车也可通过阿全境直达伊朗和土耳其等国。

（二）与伊朗的关系

2010 年的巴伊关系更多地表现在能源合作上。2010 年 3 月 16 日，据巴基斯坦《黎明报》报道，巴基斯坦与伊朗签订天然气管道协议。该管道连接伊朗南帕尔斯气田与巴基斯坦俾路支省及信德省的天然气管道，根据协议，伊朗将在未来 25 年内，每天为巴基斯坦提供 7.5 亿立方英尺的天然气。5 月，伊朗外交部副部长访问巴基斯坦，会见巴基斯坦联邦石油和自然资源部长卡马尔，双方讨论了两国在石油，天然气和能源领域的合作，卡马尔对巴基斯坦—伊朗天然气管道项目的进展表示满意。6 月 13 日，巴基斯坦代表团访问德黑兰。双方在德黑兰正式签署天然气管道协议，该管道项目价值 75 亿美元。预计伊朗将从 2014 年起向巴基斯坦输送天然气。根据协议，巴基斯坦需要承担本国境内 700 公里的天然气管道建设工程，预计造价约为 16.5 亿美元。巴伊能源管道合作是伊朗—巴基斯坦—印度（IPI）天然气管道计划的一部分。孟买袭击案发生后，印度退出了该计划。由于巴伊双方各取所需，天然气管道计划并没有因印度退出而中断。2010 年巴伊能源合作取得巨大进展，突出反映了巴伊能源合作的紧迫性和必要性。

除天然气合作外，巴伊还开展电力合作。伊朗在巴的瓜达尔有电力合作项目。在巴基斯坦电力紧缺的情况下，巴方多次呼吁伊朗尽快向瓜达尔供电，以缓解电荒局面。

2010 年，巴伊以能源合作为突破口，加强了双边多领域联系。可以预期，随着巴基斯坦能源、电力的继续紧张，随着美国撤军阿富汗，巴伊合作还会继续得到加强。

（三）与土耳其的关系

2010 年巴基斯坦与土耳其的关系主要表现在三个方面：高层互访频繁，举行多轮安全会晤，双边经贸合作加强。

1 月 24 日，巴基斯坦总统扎尔达里出访土耳其，同时参加在土耳其举行的阿富汗问题地区峰会。3 月 30 日起，土耳其总统阿卜杜拉·居尔对巴基斯坦进行为期四天的官方访问，分别会见巴总统扎尔达里、总理吉拉尼。双方就双边关系、国际和地区问题以及经贸问题进行了交流。[①] 访问期间，巴基斯坦与土耳其在拉合尔举行了“巴土 CEO 商务论坛”，在多领域签署了合作协议。

3 月，土耳其国防代表团访问巴基斯坦。两国重申加强在防务领域的合作。在接待土耳其国防部代表团时，巴基斯坦国防装备部长说：“巴基斯坦与土耳其两国关系发展顺利，但两国在贸易、经济和国防领域的合作潜力仍然巨大。”[②]

6 月，巴基斯坦、阿富汗和土耳其三国外长在伊斯兰堡举行会议，三方一致同意，进一步提升在反恐领域的合作，特别是相互提供军事训练和演习的合作机会。会后，巴基斯坦外长库雷希访问土耳其。土耳其总统阿卜杜拉居尔在接见到访的巴基斯坦外长库雷希时保证，土耳其支持巴基斯坦获得联合国安理会非常任理事国资格、支持将于 2010 年 10 月在布鲁塞尔举办的民主巴基斯坦之友部长级会议。[③]

7 月，巴基斯坦国防部长对土耳其进行了回访。巴基斯坦国防部长乔杜里·艾哈迈德·穆赫塔尔在安卡拉与土耳其国防部长维克迪戈努尔（Vecdi Gonul）会谈时表示，以色列应该对 5 月 31 日杀害一名土耳其公民做出道歉，并给予赔偿。穆赫塔尔还拜见了土耳其总统阿卜杜拉·居尔。居尔总统表示，应该建立土巴之间的联合国防生产工程，他还对巴基斯坦生产的 JF-17 “雷

---

① http://ftp.app.com.pk/en_/index.php?option=com_content&task=view&id=99576&Itemid=1

② http://www.app.com.pk/en_/index.php?option=com_content&task=view&id=98879&Itemid=1

③ http://www.app.com.pk/en_/index.php?option=com_content&task=view&id=105766&Itemid=1

电”战机表示出浓厚的兴趣。

10 月 12—13 日，土耳其总理埃尔多安对巴基斯坦进行为期 2 天的访问。巴基斯坦总理吉拉尼和总统扎尔达里分别予以会见。吉拉尼表示：“两国可以利用现有的高级合作委员会的机制，增强经济联系以使两国贸易在 2012 年达到 20 亿美元的目标。”[①] 扎尔达里与埃尔多安会谈时表示，希望能升级两国间的铁路设施，以增加两国间的经济和贸易合作。

12 月 5—9 日，巴基斯坦总理吉拉尼对土耳其进行了为期四天的正式访问。访问期间，巴总理与土耳其领导人和当地商界人士举行了会谈，共同探讨如何进一步促进两国间现有的友谊。在安卡拉期间，吉拉尼与总统居尔举行会谈，并被授予土耳其国家荣誉奖章，以表彰吉拉尼对发展土巴两国关系做出的贡献。吉拉尼还与土耳其总理埃尔多安举行了会谈，共同主持召开了两国高级合作委员会首届会议，并在土耳其大国民议会发表了演说。[②] 12 月 10 日，巴基斯坦联合通讯社报道说，在巴总理吉拉尼访土期间，巴基斯坦和土耳其签署了包括健康、教育、农业、基础设施、住房以及媒体等领域的 17 个备忘录，这被视为实现两国关系从兄弟关系到战略伙伴关系转变的转折点。[③]

2010 年，巴土关系发展活跃，两国总统总理实现了互访，国防、外交部门交流增多。这也是巴基斯坦调整周边外交的重要

---

① http://ftpapp.app.com.pk/en_/index.php?option=com_content&task=view&id=119139

② http://ftpapp.app.com.pk/en_/index.php?option=com_content&task=view&id=124176&Itemid=1

③ http://ftpapp.app.com.pk/en_/index.php?option=com_content&task=view&id=124229&Itemid=1

一环。

六、与其他国家的关系

2010 年，在全球层面上，巴基斯坦重点发展了与中国、美国、印度、英国等大国的双边关系。在地区周边外交上，巴基斯坦着重选择了阿富汗、伊朗、土耳其为重点对象。除此之外，巴基斯坦也注重开展全方位外交。或出于战略安全的考虑，或出于经贸合作的考虑，或出于传统友谊的考虑，巴基斯坦保持了与各大洲国家的外交关系。在南亚区内，除了重点关注印度、阿富汗外，也与孟加拉国、斯里兰卡保持了传统友好关系；在西亚北非，重点发展与巴勒斯坦、阿联酋、沙特、阿曼、苏丹、也门等国的关系；在大洋洲，与澳大利亚保持着经贸、安全合作；在拉美，重点扩大与巴西的交流。

总之，2010 年的巴基斯坦外交呈现出一种积极的态势，成效较为显著。巴基斯坦获得了大量国际援助。但也付出了不小代价。因此，展望 2011 年的巴基斯坦外交，机遇与挑战并存，尚需拭目以待。

2010 年的巴基斯坦经济

李景峰

经济问题是一个承上启下连贯的过程，因此有必要先对巴基斯坦 2009 年的经济状况做一个简要概括。巴基斯坦 2009 年下半年的经济态势是：宏观经济形势虽有较大改善，但基础仍不稳固，总体经济仍面临诸多困难和挑战，巴政府囿于财政困难而无法推出有效的经济刺激措施，经济发展前景不容乐观。① 在这样的背景下，巴基斯坦迎来了 2010 年。

纵观 2010 年巴基斯坦经济发态势，前期总体运行平稳，呈现温和复苏，洪灾后经济受损严重，灾后重建任重道远。

一、大型制造业先升后降，工业发展处境艰难

2010 年初，受货币政策宽松、财政状况转好、宏观经济开

① 中国驻巴基斯坦经济商务参赞处，《巴基斯坦 2009－2010 财年上半年经济形势综述》，2010 年 3 月 1 日，http：//pk. mofcom. gov. cn/aarticle/ztdy/201003/20100306800936. html

始好转、资金流动性增强、粮食丰收带来的消费品需求上升等因素的推动，巴基斯坦制造业逐步好转，特别是汽车、化肥和消费品等领域表现明显，但仍面临安全形势不佳、电力供应紧张、经济发展动力不足等因素的制约，所以整体波动不大。2009 年 7 月至 2010 年 5 月，巴轿车销量增加 48%。5 月份，巴轿车单月销量同比增加 64%。①

进入 7 月，巴基斯坦大型制造业即呈现出加速下滑的趋势。这是由于受洪灾、银行贷款利率过高、原材料上涨带来的企业生产成本上升、交通运输补贴取消、电力紧张等因素的影响。巴基斯坦主要生产行业处境艰难。但是随着巴国内受灾地区重建的开始以及巴基斯坦宏观经济的逐渐转暖，巴基斯坦工业或将迎来新的机遇。

二、汇率在震荡下滑中趋稳

整体看，2010 年卢比兑美元汇率呈贬值趋势，在安全因素影响国外投资、债务压力、电力短缺、贸易赤字、洪灾等因素的作用下，巴基斯坦国内对美元的需求不断上升。

上半年，巴基斯坦汇率在三月份经历了一个升值的过程，卢比兑美元汇率一度达到 83.70：1，创年内的最高，这主要是 3 月 26 日美国宣布对巴基斯坦提供资金支持以及国际货币基金组织新增贷款可获拨付等利好因素刺激。

① Car sales jump by 64pc, *News*, Thursday, June 10, 2010, http://thenews.com.pk/TodaysPrintDetail.aspx?ID=244005&Cat=3&dt=6/10/2010

洪灾后，巴基斯坦汇率又经历了一次较大的贬值过程，卢比兑美元的汇率一度跌至 86.02：1 的历史新低，主要原因，一是巴基斯坦需要从国际市场为本国灾民购进救灾物资，对外支付增多，进而刺激对美元需求的上升。二是 7 月前巴基斯坦侨汇增加量不足。但在国际援助大幅上升、侨汇收入创历史新高等因素的影响下，卢比对美元汇率逐渐小幅回升，并保持轻微震荡。

三、国外直接投资大幅减少

2010 年 1—11 月巴基斯坦共接受外国直接投资 17.582 亿美元，与 2009 年同期的 20.627 亿美元相比，下降 14.76%。自 2009 年以来，巴基斯坦接受国外直接投资大幅下降。政局不稳、安全形势恶劣、基础设施薄弱等是吸引国外投资的主要障碍。

四、外汇储备平稳震荡，侨汇增势良好

2010 年 1 月 2 日，巴基斯坦外汇储备为 150.31 亿美元，主要得益于国际货币基金组织第四笔 12 亿美元救助贷款拨付到位。6 月 4 日，巴外汇储备再次超过 160 亿美元，主要是联合国支持基金款项的拨付和侨汇的增加。10 月 15 日，巴外汇储备达 171.01 亿美元，主要得益于侨汇的增加、国际货币基金对巴拨付的 4.51 亿美元救灾款。12 月 18 日，因偿还债务，巴国家外汇储备降为 163.9 亿美元。

外资流入放缓本应该使巴基斯坦国内的外汇收入减少，然而巴外汇储备在 2010 年整体呈现增长的态势，特别是下半年洪灾

发生后，巴基斯坦外汇储备增长较快。巴基斯坦外汇储备的增多主要得益于：一是国际救灾款项的拨付到位；例如：2010 年 10 月国际货币基金组织对巴拨付 4.51 亿美元的援款，使巴基斯坦外汇储备从 10 月 8 日的 169.7 亿美元增加到 15 日的 171 亿美元；二是侨汇的增加；三是贸易赤字的下降。

2010 年巴基斯坦海外侨汇呈增长态势，巴基斯坦侨汇收入 1－11 月累计为 88.0402 亿美元。特别是洪灾后，侨汇收入从 7 月份的 7.9118 亿美元增加到 8 月的 9.33 亿美元和 9 月的 9.22 亿美元。海外侨汇大幅增加受益于巴基斯坦政府推出的“巴基斯坦汇款计划”。“巴基斯坦汇款计划”就是鼓励海外的巴基斯坦人通过正常渠道将外汇汇至巴国内，以帮助政府实现外汇收支平衡和稳定汇率。

以 2010 年 11 月为例，巴侨汇主要来源国为阿联酋（2.2575 亿美元）、美国（1.7505 亿美元）、沙特阿拉伯（1.7145 亿美元）、海湾国家合作委员会国家（包括巴林、科威特、卡塔尔和阿曼，1.1339 亿美元）、英国（1.0285 亿美元）、加拿大（0.3375 亿美元）、欧盟（0.305 亿美元）。

五、贸易逆差逐步减小，出口小幅增长

2010 年 1 月－10 月巴基斯坦对外贸易总额为 441.95 亿美元，其中，出口 174.24 亿美元，进口 267.71 亿美元，贸易逆差 93.57 亿美元，相比去年同期的贸易总额 388.94 亿美元，出口 152.77 亿美元，进口 236.17 亿美元，贸易逆差 83.41 亿美元，分别增长了 12％、12.32％、11％和 10.89％。出口增速高于贸

易总额的增速，而进口增速低于贸易总额的增速，从而使 2010 年 1 至 10 月贸易逆差增速低于对外贸易总额的增速，总体看，巴贸易赤字仍然巨大。

具体说，洪灾前，由于巴基斯坦进口增速高于出口增速，巴基斯坦贸易赤字大幅上升。洪灾后，巴进口逐步减少，出口平稳，巴贸易赤字逐步减小。洪灾后，巴基斯坦除食品、原棉进口保持上升外，机械、石油、化肥、纺织等产品的进口额都下降。

2010 年 1－10 月巴农业出口 28.92 亿美元，相对于 1 月份 3.23506 亿美元的出口额，10 月仅为 2.34923 亿美元，环比下降 27%，主要原因是受洪灾及国际粮食紧张等因素的影响。2010 年 1－10 月巴纺织业出口 88.968 亿美元，相对于 1 月份 8.08155 亿美元的出口额，10 月份即达到 9.88982 亿美元，环比增长 22.4%。特别是原棉出口额从 6 月份的 86.6 万美元飙升至 10 月份的 5322.7 万美元，增长近 60 倍。

随着国际棉价的继续上扬、欧盟放松对最不发达国家市场准入政策，受欧盟于 2011 年 3 月份实行的对巴部分商品免税贸易援助计划等利好因素影响，巴基斯坦纺织品出口将继续呈现增长态势。

美国仍然是巴基斯坦的第一大出口国。2010 年 1－10 月，巴向美出口 31.845 亿美元；阿富汗则成为巴基斯坦对外出口增长最快的国家，2010 年 10 月，巴向阿富汗出口 1.2305 亿美元，使阿富汗成为巴第二大出口国。

受洪灾影响，2010 年 1－10 月巴基斯坦食品进口达 39.88146 亿美元，占进口总额的 15%，由 2 月份的 2.01545 亿美元上升至 10 月份的 5.09861 亿美元。机械进口 35.43417 亿美元，进口额在 6 月和 7 月达到全年峰值，随后出现下降趋势。石油、化肥、化工、纺织等产品进口在 5、6、7 月份左右达到最大值，随着洪灾影响凸显，这些产品的进口额都成震荡下滑的趋势。中国、沙特阿拉伯、新加坡、马来西亚、科威特是巴基斯坦的主要进口来源国。

六、债务负担加重，经常性项目赤字锐减

外债从 2009 年 12 月 31 日的 556.75 亿美元上升为 6 月底的 556.26 亿美元，截止 2010 年 9 月 30 日，巴外债总额为 584.12 亿美元，比 2009 年同期的 552.16 亿美元高出 5.788%。外债迅速增加，主要是由于公共债务增加过快导致的。随着外债金额的不断上升，巴基斯坦政府还债的压力也将与日俱增。

内债从 2010 年 1 月的 4.3 万亿卢比上升为 4 月的 4.5798 万亿卢比，截止 2010 年 10 月 31 日，巴内债总额达 5.0074 万亿卢比，比 2009 年同期的 4.0804 万亿卢比高出 22.72%。

外债的持续上升严重影响巴宏观经济的平稳运行，有可能使巴基斯坦面临债务危机。洪灾前，巴基斯坦政府主要通过减少公共领域开支的方式削减外债。随着洪灾对巴经济的严重影响、国外投资的锐减，使巴基斯坦政府开始寻求通过发展股市、削减政府开支、增加内债等综合措施来抑制外债的过快增长，但却导致了内债的快速增长。

七、通胀：上半年合理可控，下半年过快增长

受卢比贬值、市场供需矛盾加剧等因素的影响，通货膨胀从2009年11月开始回升，结束了过去八个月的回落趋势。巴基斯坦2010年1月份消费物价指数（CPI）同比上升13.68%，环比略涨2.42%；批发物价指数（WPI）和敏感物价指数（SPI）也继续回升，环比上升4.23%和2.88%。鉴于通胀反弹压力仍然存在，巴基斯坦国家银行宣布将基准利率维持在12.5%。[①] 2010年上半年，公用事业价格上涨及卢比贬值是巴基斯坦通胀的主要原因。[②]

于7月底开始的洪灾对巴基斯坦国内物价产生极大的影响。灾后食品供应短缺、卢比贬值导致进口成本上升、能源价格上涨、政府持续借贷、外部援款不到位是巴通胀居高不下的原因。为此，巴基斯坦政府采取了审慎的宏观经济政策、增加商品供应量、打击囤积和垄断、改善国内运输状况等措施，抑制通胀过快增长。

由于巴政府为削减财政赤字大幅削减补贴、大力征税、近期对石油价格增长和电价上调，可能导致国内物价的进一步上涨，通货膨胀压力在短期内不会缓解。通货膨胀将直接影响低收入和

① 中国驻巴基斯坦经济商务参赞处，2010年2月11日，"巴基斯坦1月份通货膨胀率高达13.6%"，http：//pk. mofcom. gov. cn/aarticle/jmxw/201002/20100206785154. html

② CPI climbed to 13.26% in April，*Daily Times*，Thursday，May 13，2010，http：//www. dailytimes. com. pk/default. asp? page=2010 \ 05 \ 13 \ story _ 13 -5-2010 _ pg5 _ 1

固定收入民众的购买力，并将进一步削弱消费对于巴经济增长的拉动作用。

八、货币政策由中性转为从紧

2010 年上半年，核心通胀和总量通胀已经显现，但仍处于合理变化幅度范围内，巴央行将基准利率维持在 12.5%，国际信用评级机构标准普尔在 3 月份将巴基斯坦的信用级别从 CCC^{+} 上调一级至 B^{-}，表明巴基斯坦央行已经由 2008 年开始的紧缩财政政策调为中性政策。

随着 7 月份洪灾对巴基斯坦经济的负面影响，宏观经济不稳、财政支出过度增长和物价上涨，巴政府从 2010 年下半年开始实行财政紧缩政策，并在 8 月、9 月和 12 月，分 3 次将银行基准利率从 12.5%调至 13%、13.5%、14%，并期待通过紧缩货币政策，缓解巴基斯坦的高通胀。

总之，2010 年，巴基斯坦本已脆弱的经济又经历了洪灾的考验，在国际援助逐渐到位、宏观政策逐渐显效的影响下，巴基斯坦经济在 2010 年底逐渐趋稳。但在能源短缺、安全环境不容乐观等因素的影响下，2011 年巴基斯坦经济基础依然脆弱、灾后重建任重道远。

2010 年的巴基斯坦安全形势与反恐

兰　江

纵观 2010 年巴基斯坦的安全形势，可以概括为反恐行动稳步推进、安全形势依然严峻。巴基斯坦继续在西北地区进行反恐军事行动，取得了一定成果。军事上受挫的巴基斯坦塔利班（巴塔）及其盟友持续对全国各地的军民目标展开大规模报复性袭击，造成了极大的生命和财产损失。

一、反恐行动稳步推进

巴军持续在开伯尔—普什图和联邦直属部落区（FATA）进行清剿，同时大力抓捕巴塔人员，并切断巴塔的资金和武器输入渠道。在稳定西北地区局势后，逐步推动难民返乡重建家园。

（一）在开伯尔—普什图省和联邦直辖部落区持续进行清剿

自开年以来，巴军延续 2009 年在西北地区进行的清剿行动，并逐渐取得标志性战果。在莫哈曼德，当地巴军指挥官塞弗拉上校1月5日指出，该部落区80%的面积已经清除了塔利班。[1] 在斯瓦特，当地巴军指挥官纳迪姆少将2月26日宣布，巴军在当地的攻势已经结束，已将塔利班从大部分区域清除，剩下的只是对局部区域进行外科手术式的打击。[2] 在巴焦尔，巴军于3月3日攻占战略要地达玛多拉，标志着塔利班在当地的军事失败。[3] 在库拉姆，巴军当地指挥官塔萨夫·阿格达上校于7月6日宣布，库拉姆80%的区域已经清除了塔利班，而军事行动依然在进行。[4]

6月1日，基亚尼在视察奥拉克扎伊时宣布，巴军在这个部落区的使命已经圆满完成，难民很快就可以开始重返家园。[5] 但第二天，奥拉克扎伊居民就指出，巴军占领的仅仅是下奥拉克扎伊，而塔利班还控制着上奥拉克扎伊和中奥拉克扎伊，军事行动还远未结束。军方发言人阿巴斯少将也承认，军事行动大体上结束，但维护稳定的军事行动还将继续。[6]

9月7日，奥拉克扎伊巴军指挥官佩尔韦兹准将宣布，奥拉克扎伊90%的面积已经清除了塔利班。佩尔韦兹准将指出，奥拉克扎伊不但是塔利班的重要据点，也是操控发生在南、北瓦济

---

① http://www. dawn. com/wps/wcm/connect/dawn-content-library/dawn/news/pakistan/04—eighty-percent-mohmand-cleared-qs—05

② http://www. dawn. com/wps/wcm/connect/dawn-content-library/dawn/news/pakistan/04—swat-oarts-cleared-qs—10

③ http://www. dawn. com/wps/wcm/connect/dawn-content-library/dawn/news/pakistan/

④ http://news. dawn. com/wps/wcm/connect/dawn-content-library/dawn/news/pakistan/44—eighty-per-cent-of-kurram-cleared-of-militants-says-army-fa—01

⑤ http://www. ispr. gov. pk/front/main. asp? o=t-press _ release&id=1310

⑥ http://www. dailytimes. com. pk/default. asp? page=2010 \ 06 \ 03 \ story _ 3—6—2010 _ pg1 _ 1

里斯坦、开伯尔、白沙瓦和全国其他地区恐怖袭击的神经中枢。[①]

10 月 26 日，巴边境军团监察长纳迪尔·泽布指出，尽管奥拉克扎伊 90％的面积已经清除了塔利班，但针对塔利班的小型军事行动仍在奥拉克扎伊进行。由于军事行动，至少 32000 个家庭流离失所。难民可以从 27 号开始返回家园。巴军在奥拉克扎伊发现了基地组织活动的痕迹，但是大部分基地组织成员已经被击毙，剩下的也逃离了这一地区。

事实上，巴军虽然已经占领了奥拉克扎伊大部分地区，但是塔利班仍然控制着一些孤立地区。

在南瓦济里斯坦，基亚尼于 3 月 15 日宣布，“拯救之路”军事行动的主要目标已经达到，巴军将于 3 月 30 日正式结束这次军事行动。[②] 7 月 1 日，南瓦济里斯坦巴军指挥官纳瓦兹·汗少将宣布，南瓦济里斯坦已经将恐怖分子清除干净。他进一步指出，难民已经开始重返家园，基础设施的发展和重建工作也已着手进行，学校和公路正在修建。[③] 12 月 8 日，基亚尼宣布，从 12 月 4 号开始，已经有大约 2000 户难民返回了南瓦济里斯坦的家园。难民返乡，证明当地局势已经得到有效控制。

虽然来自军方的消息令人振奋，但是研究联邦直辖部落区的巴基斯坦专家却认为，军方声称的已经在南瓦济里斯坦清除了塔

---

① http：//news. dawn. com/wps/wcm/connect/dawn-content-library/dawn/news/pakistan/55－orakzai-cleared-of-militants－％2C＋says-army-sy－02

② http：//www. dawn. com/wps/wcm/connect/dawn-content-library/dawn/news/pakistan/03－military-to-end-south-waziristan-operation-ss－14

③ http：//news. dawn. com/wps/wcm/connect/dawn-content-library/dawn/news/pakistan/04－swaziristan-cleared-qs－01

利班的说法存在误导，这将把返乡难民置于危险的境地。阿什拉夫·阿里是设在伊斯兰堡的智库——FATA 研究会的会长。他认为，军方所说的“清除”，指的是保护城镇和主要公路。为防止被巴军发现，巴塔已经改变了行动方式，但是他们依然在南瓦济里斯坦的山区维持着令人不安的存在。他们已经向难民发出了三次警告，威胁难民们要为自身安全考虑，不要返回家园。这些警告应该被认真对待。

事实上，巴塔已经于 8 月重现南瓦济里斯坦，并对驻守在马苏德部落定居区的巴军展开攻击，杀死了 8 名士兵。11 月，巴塔将影响力扩展到瓦纳地区，并与瓦齐尔部落的 6 个指挥官缔结联盟。巴塔首领哈基姆拉·马哈苏德任命瓦利·穆罕默德为当地巴塔的首领。瓦利·穆罕默德拥有良好的声望，因为他的父亲就是巴塔创立人——瓦齐尔部落指挥官内克·穆罕默德。内克于 2004 年被美国无人机炸死在 FATA。这也是美国对巴基斯坦发动的第一次无人机空袭。为了帮助瓦利·穆罕默德拓展势力，巴塔于 8 月发动自杀式袭击，在瓦纳神学院炸死了大毛拉努尔·穆罕默德。努尔·穆罕默德是一位广受尊敬的神学家，也是前国会议员。他作为中介，帮助巴政府与瓦齐尔部落展开谈判。在 2006 年，他成功劝说实力强大的瓦齐尔部落指挥官纳兹尔毛拉将阿拉伯籍和乌兹别克斯坦籍的武装分子逐出当地。在 2009 年“拯救之路”军事行动开始前，纳兹尔与巴政府签订了和平协议，让瓦纳地区免受战火摧残。学者曼苏尔·汗·马哈苏德认为：“对于纳兹尔来说，努尔·穆罕默德的死亡是一个重大挫折，因为瓦利·穆罕默德的崛起，标志着乌兹别克武装分子将卷土重来。”①

尽管塔利班的主力尚存，并继续控制着巴国北部一些区域，但指挥控制系统严重受损，指挥官非死即伤，武器装备损失很大。塔利班还控制着 FATA 和开伯尔—普什图的部分区域。目前，在 FATA，塔利班还统治着北瓦济里斯坦、南瓦济里斯坦西部以及库拉姆、开伯尔和奥拉克扎伊的部分地区。当巴军对奥拉克扎伊发动军事打击后，大批塔利班逃到了奥拉克扎伊附近的地区，比如库拉姆中部。② 还有部分从南瓦济里斯坦和奥拉克扎伊逃走的塔利班转移到了开伯尔，并建立了新的基地。而开伯尔—普什图的一些定居区也在塔利班掌握中。白沙瓦城外大部分地区处于塔利班控制下。③ 但是，巴塔的指挥控制系统在战争中受到极大破坏，指挥官也伤亡惨重。10 月 23 日，参谋长联席会议主席沙米姆·鲁尼将军乐观地宣称，塔利班组织的网络中枢已经被打破，塔利班很快将被根除。④

① http://www.thenational.ae/news/worldwide/south-asia/south-waziristan-under-control-says-pakistan-army-chief

② http://news.dawn.com/wps/wcm/connect/dawn-content-library/dawn/news/pakistan/provinces/12－clashes＋between＋two＋militant＋groups＋in＋kurram＋10＋dead－－bi－03

③ http://www.longwarjournal.org/multimedia/maps/FullImageWrapperLatestFullImage.php

④ http://news.dawn.com/wps/wcm/connect/dawn-content-library/dawn/news/pakistan/04－general-wyne-pakistan-threats-qs－05

（二）短期内不大举进攻北瓦济里斯坦

围绕是否在北瓦济里斯坦发动军事行动，巴基斯坦与美国展开了持续近一年的外交博弈。迄今为止，巴基斯坦并未让美国如愿以偿。

2010 年 1 月 20 日，美国防长盖茨试图说服巴政府对北瓦济里斯坦的哈卡尼网络和亲塔利班组织施加更大的压力。① 1 月 21 日，巴军首席发言人阿巴斯少将做出回应："我们在未来的一年中不会进行新的大型军事行动。巴军已经过度使用，并不适合于开辟任何新战场。"② 3 月 17 日，吉拉尼总理也表达了类似的立场："我们首先应该巩固既有成果，而不是匆忙发动新攻势。"③ 6 月 20 日，美国阿富汗和巴基斯坦特使霍尔布鲁克在接受专访时坦承，此时巴基斯坦缺乏足够的资源对北瓦济里斯坦发动任何类型的军事行动。巴基斯坦自己会决定何时进行这个军事行动。④

10 月 14 日，针对美国参联会主席马伦声称基亚尼已经答应对北瓦济里斯坦发动军事行动一事，吉拉尼指出，是否进行军事打击，将取决于巴基斯坦的需要，而非外国的指示。⑤ 10 月 26

---

① http://www.longwarjournal.org/archives/2010/01/no_new_offensives_in.php

② http://news.bbc.co.uk/2/hi/south_asia/8471789.stm

③ http://www.dailytimes.com.pk/default.asp?page=2010\03\18\story_18-3-2010_pg1_6

④ http://www.geo.tv/6-20-2010/67048.htm

⑤ http://news.dawn.com/wps/wcm/connect/dawn-content-library/dawn/news/pakistan/12-us+demand+of+army+operation+in+nw+rejected--bi-05

日，西北地区军事长官马利克中将指出，只有当其他部落区稳定下来，巴军才会对北瓦济里斯坦发动军事行动。巴军需要至少半年来清除巴焦尔、莫哈曼德的塔利班分子。已有 6 支巴军特遣队在北瓦济里斯坦进行日常打击。① 12 月 1 日，吉拉尼总理指出，是否对北瓦济里斯坦采取军事行动，由政府决策，而何时发动军事行动，则由军方决定。②

巴基斯坦不愿在北瓦济里斯坦进行大规模军事行动，主要出于两方面考虑：首先，巴军缺乏开辟新战场的兵力。巴军已经在斯瓦特、南瓦济里斯坦、奥拉克扎伊、巴焦尔、莫哈曼德、开伯尔、库拉姆等地进行军事行动，兵力十分紧张。其次，防备印度的考虑。巴基斯坦认为，本国的主要威胁并非塔利班，而是印度，因此需要在印巴边境保持足够的兵力以备不测。而来自印度的一些讯息印证了巴基斯坦的疑虑。2009 年 12 月 30 日，印度陆军参谋长迪帕·卡普尔在一次闭门会议中宣称，印度可以同时与巴基斯坦和中国作战，并在 96 小时内赢得胜利。③ 因此，巴基斯坦对印度保持高度警惕，将大量兵力部署在印巴边境，不愿投入到北瓦济里斯坦开辟新战场。

---

① http：//www. dawn. com/wps/wcm/connect/dawn-content-library/dawn/news/pakistan/12－pakistan＋says＋time＋not＋right＋for＋anti-taliban＋assault－－bi－03

② http：//www. dailytimes. com. pk/default. asp? page＝2010 \ 12 \ 02 \ story _ 2－12－2010 _ pg7 _ 33

③ http：//www. atimes. com/atimes/South _ Asia/LA08Df02. html

（三）抓捕巴塔人员，切断巴塔及其盟友的资金和武器输入渠道

首先，巴军方和警方都努力抓捕塔利班及其盟友。2010 年 1—12 月，巴军警总计抓捕了 2201 名塔利班及其盟友，[①] 还抓捕了多名自杀式袭击者、自杀式袭击策划者以及爆炸技术专家。1 月 11 日，巴塔的重要炸弹专家法曼被巴军逮捕。[②] 为配合美国反恐，巴逮捕了一些涉及外国恐怖袭击的嫌疑人。5 月 4 日，巴安全部门逮捕了纽约时代广场爆炸案嫌犯的两个朋友和几个家人。[③] 5 月 21 日，巴逮捕了至少 4 个与纽约时代广场爆炸案有关的人。[④] 巴努力搜集塔利班情报，以对症下药。11 月 27 日，内政部长马利克宣布，政府将会向提供关于塔利班信息的人 1000 万卢比。如果告密者担心受到塔利班报复，政府会将告密者及其家属妥善安置到国内的任何地区，甚至国外也可以。[⑤]

其次，积极切断塔利班及其盟友的资金管道。12 月 11 日，巴政府冻结了与基地组织和塔利班有牵连的个人账户 396 个、机

① 数据来源：http：//www. longwarjournal. org/cgi-bin/mt-search. cgi? tag=Pakistan&blog _ id=7

② http：//www. dawn. com/wps/wcm/connect/dawn-content-library/dawn/news/pakistan/03－key-suspect-arrested-in-lakki-marwat-ss－01

③ http：//news. dawn. com/wps/wcm/connect/dawn-content-library/dawn/news/pakistan/04－pak-cooperation-ny-suspect-qs－08

④ http：//www. dawn. com/wps/wcm/connect/dawn-content-library/dawn/news/world/12－army＋major＋arrested＋in＋new＋york＋bomb＋plot＋wp－－bi－04

⑤ http：//www. dailytimes. com. pk/default. asp? page＝2010 \ 11 \ 28 \ story _ 28－11－2010 _ pg7 _ 17

构账户92个。[①] 由于资金来源被政府斩断，部分恐怖分子不惜铤而走险获取资金。6月3日，4名强格维军成员持自动步枪和手榴弹抢劫卡拉奇一家银行270万卢比。警察赶到现场后，击毙了1人，并逮捕了另外3人。[②]

最后，巴警方还击毙和抓获多名向塔利班提供武器的掮客。自杀式袭击设备的供应者被杀或被捕，大量用于自杀式袭击的炸药和背心被缴获。3月1日，巴塔自杀式袭击设备主要供应者伊克巴尔在白沙瓦郊外被巴军击毙。[③] 在1月6日和3月16日两次行动中，巴警方缴获超过一吨炸药。[④] 8月29日，警察在马丹进行的一次搜捕行动中抓获17名通缉的恐怖分子，并缴获了大批武器，包括15枚手榴弹、5枚火箭弹、6个炸弹、10根雷管和65公斤炸药。[⑤] 10月30日，巴军在曼色拉抓获一名携带超过120磅炸药的男子。[⑥]

---

① http：//www. nation. com. pk/pakistan-news-newspaper-daily-english-online/Politics/11－Dec－2010/Freeze-of－488－accounts-ordered

② http：//www. dailytimes. com. pk/default. asp? page＝2010 \ 06 \ 04 \ story _ 4－6－2010 _ pg7 _ 25

③ http：//www. dawn. com/wps/wcm/connect/dawn-content-library/dawn/news/pakistan/04－army-suicide-jacket-supplier-qs－01

④ http：//www. dailytimes. com. pk/default. asp? page＝2010 \ 01 \ 06 \ story _ 6－1－2010 _ pg7 _ 20. ; http：//www. dawn. com/wps/wcm/connect/dawn-content-library/dawn/news/pakistan/metropolitan/03－explosive-material-found-in-second-raid-in-lahore-ss－02

⑤ http：//www. geo. tv/8－29－2010/70666. htm

⑥ http：//www. longwarjournal. org/today-in/2010/10/the _ taliban _ killed _ two _ pakista. php

（四）抓捕阿富汗塔利班领导人

巴基斯坦出于维护在阿富汗影响力的考虑，一直不愿打击阿富汗塔利班（阿塔）。美国南亚问题专家科恩指出："巴基斯坦在同时支持阿富汗的两个阵营。巴基斯坦在阿富汗有自己的利益。除非这些利益获得保护，否则巴不希望看到塔利班消失。"①

出于维护本国利益和回应美国压力的考虑，巴基斯坦政府已经逮捕了20余名境内的阿富汗塔利班重要官员。2月17日，巴军证实阿富汗塔利班二号领导人、最高军事指挥官巴拉达在卡拉奇被捕。② 巴拉达是自"9·11"以来被捕的最高级别塔利班领导人。2月18日，塔利班在查布尔省的前"影子省长"尤尼斯和前塔利班赫尔曼德省军事指挥官哈姆扎在卡拉奇被捕。③ 同日，阿富汗昆都士省省长穆罕默德·奥马尔告诉路透社，塔利班在昆都士省的"影子省长"萨拉姆和巴格兰省的"影子省长"穆罕默德已于一周前在俾路支省被捕。④ 2月21日，美国福克斯新闻网证实，塔利班在楠格哈尔省的前"影子省长"卡比尔在瑙仕

---

① http://www.brookings.edu/~/media/Files/rc/speeches/2009/1211_south_asia_cohen/1211_south_asia_cohen.pdf

② http://www.dawn.com/wps/wcm/connect/dawn-content-library/dawn/news/pakistan/04－mullah-baradar-ispr-confirms-qs－07

③ http://www.washingtontimes.com/news/2010/feb/19/militant-chiefs-linked-to-al-qaedataliban-shadow-g/

④ http://www.dawn.com/wps/wcm/connect/dawn-content-library/dawn/news/pakistan/04－two-taliban－arrested-pakistan-qs－07

拉被捕。[①] 3月25日，塔利班的乌鲁兹甘省前省长萨利克在卡拉奇被捕。[②]

大量高官落网，严重打击了塔利班的士气。

（五）逐步推动难民返乡和重建家园进程

在任何反叛乱军事行动中，争取人心都是制胜的决定性因素，对待当地人民的态度将会决定叛乱地区能够保住还是将被塔利班夺走。[③]

部落地区目前的形势并不令人满意，经济停滞，社会动荡，非法活动比比皆是，安全形势十分恶劣。更严重的是，由于反恐战争，几十万部落民沦为难民。他们并未得到政府及时有效的照顾。据联合国难民事务署估计，仅在奥拉克扎伊和库拉姆，就有大约21万部落民沦为难民。[④] 因此，巴军需要维持当地秩序，保障部落区建设的开展，让难民可以返乡重建家园，以长期的教育和经济开发保障短期的军事胜利，以从根本上消除恐怖主义滋生的温床。

4月20日，巴政府宣布，巴焦尔部落区已经成为“无冲突

---

① http：//liveshots. blogs. foxnews. com/2010/02/21/exclusive-major-taliban-operative-capture/

② http：//www. adnkronos. com/AKI/English/Security/？id=3. 1. 168727246

③ http：//www. globalpost. com/dispatch/pakistan/090526/winning-the-hearts-and-minds-pakistan%E2%80%99s-displaced

④ http：//news. dawn. com/wps/wcm/connect/dawn-content-library/dawn/news/pakistan/03－more-than－200000－flee-tribal-regions-un-ss－07

地区”，难民可以开始重返家园。[1] 6 月 27 日，巴政府开始让马苏德部落的几万居民重返南瓦济里斯坦定居。[2] 11 月 27 日，马苏德部落召开支尔格大会。马苏德部落代表、南瓦济里斯坦的政治代表阿提夫·乌尔·拉赫曼和部分军官参加了大会。会议决定，马苏德部落的难民将于 12 月初返回家园。每个难民家庭将得到 25000 卢比的援助，返回家园后，每家还将得到 6 个月的补贴以应付家庭开销。[3]

（六）军事行动的负面效应

虽然巴军的军事行动取得了一定效果，但无差别攻击造成了一些平民的伤亡。这不利于争取部落民支持政府的反恐行动，而部落民的支持对于清除躲藏在此的基地组织和塔利班至关重要。尤其是巴军的空袭造成的平民伤亡，导致军方更难争取部落民对其的支持，削弱了反恐斗争持续推进的可能性。军方发言人阿巴斯少将指出，塔利班的抵抗很坚决，巴军的空袭对于降低攻坚难度极有帮助，因为陆军难以攻击塔利班设在山顶的阵地。[4] 虽然空袭可以取得军事上的便利，但造成的平民伤亡也很惊人。4 月 8 日，巴军战斗机轰炸了巴塔外围组织伊斯兰军设在开伯尔的一

---

① http：//news. dawn. com/wps/wcm/connect/dawn-content-library/dawn/the-newspaper/national/bajaur-declared-conflictfree-zone－040

② http：//news. dawn. com/wps/wcm/connect/dawn-content-library/dawn/news/pakistan/03－pakistan-starts-resettling-south-waziristan-tribes-ss－13

③ http：//www. geo. tv/11－27－2010/74930. htm

④ http：//www. dailytimes. com. pk/default. asp? page＝2010 \ 06 \ 03 \ story _ 3－6－2010 _ pg1 _ 1

处秘密监狱，炸死了2名看守和10名被绑架者。[①] 4月10日，巴军战斗机在开伯尔的蒂拉赫山谷发动空袭，炸死了60个武装分子和平民。[②] 军方开始称这些受害者都是武装分子，当真相查明后，军方向受害者家属支付了赔偿，军方首长也罕见地进行了公开道歉。8月30日，巴军战斗机在同一地区发动空袭，炸死了45名武装分子和平民，其中包括超过20名妇女和儿童。[③]

二、安全形势依然严峻

为了报复巴军在西北地区的军事打击，塔利班及其盟友在巴基斯坦全国发动了大规模的恐怖袭击，恐怖袭击由北向南迅速蔓延，袭击目标从军政大楼到宗教场所无所不包，造成巨大伤亡和恶劣影响。巴基斯坦安全局势在上半年有所好转，呈现出恐怖袭击次数以及造成的平民死亡人数逐步下降的状态；但下半年出现反复，安全局势更趋严峻，恐怖袭击次数和平民死亡人数呈现出剧烈起伏的状态。巴塔的恐怖袭击频度虽然在近3个月来逐步下降，但是烈度却显著增加。表明巴政府与巴塔正处于艰苦的拉锯较量中。

---

① http：//www. dailytimes. com. pk/default. asp? page＝2010 \ 04 \ 09 \ story _ 9－4－2010 _ pg1 _ 6

② http：//news. dawn. com/wps/wcm/connect/dawn-content-library/dawn/news/pakistan/07－air-strikes-kill－32－in-khyber-jirgah-ha－06

③ http：//news. dawn. com/wps/wcm/connect/dawn-content-library/dawn/news/pakistan/21－pakistan-jets-target-militant-hide-outs－60－killed-sk－03

（一）恐怖活动向全国蔓延

自2010年初以来，恐怖袭击从西北部落区向南部的俾路支省、旁遮普省和信德省腹地蔓延。尤其是在旁遮普省，情况尤为恶劣。旁遮普塔利班深化了其与巴塔的关系，这对安全形势已经很恶劣的巴基斯坦构成了日益严重的威胁。旁遮普塔利班与巴塔的联系不但增强了旁遮普塔利班的行动能力，而且给巴塔提供了在部落区以外进行恐怖袭击的掩护。旁遮普塔利班正在成为日益严重的威胁。[①]

4月16日，强格维军在奎达一所旅馆发动人肉炸弹袭击，造成包括1名私营电视台摄影师和4名警官在内的11人死亡。[②] 5月31日，4个塔利班战士化装成警察冲入拉合尔的真纳医院，杀死了包括3名警察在内的5人。[③] 6月9日，塔利班在伊斯兰堡郊外袭击了北约运输队，杀死至少8人，摧毁了超过30辆补给车。[④] 6月19日，6个持枪男子闯入卡拉奇一所法院，在杀死1名警察后，将4名正在受审的“军神”组织成员救走。[⑤] 10月25日，塔利班使用摩托车携带的遥控炸弹在旁遮普省的帕克帕坦袭击了一个苏菲派穆斯林和印度教徒共同崇敬的圣墓，造成至

---

① http://news. dawn. com/wps/wcm/connect/dawn-content-library/dawn/news/pakistan/16－punjabi＋taliban＋a＋growing＋threat-hs－05

② http://news. dawn. com/wps/wcm/connect/dawn-content-library/dawn/news/pakistan/provinces/14－bomb-blast-in-quettas-civil-hospital-zj－07

③ http://www. geo. tv/6－1－2010/65946. htm

④ http://www. geo. tv/6－9－2010/66371. htm

⑤ http://news. dawn. com/wps/wcm/connect/dawn-content-library/dawn/news/pakistan/metropolitan/03－explosion-outside-karachi-city-courts－07

少5人死亡，超过13人受伤。[①]

（二）袭击政治和军事目标

袭击政治和军事目标对于巴政府和巴军的报复最为直接，具有极大的震撼力，因而成为塔利班进行恐怖袭击的首选。4月5日，巴塔对美国驻白沙瓦领事馆展开了协同良好的自杀式攻击，[②] 使用了包括汽车炸弹、RPG－7火箭筒、手榴弹、机枪和自动步枪在内的多种武器。此次袭击造成了4名塔利班和2名巴基斯坦使馆保安丧生。[③] 尽管巴塔最终未能攻入领事馆，但是能够在白沙瓦设防最严密的地区进行如此规模的恐怖袭击，充分证明了巴塔实施恐怖袭击的能力并未减弱。出于安全考虑，美国和联合国于次日关闭了在白沙瓦的办公室。[④]

7月11日，反塔利班的人民民族党一名领袖在布内尔被杀。[⑤] 8月4日，一名人肉炸弹在白沙瓦一个市场边发动袭击，将边防警察司令盖育尔和4个保镖炸死。[⑥] 8月27日，巴参谋长联席会议主席塔里克·马吉德将军的女婿埃米尔·马利克在拉合

① http://news.dawn.com/wps/wcm/connect/dawn-content-library/dawn/news/pakistan/99－bomb-blast-baba-farid-shrine-pakpattan-ik－03

② http://islamabad.usembassy.gov/pr－10040501.html

③ http://news.dawn.com/wps/wcm/connect/dawn-content-library/dawn/news/pakistan/metropolitan/03－blast-in-saddar-area-of-peshawar-ss－03

④ http://www.dailytimes.com.pk/default.asp?page＝2010\04\07\story_7－4－2010_pg1_4

⑤ http://www.longwarjournal.org/today-in/2010/07/security_forces_killed_22_tali_2.php

⑥ http://www.geo.tv/8－4－2010/69471.htm

尔遭到绑架。[①] 9月7日，塔利班对科哈特警察总部发动汽车炸弹袭击，导致包括妇女和儿童在内的21人死亡，超过50人受伤。[②] 9月9日，塔利班对俾路支省财政部长米尔·阿希姆·库尔德在奎达的住处发动人肉炸弹袭击，炸死5人，炸伤4人。恐怖袭击发生时，部长刚离家前往办公室，幸运地逃过这一劫。[③] 11月11日，巴塔使用装有1吨炸药的汽车炸弹对卡拉奇犯罪调查局总部发动袭击，导致至少18人死亡，超过100人受伤。[④] 基地组织下属的武装组织313旅也参与了这次恐怖袭击。犯罪调查局总部大楼被炸成了废墟，现场留下了直径10英尺的弹坑。恐怖袭击发生在卡拉奇设防严密的核心区域，距离美国领事馆和政府大楼都很近。12月7日，强格维军的一名人肉炸弹在奎达对俾路支省首席部长纳瓦布·阿斯拉姆·拉萨尼的车队发动恐怖袭击，炸伤10人。拉萨尼本人奇迹般地毫发无伤。[⑤]

自2010年初以来，塔利班针对北约联军在巴基斯坦境内的两条主要补给线展开了持续袭击。北部的补给线穿过开伯尔山口进入阿富汗，南部的补给线通过俾路支省的查曼进入阿富汗。塔利班几乎每天都袭击穿越俾路支省的油罐车，对开伯尔的护送车队也定期展开袭击。塔利班不但攻击北约运输队，并对为北约运

---

① http://timesofindia. indiatimes. com/articleshow/6444764. cms? frm = mailtofriend

② http://www. samaa. tv/News25193-At_least_21_dead_in_Kohat_blast. aspx

③ http://www. dailytimes. com. pk/default. asp? page=2010\09\10\story_10-9-2010_pg1_8

④ http://www. telegraph. co. uk/news/worldnews/asia/pakistan/8127362/Pakistani-Taliban-claims-responsibility-for-Karachi-attack. html

⑤ http://www. dailytimes. com. pk/default. asp? page=2010\12\08\story_8-12-2010_pg1_1

输队服务的巴国卡车司机进行恐吓和杀戮。

（三）袭击民间目标

塔利班袭击民间目标的主要目的是对巴政府和平民进行威慑，以维持影响力，阻挠部落区重建。塔利班绑架政治家和军官家属，以威慑政治家和军官。8月28日，塔利班绑架了库拉姆一个政治家的父亲。①

塔利班绑架平民以报复其支持政府反恐。8月28日，阿富汗塔利班在奇特拉尔绑架了10名伐木工人。绑架者的动机是报复当地人建立民兵驱赶塔利班。② 塔利班还绑架外籍工人以破坏巴政府的国际声望。9月2日，塔利班在奇特拉尔绑架了6名外籍工人。③

为阻挠部落区重建，塔利班对民间目标大举袭击。巴政府刚在4月20日宣布巴焦尔部落区为“无冲突地区”，鼓励难民重返家园，塔利班便于当月25日绑架了6个亲政府的部落长老，并杀死了其中一位。④ 4月7日，塔利班在明戈拉炸毁了12个商店。⑤

---

① http://www.longwarjournal.org/today-in/2010/08/a_us_predator_strike_killed.php

② http://news.dawn.com/wps/wcm/connect/dawn-content-library/dawn/the-newspaper/local/peshawar/afghan-taliban-kidnap-10-labourers-from-chitral-080

③ http://www.longwarjournal.org/today-in/2010/09/the_taliban_killed_a_female.php

④ http://www.dailytimes.com.pk/default.asp?page=2010\04\27\story_27-4-2010_pg1_4

⑤ http://www.dailytimes.com.pk/default.asp?page=2010\04\08\story_8-4-2010_pg7_9

塔利班深知世俗教育不利于自己的持续发展，大力摧毁学校，杀死老师。出于原教旨主义的性别偏见，塔利班反对女性接受教育，因而对于摧毁女子学校尤其积极。2010 年以来，塔利班已经在西北地区摧毁了上百所学校。9 月 2 日，塔利班在巴焦尔伏击了三个从学校步行回家的女老师，打死了一人，打伤两人。① 12 月 13 日，塔利班在白沙瓦用路边炸弹袭击了一辆校车，炸死一名技工，炸伤一名司机和多名儿童。②

（四）袭击宗教目标

塔利班大多属于逊尼派穆斯林，袭击巴境内的其他宗教和伊斯兰派别信徒，不但可以满足自己的门户之见，还可以挑起国内的宗教矛盾，从中渔利，因而塔利班对国内的宗教目标展开了大规模袭击。袭击宗教目标最积极的是旁遮普塔利班。旁遮普塔利班包括虔诚军、先知军、强格维军和伊斯兰圣战运动的成员和派别。其中，强格维军以经常针对巴国境内的什叶派、阿赫默底教派和基督徒发动恐怖袭击而闻名。

5 月 28 日，旁遮普塔利班在拉合尔的两个清真寺用步枪和手榴弹杀死了超过 80 名阿赫默底教派信徒。③ 7 月 1 日，3 个人肉炸弹袭击了拉合尔的一个苏菲派圣墓，炸死了至少 41 人，炸

---

① http：//news. dawn. com/wps/wcm/connect/dawn-content-library/dawn/news/pakistan/04－bajaur-female-teacher-killed-qs－05

② http：//www. dawn. com/2010/12/13/explosion-targets-school-bus-in-peshawar. html

③ http：//www. geo. tv/5－28－2010/65748. htm

伤超过120人。[①] 7月19日，两名基督徒在费萨拉巴德一个法院门前被枪杀。[②] 9月1日，旁遮普塔利班使用一枚汽车炸弹和两名人肉炸弹袭击拉合尔一个什叶派信徒的游行队伍，造成至少29名信徒死亡，超过200名信徒受伤。[③] 9月3日，塔利班在奎达使用汽车炸弹袭击什叶派游行队伍，造成54人死亡，超过80人受伤。[④] 9月12日，马丹的一个基督教堂发生炸弹袭击，导致一名警察和一名平民受伤。[⑤]

10月2日，精神病医师穆罕默德·法鲁克·汗在位于斯瓦特的私人诊所里被两名伪装成病人的持枪男子枪杀，他的助手穆罕默德·萨利姆进行抵抗，最终也被枪杀。[⑥] 法鲁克·汗博士是一个知名的温和派伊斯兰学者，同时还担任斯瓦特伊斯兰大学的副校长。他常常上电视谈话节目批评塔利班，并指出，自杀式袭击是非伊斯兰的做法。10月7日，巴基斯坦塔利班派出两名人肉炸弹对卡拉奇一个苏非派圣墓发动协同式自杀袭击，导致至少8人死亡，超过60人受伤。[⑦] 10月14日，塔利班炸毁了兰迪科塔尔的一个圣墓。[⑧] 12月10日，强格维军对汉古的一座什叶派

---

① http：//www. reuters. com/article/idUSTRE6604LF20100701

② http：//www. longwarjournal. org/today-in/2010/07/us _ secretary _ of _ state _ clinton _ 2. php

③ http：//www. geo. tv/9－1－2010/70808. htm

④ http：//www. geo. tv/9－3－2010/70891. htm

⑤ http：//news. dawn. com/wps/wcm/connect/dawn-content-library/dawn/news/pakistan/two＋policemen＋injured＋in＋mardan＋church＋blast

⑥ http：//news. dawn. com/wps/wcm/connect/dawn-content-library/dawn/news/pakistan/44－swat-universitys-vice-chancellor-dr-farooq-assasinated-fa－03

⑦ http：//news. dawn. com/wps/wcm/connect/dawn-content-library/dawn/news/pakistan/44－two-explosions-abdullah-shah-ghazi-karachi-fa－01

⑧ http：//www. dailytimes. com. pk/default. asp? page＝2010 \ 10 \ 15 \ story _ 15－10－2010 _ pg7 _ 14

穆斯林管理的医院发动汽车炸弹袭击，导致超过15人死亡。①

（五）巩固在部落区的影响力

许多部落长老和民众与塔利班离心离德，塔利班对其进行报复。塔利班不但在部落地区实行严刑峻法，还在巴国各地进行恐怖活动，因而名声开始变坏，并逐渐失去民心。部落区民众对塔利班又恨又怕。随着塔利班在战场上的失利，越来越多人开始站到其对立面。

5月25日，斯瓦特一个支尔格驱逐了130名塔利班的家属，原因是担心这些人继续支持塔利班，进而导致塔利班在当地实施定点清除。就在此前，塔利班对斯瓦特北部的卡巴尔的地区和平委员会成员和部落长老发动了几次定点清除。②

2009年10月巴军进攻南瓦济里斯坦第一大部落马苏德部落时，许多武装分子逃到邻近第二大部落瓦齐尔部落控制的区域。瓦齐尔部落是马苏德部落的传统竞争对手。政府要求瓦齐尔部落驱逐这些武装分子。部落长老答应成立民兵，将效忠巴塔首领哈基姆拉·马哈苏德的马苏德部落武装分子赶走。6月4日，瓦齐尔部落长老穆罕默德·艾吉迈尔在瓦纳举行的一个约400名部落领导人参加的会议上指出："我们承诺要维持和平，并要武装分

① http：//www. geo. tv/12－10－2010/75587. htm
② http：//news. dawn. com/wps/wcm/connect/dawn-content-library/dawn/news/pakistan/provinces/16－taliban＋families＋expelled＋from＋swat-hs－10

子一周内离开我们部落。我们不会让任何人破坏瓦纳的和平。”[①] 6 月 6 日，巴焦尔的 1200 名部落长老在一个大支尔格上，发誓要不遗余力地支持政府，对抗塔利班，在巴焦尔建立政府威信。曾任国会议员的萨拉尔扎伊部落领袖指出，已经有 51 名部落长老为将塔利班逐出巴焦尔献出了生命。与会者认为，巴军、政府和当地人应该共同努力，防止塔利班重现巴焦尔。[②]

此外，一些部落武装开始攻击塔利班。当塔利班势力强大时，部落武装大多不敢公然与之交恶。但随着塔利班军事上的失利，一些部落武装开始对塔利班展开攻击。反塔利班部落武装被证明是对抗塔利班的有效工具。因为他们长期与塔利班共同生活，对塔利班及其活动都很了解。在莫哈曼德，部落武装于 1 月 20 日击毙了一名塔利班指挥官和 4 名战士。[③] 在库拉姆，部落武装于 3 月 13 日、17 日和 19 日与塔利班展开激战，共计击毙 37 名塔利班。[④] 在巴焦尔，部落武装于 2 月 2 日击毙两名塔利班，并将其尸体悬挂到电线杆上。[⑤] 3 月 8 日，巴焦尔部落武装烧掉了 130 名塔利班的房子。[⑥] 在奥拉克扎伊，部落武装与塔利班于 10 月 15 日爆发武装冲突，导致 4 名部落武装人员和 3 名塔利班

① http：//news. dawn. com/wps/wcm/connect/dawn-content-library/dawn/news/pakistan/16－tribes＋vow＋to＋expel＋mehsud＋militants-hs－04

② http：//www. dailytimes. com. pk/default. asp? page＝2010 \ 06 \ 07 \ story _ 7－6－2010 _ pg7 _ 22

③ http：//www. longwarjournal. org/today-in/2010/01/a _ tribal _ militia _ killed _ a. php

④ http：//www. longwarjournal. org/archives/2010/03/tribal _ militia _ battl. php

⑤ http：//www. dawn. com/wps/wcm/connect/dawn-content-library/dawn/news/pakistan/04－bajaur-tribesmen-kill-hang-militants-qs－04

⑥ http：//www. dailytimes. com. pk/? page＝2010 \ 03 \ 09 \ story _ 9－3－2010 _ pg1 _ 6

丧生。①

对部落区控制力减弱的塔利班试图借助暴力与恐吓重塑自身权威。1月4日，由于当地村民拒绝支持塔利班，塔利班将奥拉克扎伊的一个村庄付之一炬；② 5月5日，奥拉克扎伊的塔利班砍断了3个犯了盗窃罪的部落民的右手。③ 7月9号，一名人肉炸弹袭击了莫哈曼德的一个亲政府部落领袖的办公室，炸死超过60人，炸伤超过100人。④ 8月17日，塔利班在白沙瓦一个清真寺里杀死了两名亲政府部落武装的成员。⑤ 12月6日，塔利班在莫哈曼德发动双重人肉炸弹袭击，导致至少50人死亡，死者中包括一位资深的和平委员会领袖。袭击者的目标是政府官员和部落领导人召开的一个会议。爆炸发生时，一个政府官员正要会见反塔利班的部落武装成员。巴塔在莫哈曼德的首领奥马尔·卡利德指出，20天以前就对和平委员会和部落武装成员发过宣传手册，警告他们不许加入政府方面对抗塔利班，否则后果自负。12月17日，塔利班绑架了23名在当月7号会见了基亚尼并承诺会支持政府重建当地和平的部落长老。这些长老来自南瓦济里斯坦

---

① http://www.dailytimes.com.pk/default.asp?page=2010\10\16\story_16-10-2010_pg7_14

② http://www.dawn.com/wps/wcm/connect/dawn-content-library/dawn/the-newspaper/front-page/12-militants-burn-village-in-lower-orakzai--bi-01

③ http://www.dawn.com/wps/wcm/connect/dawn-content-library/dawn/news/pakistan/provinces/06-taliban-cut-off-hands-of-three-tribesmen-rs-04

④ http://www.nytimes.com/2010/07/10/world/asia/10pstan.html?_r=1&ref=global-home

⑤ http://news.dawn.com/wps/wcm/connect/dawn-content-library/dawn/news/pakistan/04-peshawar-khyber-militants-attack-qs-04

的马苏德部落。[①] 12月31日，在逼迫这些长老以《古兰经》之名宣誓未来不再支持政府后，塔利班才释放了他们。[②] 12月25日，塔利班派出女性人肉炸弹对位于巴焦尔的世界粮食计划署办公室发动袭击，炸死了正在排队领取食品援助的45人，炸伤80人。[③] 大部分受害者属于建立了民兵反对巴焦尔塔利班的萨拉尔扎伊部落。

塔利班还借助处决"美国间谍"来加强对部落民的威慑力。塔利班将为巴政府工作以及向美国无人机空袭提供情报的巴国民众界定为"美国间谍"。对这些人，塔利班一般都采取枪杀、斩首或砍断手脚的方式进行惩罚。这些人胸前总是被钉上一块警示牌，警告其他人：这就是反对塔利班的下场。比如，1月24日，塔利班在北瓦济里斯坦枪杀了7名"美国间谍"。[④] 2月24日，塔利班在北瓦济里斯坦对3名"美国间谍"实施了斩首。[⑤] 5月21日，塔利班创造出更加残酷野蛮的行刑方式，在大庭广众面前将自杀炸弹背心绑在两个"美国间谍"身上并将其引爆。[⑥]

---

① http：//news. in. msn. com/international/article. aspx? cp-documentid=4739259

② http：//www. dawn. com/2010/12/31/taliban-free-detained-pakistani-tribesmen. html

③ http：//www. dawn. com/2010/12/25/explosion-in-bajaur-agencies-khar-head-quarter-several-injured. html

④ http：//news. dawn. com/wps/wcm/connect/dawn-content-library/dawn/news/pakistan/04－taliban-kill-six-nwaziristan-qs－06

⑤ http：//news. dawn. com/wps/wcm/connect/dawn-content-library/dawn/news/pakistan/provinces/16－taliban＋kill＋2＋alleged＋us＋spies＋in＋north＋waziristan-hs－10

⑥ http：//news. dawn. com/wps/wcm/connect/dawn-content-library/dawn/news/pakistan/03－taliban-blow-up-us-spies-in-north-waziristan-ss－01

（六）巴塔及其盟友利用洪灾与政府争夺民心

7月开始的大洪灾不但让巴塔的军事压力大为降低，还给塔利班提供了一个改善自身形象的机会。巴政府忙于救灾，减轻了对塔利班的军事压力。塔利班为改善自己日趋恶劣的形象，与政府争夺民心，开始向灾民发放援助，赢取民心。

当巴政府努力向数百万灾民提供援助时，资源远远逊于政府的伊斯兰慈善团体迅速填补了救灾的真空。8月10日，巴塔劝告巴政府不要接受外国提供的用于救助灾民的援助。巴塔发言人阿扎姆·塔里克指出："如果政府不接受美国援助，我们会提供两千万美元资金给洪水灾民。如果政府承诺我们任何成员都不会被逮捕的话，我们会在我们领袖哈基姆拉·马哈苏德的领导下分发援助给灾民。"① 8月14日，联合国难民及救济工作署指出，接近全国人口12%的两千万巴基斯坦人遭受洪灾，而其中大约六百万至今尚未受到援助，他们急需食物、帐篷和纯净的饮用水。② 灾民认为，联邦政府和省政府对水灾的反应过于缓慢。失望和不满情绪在灾民中迅速蔓延。

8月20日，巴政府宣布，不允许与塔利班有关系的慈善团体从事救灾。这是因为巴政府担心它们介入救灾事宜后，利用洪水灾民中存在的不满进行宣传，这会破坏针对塔利班的军事行

---

① http://www.dailytimes.com.pk/default.asp?page=2010\08\11\story_11-8-2010_pg1_8

② http://www.dailytimes.com.pk/default.asp?page=2010\08\15\story_15-8-2010_pg1_6

动。内政部长马利克警告说："遭到查禁的组织不许前往受灾地区。我们会逮捕筹集资金的遭禁组织成员，并以反恐法审判他们。"[①] 巴总统扎尔达里指出，塔利班正试图利用大洪水来实现自己的目标，就像 2005 年巴控克什米尔发生大地震后塔利班所做的那样。

（七）恐怖组织之间关系较为紧张

由于生存空间被巴军压缩以及内部的权力斗争，恐怖组织之间屡屡爆发严重冲突。

5 月 18 日，巴塔对虔诚军创始人哈菲兹·萨伊德发出死亡威胁。[②] 6 月 5 日，巴塔绑架了 1 名伊斯兰军成员并藏身于开伯尔一个村庄中，伊斯兰军成员随即赶到此地并展开攻击。双方展开激烈交火，造成 21 人丧生。[③] 7 月 1 日，关系不睦的两个塔利班外围组织在库拉姆爆发冲突。双方使用了自动步枪、迫击炮和导弹，导致 10 人死亡。[④] 8 月 17 日，反对巴塔的纳兹尔毛拉的追随者和巴塔首领哈基姆拉·马哈苏德的追随者在南瓦济里斯坦爆发冲突，造成 1 名纳兹尔的追随者和两名哈基姆拉·马哈苏德的追随者身亡。这是多年来南瓦济里斯坦这两个存在竞争关系的

---

① http://www.dawn.com/wps/wcm/connect/dawn-content-library/dawn/news/pakistan/03-banned-outfits-not-allowed-to-visit-flood-hit+area-malik-ss-05

② http://www.geo.tv/5-18-2010/65169.htm

③ http://www.dailytimes.com.pk/default.asp?page=2010\06\07\story_7-6-2010_pg7_21

④ http://news.dawn.com/wps/wcm/connect/dawn-content-library/dawn/news/pakistan/provinces/12-clashes+between+two+militant+groups+in+kurram+10+dead--bi-03

派别的第一次为人所知的武装冲突。[①]

8 月 29 日，旁遮普塔利班与存在竞争关系的强格维军一个分支在北瓦济里斯坦爆发武装冲突，造成旁遮普塔利班领袖乌斯曼和另外 6 名恐怖分子丧生。[②] 强格维军是一个反什叶派的恐怖组织，它已经与基地组织和塔利班结合，并在巴基斯坦有广阔的网络，也充当了基地组织的恐怖袭击实施者，在 FATA、开伯尔—普什图和旁遮普省实施了多次恐怖袭击。

---

① http://www.dawn.com/wps/wcm/connect/dawn-content-library/dawn/the-newspaper/national/hakimullahs-men-clash-with-nazir-group-three-killed—980

② http://www.longwarjournal.org/today-in/2010/08/punjabi_taliban_leader_usman_p.php

专　题

2010 年巴基斯坦政府与司法的关系

封东虎

2010 年巴基斯坦政府与司法的关系主要体现在两个方面，一是政府与最高法院在任命最高法院法官一事上的争议；二是围绕最高法院发布的对全国和解令（NRO）的判决，以及要求国家问责局（NAB）执行最高法院判决所引起的政府与最高法院的分歧。

一、法官任命风波

2010 年初，由于总统没有按照最高法院首席大法官乔杜里的建议任命最高法院的新法官，引起政府和法院在此事上的分歧。

最高法院的哈利鲁尔·拉赫曼·拉姆戴法官（Justice Khalilur Rehman Ramday）在 2010 年 1 月 12 日退休，最高法院首席大法官乔杜里在此前两周向总统提出建议，任命拉合尔高等法院（LHC）的萨基卜·尼萨尔法官（Justice Saqib Nisar）为最高法院法官，填补职位空缺。[①]

但1月16日有媒体报道称，总统扎尔达里不准备考虑最高法院首席大法官的建议，而准备任命哈瓦贾·穆罕默德·谢里夫（Khawaja Muhammad Sharif）为最高法院法官。总统扎尔达里的法律顾问和司法部部长也建议总统任命哈瓦贾·穆罕默德·谢里夫为最高法院法官而不是尼萨尔。

哈瓦贾·穆罕默德·谢里夫是拉合尔高等法院的首席法官，而最高法院首席大法官乔杜里提名的尼萨尔的资历不如哈瓦贾·穆罕默德·谢里夫，但是，包括前最高法院首席大法官在内的一些顶级法律专家认为，最高法院首席大法官对任命最高法院法官有建议权，最高法院的法官没有必要一定就是高等法院顶级的法官，他们认为大法官的建议和宪法是一致的。据法律界的说法，哈瓦贾·穆罕默德·谢里夫工作成绩优异，与乔杜里保持良好的私交，他曾在恢复被罢黜的法官运动中发挥了非常重要的作用，乔杜里敬佩哈瓦贾·穆罕默德·谢里夫的勇气并对他的表现感到满意，他认为，尽管拉合尔高等法院有40名法官的短缺，哈瓦贾·穆罕默德·谢里夫把拉合尔高等法院的事务运作得非常好，这是他要哈瓦贾·穆罕默德·谢里夫继续留在拉合尔高等法院做首席法官的原因。根据最高法院首席大法官乔杜里送交巴基斯坦总统的简报，尼萨尔是一个非常能干、诚实的法官，是2008年拉合尔高等法院重新任命的四名法官之一。乔杜里推荐尼萨尔也得到了哈瓦贾·穆罕默德·谢里夫的同意。

2月14日，总统发布通知，任命哈瓦贾·穆罕默德·谢里

① http://thenews.jang.com.pk/print3.asp?id=27187

夫法官为最高法院法官，任命尼萨尔法官为拉合尔高等法院代理首席法官。最高法院大法官立即成立了三人特别法庭，对此通知进行听证，并暂停执行总统的通知，称任命哈瓦贾·穆罕默德·谢里夫为最高法院法官违反了宪法第177款。听证期间，特别法庭要求总检察长安瓦尔·曼苏尔·汗到法庭并陈述政府的观点，但因为总检察长当时在卡拉奇，未能到场。[①]

据报道，总统扎尔达里主持召开了一个政府高级别协商会议，总理吉拉尼、参议院主席法鲁克、司法部长巴巴尔·阿万等出席会议，会议讨论任命法官的事宜，总理建议总统按照最高法院首席大法官的建议任命法官，但总统在任命法官一事上听从了司法部长等人的建议，另外，扎尔达里在做出这个决定前，没有告知执政联盟中的其他伙伴。[②]

对于最高法院暂停总统的任命通知一事，各方反应不一。

信息和广播部长凯拉表示，总统任命谢里夫为最高法院法官、尼萨尔为拉合尔高等法院首席法官，符合宪法规定，政府在这个问题上有明确的立场，总统是在经过充分咨询协商后做出的决定。凯拉还表示，政府将等待最高法院裁决的详细内容，他否认在最高法院暂停扎尔达里的命令后，政府会实施紧急状态。总统发言人也否认了政府会实施紧急状态的传言。[③]

巴基斯坦穆斯林联盟（谢派）的新闻秘书阿赫桑·伊克巴尔

---

① http：//www. dailytimes. com. pk/default. asp? page=2010 \ 02 \ 14 \ story _ 14-2-2010 _ pg1 _ 1

② http：//www. nation. com. pk/pakistan-news-newspaper-daily-english-online/Politics/

③ http：//www. dailytimes. com. pk/default. asp? page=2010 \ 02 \ 14 \ story _ 14-2-2010 _ pg1 _ 2

表示，总统违反了宪法，该党不接受政府的决定。伊克巴尔说，吉拉尼总理曾向谢里夫保证，政府任命法官将和最高法院首席大法官乔杜里的建议一致。他还表示，总统令是“一次政府对司法自由的攻击”。①

穆斯林联盟（谢派）领导人谢里夫的弟弟、旁遮普省首席部长夏巴兹对最高法院暂停联邦政府的决定表示欢迎，称这是“值得赞扬的一步”。他说，联邦政府的通知没有法律或宪法依据，还可能造成内部混乱，法官的任命通知已经证明，联邦政府无视法律和宪法。②

法律界专家在任命最高法院新法官一事上也分成两派，一派认为总统的任命符合宪法，一派认为总统的任命违反宪法。③

拉合尔高等法院的法官们则团结一致，抵制总统的任命，尼萨尔拒绝被任命为拉合尔高等法院的首席法官，并把他的意愿传递给了最高法院首席大法官。随后，拉合尔高等法院首席法官哈瓦贾·穆罕默德·谢里夫在拉合尔召开紧急会议，尼萨尔等拉合尔高等法院的高级官员参加了会议，会议对最高法院首席大法官拒绝服从总统的任命给予支持。与此同时，很多律师聚集在拉合尔高等法院外，表达他们对大法官乔杜里的支持。他们发誓要发动一个反对政府的游行，就像2007年3月9日反对穆沙拉夫罢

---

① http://www.dailytimes.com.pk/default.asp?page=2010\02\14\story_14-2-2010_pg1_4

② http://www.dailytimes.com.pk/default.asp?page=2010\02\14\story_14-2-2010_pg7_11

③ http://www.dailytimes.com.pk/default.asp?page=2010\02\14\story_14-2-2010_pg1_5

免最高法院首席大法官的运动一样。①

2010年2月15日，总理吉拉尼在国民议会上表示，任何人都不应有损于政府任命法官的权威。当反对党批评政府有关法官任命时，吉拉尼表示，认为律师和一些反对党发起的长征抗议运动，才使得法官得以恢复职务的看法是错误的。吉拉尼表示，法律专家们说，按照最高法院关于伊克巴尔·提卡·汗（Iqbal Tikka Khan）案件的判决，总理不能签署这样的行政命令。但仍然发布了恢复法官职务的命令。所以，这个命令还必须得到议会批准。②

2月16日，吉拉尼收回了他周一说的话，再次明确表示，不管最高法院怎样解释法官的任命，政府都将接受并坚决贯彻执行。

他进一步表示，依据宪法，总统有权在和巴基斯坦大法官协商后任命法官，但这种协商应该是有意义的。他表示政府已经请求法院对任命法官的程序做进一步的解释。③

2月17日，媒体报道说，执政联盟中人民党以外的各党派领袖开会敦促总统取消任命通知，结束政府与司法机构的冲突。虽然官方对此没有回应，但总理吉拉尼出席大法官乔杜里为退休

---

① http：//www. dawn. com/wps/wcm/connect/dawn-content-library/dawn/the-newspaper/front-page/06－high-court-judges-stand-by-chief-justice－420－rs－01

② http：//www. dawn. com/wps/wcm/connect/dawn-content-library/dawn/the-newspaper/front-page/06 － judges-reinstatement-needs-parliament-approval-pm-nisar-accuses-gilani-takes-fight-to-opposition－620－rs－09

③ http：//www. nation. com. pk/pakistan-news-newspaper-daily-english-online/Politics/17－Feb－2010/Restored-judges-dont-need-Parliaments-approval-PM/

大法官举行的宴会，表明总统可能已经接受了这一建议。①

2月17日，总统接受总理吉拉尼的建议，签署新的任命法官的命令：任命拉合尔高院的尼萨尔和霍萨（Asif Saeed Khan Khosa）为最高法院法官；再次任命刚退休的拉赫曼·拉姆戴伊法官为最高法院专案法官，任期一年；同时还任命了22名拉合尔高等法院法官、9名信德高等法院法官。拉合尔高等法院首席法官哈瓦贾·穆罕默德·谢里夫的职位不变。②

2月18日，在现任最高法院法官、巴基斯坦联邦总检察长、联邦法律秘书等的见证下，乔杜里为三名新任命的最高法院法官举行了简朴而隆重的宣誓仪式。尼萨尔和霍萨宣誓就任最高法院终身法官，拉姆戴伊宣誓就任最高法院专案法官，随着他们的上任，最高法院的法官达到19名，其中17名终身法官，两名专案法官。③

政府和法院关于任命新法官的斗争，以总统重新任命新法官而宣告结束。

二、在“全国和解令”问题上的博弈

“全国和解令”问题涉及面大，政府和法院之间各有考虑。

---

① http：//www. dawn. com/wps/wcm/connect/dawn-content-library/dawn/the-newspaper/front-page/06－zardari-urged-to-withdraw-notifications－720－rs－05

② http：//www. dawn. com/wps/wcm/connect/dawn-content-library/dawn/the-newspaper/front-page/06－president-signs-summary－820－rs－05

③ http：//www. nation. com. pk/pakistan-news-newspaper-daily-english-online/Politics/19－Feb－2010/Three-SC－9－SHC-judges-sworn-in

（一）最高法院发布对“全国和解令”的判决

继2009年12月16日最高法院发布对“全国和解令”的判决后，2010年1月19日，最高法院又公布了由大法官乔杜里拟定、由最高法院所有法官签署的长达287页的对“全国和解令”的判决。最高法院的详细判决认为，“全国和解令”违反宪法，并认为，犯罪案件不能以和解的名义撤销。

该判决要求重开在“全国和解令”下结案的包括在巴基斯坦国内和在国外的所有案子，要求所有案子要毫无例外地恢复到2007年10月5日之前的状态。在最高法院发布的判决中，没有涉及总统扎尔达里的豁免权问题，只是要求因“全国和解令”而结案的所有案子无一例外的全部重开。因此，总统扎尔达里有面临司法审判的可能性。①

该判决中，最高法院还对国家问责局主席阿赫桑、总检察长和助理总检察长缺乏与法院恰当的合作行为表示不满，认为该机构的领导人应该是能彻底执行最高法院判决的人，建议联邦政府按照《国家问责局法令》第6章的标准，任命能胜任的、诚实的人。②

巴基斯坦国家问责局作为直接负责调查公职人员腐败案件的机构，该机构主席对“全国和解令失效”后包括与总统有关的案件的重开、审理至关重要。

---

① http：//thenews. jang. com. pk/print3. asp? id=26760
② http：//thenews. jang. com. pk/print3. asp? id=26761

最高法院后来还要求，在任命国家问责局的新主席时，政府有义务咨询最高法院首席大法官的意见。但是，按照《国家问责局法令》第6章的相关规定，在任命国家问责局的主席时，总统应该咨询总理和国民议会中的反对党领袖。因此，法院判决和国家问责局法令之间的不同，可能又会在任命国家问责局新主席上引起分歧。[①]

（二）政府的应对

在2009年12月16日最高法院发布命令后的几天，国家问责局（NAB）冻结了除总统外所有“全国和解令”受益者的资产，因总统有豁免权，国家问责局没有采取直接行动。2010年1月19日最高法院的详细判决要求国家问责局和所有相关当局恢复“所有”案件，国家问责局开始对总统扎尔达里的案件采取行动。

1月20日，国家问责局要求伊斯兰堡首都当局冻结总统的资产并恢复到2007年10月5日之前的状态。为了遵从最高法院的判决，国家问责局不理会政府关于总统有豁免权的表示，在22日向信德省发出冻结总统扎尔达里在信德省的资产的命令。[②]

总理和内阁左右为难，无论是接受并执行判决或是拒绝执行判决，都将使政府陷于重大政治危机中。为了应对新情况，总统缩短了他在旁遮普省的视察行程，提前回到伊斯兰堡。总理给前

① http：//www. dailytimes. com. pk/default. asp? page＝2010 \ 03 \ 11 \ story _ 11－3－2010 _ pg1 _ 6

② http：//thenews. jang. com. pk/top _ story _ detail. asp? Id=27036

最高法院律师协会主席、人民党执行委员会成员艾察兹·阿赫桑(Aitzaz Ahsan)打电话，讨论相关事宜。总统也邀请艾察兹·阿赫桑到总统府举行会谈。信息部长凯拉和人民党秘书长巴德尔也去阿赫桑在拉合尔的驻地拜访，讨论这个问题。①

经过人民党内部的讨论磋商后，人民党领导的联邦政府多名高官，包括总理吉拉尼、新闻和广播部长凯拉、内政部长马利克等都表示，要执行法院的判决。

但对与总统有关的案件，大家的表述有所不同。总理吉拉尼在国民议会表示，政府不希望与其他机构对抗。政府将根据1973年宪法在其职能范围内工作。如果议会撤销了依照宪法授予扎尔达里豁免权的话，政府准备重开在瑞士起诉总统扎尔达里的案子。不过他又说，执行“全国和解令”判决还需要时间。他已经通过司法部，命令国家问责局开始调查。国家问责局新主席的任命将和国民议会反对党的领袖协商。②

巴基斯坦司法部长表示，瑞士案件是出于政治动机而提交的，瑞士总检察长已经表明，在瑞士的有关扎尔达里的案件已经结案处理了。③

国防部长乔杜里·艾哈迈德·穆赫塔尔(Chaudhry Ahmed Mukhtar)表示，人民党领导的政府不会写信给瑞士当局要求重开起诉自己总统的案子。在政府和司法部门之间没有任何冲突，

① http://www.dailytimes.com.pk/default.asp?page=2010\01\21\story_21-1-2010_pg1_4

② http://www.dailytimes.com.pk/default.asp?page=2010\01\28\story_28-1-2010_pg1_1

③ http://www.app.com.pk/en_/index.php?option=com_content&task=view&id=102532&Itemid=1

政府并没有面临来自司法部门的任何严重问题，总统只能通过弹劾的途径被更换。[1]

总理吉拉尼表示，总统只有在任期完成后才有被审判的可能，只有议会才能剥夺总统的豁免权，政府将继续维护议会至上的立场。总统作为军队最高指挥官和议会的一部分，享有宪法第248款赋予的豁免权。反对最高法院关于要求政府向瑞士当局写信重开案子的决定。他同时也表示，将尊重司法机构并贯彻执行它的命令，同时他请求“全国和解令”的受益者自动退出公职。他说，政府尊重法院的命令，但宪法赋予的权力，哪些应该予以保留，哪些应该被撤销，应该由国民议会及参议院的议员们决定。吉拉尼表示，总统、总理以及两院，缺少任一部分，议会都是不完整的。总统依宪法享有豁免权，如果要审判他，应在他完成任期和没有豁免权之后再说。[2]

总之，在“全国和解令”失效后，政府和最高法院关于全部重开被“全国和解令”撤销的案件的分歧，集中在总统是否拥有豁免权及能否避免被审判一事上。

（三）双方博弈

最高法院对政府一面表示尊重和执行最高法院的判决、另一面又通过各种方式拖延执行最高法院判决的行为表示不满。

2月19日，巴基斯坦最高法院要求国家问责局在48小时之

---

① http://thenews.jang.com.pk/top_story_detail.asp?Id=28882

② http://www.dailytimes.com.pk/default.asp?page=2010\09\25\story_25-9-2010_pg1_2

内报告该局在执行判决中要求重开瑞士案件命令的进展。这显示了法院在要求执行判决上的决心。

国家问责局主席表示，他在处理瑞士案件上需要司法秘书的指导。大法官乔杜里则表示，不需要任何指导，最高法院已经清楚要求重开瑞士案件，国家问责局应该完全执行最高法院的命令。乔杜里告诫国家问责局主席，如果没有重开瑞士案件，他将承担不执行法院判决的责任。大法官表示，法院清楚地知道怎样执行它的决定并有能力执行它的决定，如果没有预期中的进展，国家问责局主席的薪水将会被冻结。①

2月19日，最高法院要求撤换总检察长和助理检察长，20日，国家问责局主席遵照最高法院的建议，撤换了总检察长和副总检察长。国家问责局已将此简报送交总理批准。政府对国家问责局主席的表现不满，认为他在重开案件中扮演了积极角色。②

按照现行政府机构设置，国家问责局设在司法部之下。虽然国家问责局主席面临最高法院的强烈谴责，最高法院认为他没有执行已有两月之久的对“全国和解令”的判决，但由总统密友领导下的司法部仍然决心阻止重开瑞士腐败案。

最高法院对国家问责局强调，要毫无例外地重开所有案件，国家问责局正式写信给司法部，就宣布重开国外案件的必要性做出说明。但司法部一直没有做出决定。一位国家问责局高级官员表示，将国家问责局置于司法部之下，这使问责局不起作用。③

---

① http：//thenews. jang. com. pk/print3. asp? id=27360

② http：//www. dawn. com/wps/wcm/connect/dawn-content-library/dawn/the-newspaper/front-page/nab-sacks-its-top-two-law-officers—120

③ http：//thenews. jang. com. pk/print3. asp? id=27362

国家问责局主席阿赫桑处于左右为难的境地。一方面，最高法院要求立即重开扎尔达里的瑞士案件，否则将冻结他的薪水，另一方面，包括司法部在内的政府机构却寻求机会推迟这个过程。[①] 在这种情况下，国家问责局主席阿赫桑于2月24日提出辞职，但总理要求他工作到新的人选被任命之时。

3月初，国家问责局主席阿桑被批准放长假，其职务由副主席伊凡·纳迪姆（Irfan Nadeem）代理。副总检察长Abdul Baseer Qureshi已经辞职，政府表示，总检察长Dr Danishwar Malik的撤职行动正在进行。[②]

3月30日，最高法院在首席大法官乔杜里的主持下，对国家问责局、内政部、联邦调查局等机构藐视法庭案进行审理，认为，国家问责局在执行最高法院关于“全国和解令”的裁决上毫无进展，包括在瑞士法院关于扎尔达里的案子上浪费了几个月的时间，要求国家问责局必须在24小时内确保最高法院的裁决得到彻底执行。最高法院警告国家问责局代理主席，假如他不贯彻执行最高法院的命令，他将来可能要坐牢。[③]

3月31日，国家问责局在呈交最高法院的报告中说，国家问责局已经向瑞士政府写信，要求其重开审理总统扎尔达里的洗钱案。[④] 但瑞士公诉人3月31日表示，不可能在瑞士重开洗钱

---

① http://www.dailytimes.com.pk/default.asp?page=2010\02\21\story_21-2-2010_pg1_4

② http://www.dailytimes.com.pk/default.asp?page=2010\03\11\story_11-3-2010_pg1_6

③ http://www.dailytimes.com.pk/default.asp?page=2010\03\30\story_30-3-2010_pg1_1

④ http://www.dailytimes.com.pk/default.asp?page=2010\04\01\story_1-4-2010_pg1_2

案，因为扎尔达里作为一国元首，享有豁免权。[①]

4 月 1 日，政府拒绝执行最高法院向瑞士要求重开扎尔达里洗钱案的命令。最高法院威胁说，如果法院不得不传唤总理来执行法院的判决，法院将采取这样的措施。法院表示，政府除了贯彻执行最高法院的判决之外，没有其他选择，在宪法范围内确保高等法院和最高法院的决定得到执行是政府的责任。[②]

5 月 25 日，司法部长出席了高等法院的听证会，法官给司法部长两周时间，来提交执行判决的详细报告，包括对重开总统和其他政治人物的腐败案件所采取的步骤。随后法庭休会，6 月 10 日再开庭听证。会后，司法部长对媒体说，关于政府与司法机构发生冲突的谣言不攻自破，政府以尊重的方式陈述自己的观点，并说法院的态度是“可接受的”。[③]

6 月 14 日，国家问责局主席阿赫桑的辞呈正式被总统扎尔达里接受，总统任命国家问责局副主席齐亚·卡齐（Javed Zia Qazi）为代理主席。[④]

9 月 16 日，总统秘密发布一项新国家问责局法令，把国家问责局主席的主要权力移交给司法部长。该新法案规定，当某个问责法庭处于被听证的程序时，把该法庭的案件转移到其他问责法庭的权力，由国家问责局主席转移给了司法部长。根据该法

① http://www.dailytimes.com.pk/default.asp?page=2010\04\01\story_1-4-2010_pg1_3

② http://thenews.jang.com.pk/top_story_detail.asp?Id=28697

③ http://www.dawn.com/wps/wcm/connect/dawn-content-library/dawn/news/pakistan/

④ http://www.nation.com.pk/pakistan-news-newspaper-daily-english-online/Politics/15-Jun-2010/NAB-chief-quits

案，可以把涉及人民党领导人的案子转移到一个新成立的、可控制审判过程的法院。一位前国家问责局高级官员表示，当政府被迫与反对派协商，任命一个中立和可信任的人的时候，政府秘密做这样的修订，从国家问责局主席手中夺取这些权力，是不公平和不诚实的。①

9月21日，最高法院在训斥司法部秘书没有保证执行判决后，再次要求政府在9月24日提交相关案子的简报。②

9月23日，司法部长在转交给总理的关于重开瑞士案子的简报中表示，起诉总统的瑞士案件不能重开，那样将会伤害国家的主权和完整，并表示，总统享有宪法赋予的豁免权。简报中进一步指出，国民议会、参议院和总统不能分开，议会是至高无上的，因此，它的至高无上是不可挑战的。简报也将在9月24日被提交给最高法院。③

9月24日，乔杜里警告政府，如果最高法院的判决没有被执行的话，最高法院将不得不采取“一些行动”。④

9月24日，穆盟（谢派）领袖谢里夫表示，最高法院是决定总统豁免权的机构之一，穆盟（谢派）支持最高法院的决定。谢里夫表示，“全国和解令”的受益者应该辞职，没有辞职的应

① http://beta.thenews.com.pk/TodaysPrintDetail.aspx?ID=997&Cat=13&dt=10/1/2010

② http://www.dailytimes.com.pk/default.asp?page=2010\09\24\story_24-9-2010_pg1_1

③ http://www.dailytimes.com.pk/default.asp?page=2010\09\25\story_25-9-2010_pg1_2

④ http://www.dailytimes.com.pk/default.asp?page=2010\09\25\story_25-9-2010_pg1_1

该被辞退。①

9月26日，总理吉拉尼表示，那些希望通过非法手段使政府倒台的人应该从历史中吸取教训，政府将继续执政并保护国家机构。最高法院不能修改宪法，只有议会才能修改宪法，对于司法部呈交的关于重开瑞士案件的简报，他表示，最高法院在采取进一步行动前应该去研究许多问题，包括宪法第248款。吉拉尼表示，总统是武装力量的最高指挥者，是议会的一部分，瑞士案件已经过去了，如果将国家的总统交给瑞士法院审判，是侮辱国家荣誉和巴基斯坦主权的行为。他进一步表示，只有傻瓜才会采取措施伤害自己的政府。②

9月27日，总理要求最高法院推迟关于“全国和解令”判决执行情况的听证会，吉拉尼还否认政府将要垮台，他说政府将继续掌控权力并将完成5年的任期。③ 在政府的要求下，听证会定在10月13日举行。

9月27日，总统、总理和陆军参谋长基亚尼举行会议，会后表示，将捍卫民主进程，按照宪法解决所有问题。④

9月27日，国家问责局向最高法院提交了一份36人名单，不包括总统在内，均为在政府任职的“全国和解令”的受益

---

① http：//www. dailytimes. com. pk/default. asp? page＝2010 \ 09 \ 25 \ story _ 25－9－2010 _ pg1 _ 3

② http：//www. nation. com. pk/pakistan-news-newspaper-daily-english-online/Politics/27－Sep－2010/SC-cant-amend-Constitution-PM/

③ http：//ftpapp. app. com. pk/en _/index. php? option ＝ com _ content&task＝view&id＝117293&Itemid＝1

④ http：//ftpapp. app. com. pk/en _/index. php? option ＝ com _ content&task＝view&id＝117331&Itemid＝1

人，[①] 据国家问责局内部人士说，这份名单表明，政府在“全国和解令”案件上正在遵照法院的命令行事，正在采取针对“全国和解令”受益者的行动。但最高法院拒绝了这份名单，要求在10月13日提交一份完全的“全国和解令”受益人名单。总理吉拉尼告诉记者说，迄今为止没有收到完整的名单。[②]

9月1日，最高法院要求政府在30天内任命国家问责局的新主席，此前法院曾宣布，任命国家问责局的代理主席和总检察长是非法的。

按照《国家问责局法令》第6章的相关规定，总统在任命国家问责局主席时，应该咨询总理和国民议会中的反对党领袖的意见。在最高法院要求9月30日前任命新的国家问责局主席的最后期限到来时，人民党与反对党就新任主席人选还没有达成一致。因此，政府要求最高法院将9月30日前提出新的主席任命的最后期限再延长些。

穆盟（谢派）的发言人也称，政府推荐的人选都被其拒绝，并说该党要求政府推荐其能够接受的人选。

巴基斯坦总检察长表示，在国家问责局新主席的任命上与反对党协商，并不仅仅是为了遵守宪法的要求，政府也希望在这个问题上和反对党协商。政府不需要乔杜里的同意，宪法没有要求

---

① http：//www. dailytimes. com. pk/default. asp? page＝2010 \ 09 \ 28 \ story _ 28－9－2010 _ pg7 _ 10

② http：//www. dawn. com/wps/wcm/connect/dawn-content-library/dawn/the-newspaper/front-page/beneficiaries-list-rejected－890

这样做，乔杜里本人也没有要求这样做。[①]

虽然与反对党关于国家问责局主席的新人选没有达成一致，10月8日，总统扎尔达里还是任命由总理提议的前信德省高等法院和最高法院的退休法官侯赛因·沙阿（Justice（r）Deedar Hussain Shah）为国家问责局新主席。国民议会反对派领袖阿里·汗对该任命表示反对，并表示在此之前他曾拒绝了总理任命沙阿的提议，因为该法官是人民党成员。[②]

在国民议会中，穆盟（谢派）成员反对总统秘密颁布的将国家问责局置于司法部之下的修改法案。旁遮普省首席部长夏巴兹表示，总统扎尔达里任命法官沙阿为国家问责局主席，无异于促进腐败，如果这种任命持续的话，将被迫进行“长征抗议”。他说，穆盟（谢派）反对该决定，并将继续这样做。[③]

10月12日，总理表示，任命国家问责局主席不是宪法问题，不需要咨询反对党领袖和执政伙伴。这是行政事务，因此总统签署任命没有咨询执政伙伴。[④]

司法部长表示，任命国家问责局主席，反对党只能给建议而不是命令。而且，政府在任命国家问责局主席一事上已经咨询过

---

① http：//www. dawn. com/wps/wcm/connect/dawn-content-library/dawn/the-newspaper/front-page/govt-to-seek-more-time-for-naming-nab-chief-opposition-rejects-govts-nominees－990

② http：//www. dailytimes. com. pk/default. asp? page＝2010 \ 10 \ 09 \ story _ 9－10－2010 _ pg1 _ 1

③ http：//www. dailytimes. com. pk/default. asp? page＝2010 \ 10 \ 11 \ story _ 11－10－2010 _ pg1 _ 1

④ http：//ftpapp. app. com. pk/en _/index. php? option ＝ com _ content&task＝view&id＝118982&Itemid＝1

反对党。①

为了推迟最高法院对“全国和解令”判决执行情况的法庭听证会，政府向最高法院申请推迟举行听证。理由是该案的法律顾问阿兹发（Azfar）已经升任总理顾问，政府需要时间找寻合适的人选。②

10月11日，最高法院以无正当理由为由，撤销了政府寻求推迟听证的请求，计划10月13日听证，并表示，如果任命阿兹发是认真的，政府应该发布任命通告。最高法院表示，申请书已被驳回，因为政府并没有拿出任何继任律师的名单，只是简单地以阿兹发被任命为总理顾问来寻求延期，而任命是在周日发出的，法院表示，政府在采取拖延战术。③

总理吉拉尼表示，在“全国和解令”判决上，政府没有通过任命阿兹发做总理顾问来使用推迟战略。吉拉尼表示，和大法官一样，他在星期六和星期天也工作，对于最高法院拒绝政府的延期请求，吉拉尼表示，政府将在10月13日听证前做出决定。④

司法部长阿万表示，政府有权依照宪法第10款雇佣任何经过挑选的律师。不管法院愿不愿意，政府将改变“全国和解令”案件的顾问。政府将执行所有最高法院在宪法下做出的决定，包括“全国和解令”判决。司法部长表示，不仅国内，包括国外某

---

① http：//www. dailytimes. com. pk/default. asp? page＝2010 \ 10 \ 12 \ story _ 12－10－2010 _ pg7 _ 25

② http：//www. dawn. com/wps/wcm/connect/dawn-content-library/dawn/the-newspaper/front-page/govt-again-seeks-postponement-of-nro-hearing－000

③ http：//www. dailytimes. com. pk/default. asp? page＝2010 \ 10 \ 12 \ story _ 12－10－2010 _ pg1 _ 1

④ http：//www. dailytimes. com. pk/default. asp? page＝2010 \ 10 \ 12 \ story _ 12－10－2010 _ pg1 _ 2

些势力都在酝酿阴谋，企图破坏民主制度，他进一步表示，在宪法范围内，所有选举都可以被质疑，但被选举出的国家总统是唯一一个在任何场合都不能被挑战的。①

10月12日，国家问责局向最高法院递交了执行“全国和解令”判决的报告。据该报告，从2009年12月16日到现在。共有150起案子被重新审理。②

国民议会反对党领袖阿里·汗针对总统任命沙阿为国家问责局主席一事，向最高法院提出上诉。阿里·汗在上诉中说，在总统任命沙阿为国家问责局主席前，没有咨询巴基斯坦最高法院首席大法官。

11月26日，最高法院对此上诉举行法庭听证会。政府要求听证会休庭，理由是联邦法律顾问阿卜杜尔·哈菲兹·皮尔扎达（Abdul Hafeez Pirzada）在国外而无法出庭。伊克巴尔法官表示，政府应该雇佣另外的法律顾问来为此案辩护，而不应该用拖延战术。他指示，如果皮尔扎达在15天内不能回国的话，政府应该另外雇佣联邦法律顾问。③

12月2日，巴基斯坦首席检察官Attorney General告知最高法院，政府已经决定，撤销“2010国家问责局修改令”。最高法院指示首席检察官在12月7日把发布和撤销通知递交到最高

---

① http：//www. dailytimes. com. pk/default. asp? page=2010 \ 10 \ 12 \ story _ 12-10-2010 _ pg7 _ 25

② http：//www. dailytimes. com. pk/default. asp? page=2010 \ 10 \ 13 \ story _ 13-10-2010 _ pg1 _ 5

③ http：//www. dailytimes. com. pk/default. asp? page=2010 \ 11 \ 27 \ story _ 27-11-2010 _ pg7 _ 1

法院。[①]

（四）结语

综上，政府和最高法院在执行“全国和解令”判决上，主要有以下几方面分歧：

其一，政府是否需要写信给瑞士当局，要求其重开与总统有关的相关案件？最高法院一直要求司法部长写信给瑞士政府，要求瑞士重开与总统有关的案件。政府认为，相关案件在瑞士已经结案而且是有人出于政治动机提出的案件，人民党领导的政府不会写信给瑞士当局要求重开起诉自己总统的案子。

其二，总统是否拥有豁免权？政府认为，总统拥有豁免权，有免受司法审判的权利，最高法院一直要求政府重开包括与总统有关的案件在内的在全国和解令中撤销的所有案件。

其三，总统撤换巴基斯坦问责局主席是否要遵照最高法院的意见？政府认为，撤换问责局主席是行政事务。最高法院要求政府任命一位能彻底执行“全国和解令”判决的人为主席。

经过多轮的政府上诉和法院听证后，双方达成一些共识。但基本分歧仍然存在，将成为下一年巴基斯坦政府与法院关系中的主要问题。

---

① http://www.dailytimes.com.pk/default.asp?page=2010\12\03\story_3-12-2010_pg1_1

2010 年巴基斯坦的政党关系

何文升 范力丹

2010 年巴基斯坦的政党关系起伏跌宕，一是各主要政党围绕宪法修正案、国家问责局主席任命等问题展开博弈，二是着眼于未来新的选举，政党重组初显。总体看，巴基斯坦政党关系未出现重大结构性变化。

一、围绕宪法第 18 修正案的博弈

2010 年巴基斯坦各主要政党围绕宪法修正案问题的博弈，主要体现在两个方面：一是催促人民党政府尽快出台宪法修正案；二是对修正案的内容存在分歧，各方争执不下。

（一）宪法第 18 修正案的起草与通过

2009 年 6 月 23 日，巴基斯坦国民议会成立一个由 27 名成员组成的议会宪法改革委员会。到 2010 年初已经过去半年，该委员会还没有就宪法第 18 修正案达成一致。

2010年1月1日，穆斯林联盟（谢里夫派）举行记者招待会，该党发言人阿赫桑·伊克巴尔（Ahsan Iqbal）针对这种状态表示，人民党政府继续实施拖延战略的话，穆斯林联盟（谢里夫派）将会再次发起“长征抗议”运动。[①]

在宪法修改内容上，主要存在两个争议，一个是西北边境省的改名问题，另一个是省自治水平的问题。

西北边境省改名的分歧，主要存在于西北边境省执政的人民民族党（ANP）和省议会反对党穆斯林联盟（谢里夫派）之间。

关于西北边境省的新省名，人民民族党向议会宪法改革委员会提交了三个备选省名：Pakhtoonkhawa、Pakhtoonistan和Afghania，要求该委员会从这三个备选省名中选择一个，作为西北边境省的新省名。而穆斯林联盟（谢里夫派）反对用这3个备选名称中的任何一个作为新省名，主要原因是西北边境省的哈扎拉地区（Hazara Division）的哈扎拉人是穆斯林联盟（谢里夫派）的主要支持者，他们想让该省有另外的名字，也提出三个备选省名：Khyber、Abaseen和Neelab。

为了能在新省名上取得共识，属于人民民族党的联邦部长比罗尔专门就西北边境省的改名问题与穆斯林联盟（谢里夫派）领导人谢里夫举行了会谈。双方表示，将在新省名问题上达成一个有关各方都能接受的方案。谢里夫还表示，如果在Pakhtoonkhawa后面加一个后缀Hazara，该党将接受Pakhtoonkhawa-Hazara作为西北边境省的新省名。

---

① http://news.dawn.com/wps/wcm/connect/dawn-content-library/dawn/the—newspaper/front-page/12—pml-warns-of-long-march-over—17th-amendment——bi—10

关于省自治水平问题的分歧主要存在于各省地方政党与全国性政党之间。各省的地方性政党主张，除了防务、财政和外交属联邦政府管辖外，其他事务应该由地方政府管辖。但是全国性政党反对这样的自治方案，主张联邦政府对省事务有更多的控制。

为了加快修宪进程，穆斯林联盟（谢里夫派）提议，宪法修改分为两部分来进行：首先解决所有政党已经达成共识的问题，如废除宪法第17修正案和58（2）B项等问题。其次再解决西北边境省改名和省自治等还有分歧的问题，主张立即在议会解决第一部分，同时，关于第二部分，所有政党将继续讨论。其理由是：起草宪法第18修正案的主要目的，是废除总统解散议会的权利、恢复议会最高权力。如果要一个一揽子宪法修正案的话，可能会因为其他一些分歧使宪法草案难以达成一致。2010年1月5日，在穆斯林联盟（谢里夫派）信德省分部，谢里夫对记者表示，省自治不应该与废除宪法第17修正案问题联系在一起。①

但一些党派坚持要形成一揽子的宪法修改草案，而不是一个零碎的修改草案。②

2010年3月17日，宪法改革委员会已经完成除西北边境省改名以外的宪法修改。议会宪法改革委员会主席拉巴尼（Raza Rabbani）准备把草案提交国民大会。③

就在议会宪法改革委员会就宪法第18修正案草案达成一致，

---

① http：//www. dailytimes. com. pk/default. asp? page＝2010 \ 01 \ 06 \ story _ 6－1－2010 _ pg1 _ 5

② http：//www. nation. com. pk/pakistan-news-newspaper-daily-english-online/Politics/05－Jan－2010/NANP-differences-prevail

③ http：//www. dawn. com/wps/wcm/connect/dawn-content-library/dawn/the-newspaper /front-page/rabbani-committee-completes-review-of-constitution－830

准备提交国民大会之前的十多个小时。谢里夫的态度来了个 180 度的大转弯，他表示，宪法第 18 修正案在提交到国民议会之前要“达成一致”。谢里夫拒绝之前达成的任何有关任命法官问题的协议，表示，法官不应该在偏袒的基础上被任命。①

3 月 31 日晚，议会宪法委员会宣布，经过数月的讨论、协商，该委员会已经就宪法第 18 修正案草案达成一致。② 4 月 6 日，巴基斯坦内阁召开特别会议，通过了宪法第 18 修正案。4 月 8 日巴基斯坦国民大会通过第 18 修正案。4 月 15 日，巴基斯坦参议院通过第 18 修正案。4 月 19 日，巴基斯坦总统扎尔达里签署宪法第 18 修正案。③

宪法第 18 修正案主要改动内容包括：1）废除宪法中有关总统有权解散议会的第 58（2）B 款，规定总统只能在总理的建议下解散议会；2）废除对总理只能连任一次的限制；3）加强地方政府权力；4）将西北边境省改名为开伯尔—普什图赫瓦省；5）成立任命法官的议会委员会；6）建立独立的选举委员会等。

（二）遗留问题

虽然宪法第 18 修正案得以通过生效，但对于该修正案中的

---

① http：//www. dailytimes. com. pk/default. asp? page＝2010 \ 03 \ 26 \ story _ 26－3－2010 _ pg1 _ 1

② http：//www. dailytimes. com. pk/default. asp? page＝2010 \ 04 \ 01 \ story _ 1－4－2010 _ pg1 _ 1

③ http：//news. dawn. com/wps/wcm/connect/dawn-content-library/dawn/news/
pakistan/03－president-zardari-signs－18th-amendment-bill-ss－07

某些条款，各党派仍然存在一些分歧。分歧主要集中在两个方面：一是法官任命委员会和司法委员会的人员组成和法官任命程序；二是西北边境省改名问题。

对议会任命法官委员会和司法委员会的组成人员名额和法院法官的任命程序，各党之间还存在不同看法。

4月28日，拉瓦尔品第地区律师协会的纳迪姆·艾哈迈德（Nadeem Ahmed）律师、共和国家党（the Watan Party）、最高法院律师协会、穆斯林联盟（哈克派）主席伊贾兹·乌尔·哈克（Muhammad Ejaz-ul-Haq）等，对宪法第18修正案中的一些条款，特别是有关法官任命的条款，向最高法院提出了上诉。他们认为，对法官的任命直接关系着司法独立，因此，不能通过政府的司法委员会来任命法官。最高法院组成法庭对此上诉进行了听证。①

经过最高法院的多次听证，2010年10月21日，巴基斯坦最高法院发布宪法第18修正案令，对宪法第18修正案中的上述条款做出了判决。② 议会宪法改革委员会表示，将会考虑最高法院在宪法第18修正案令中的建议。

2010年12月19日，议会宪法改革委员会依照最高法院对宪法第18修正案的判决，最终确定了宪法第19修正案草案。该修正案主要是对宪法第18修正案中有关议会任命法官委员会和司法委员会的组成人员名额和法院法官的任命程序条款的修改。

---

① http://www.dailytimes.com.pk/default.asp?page=2010\05\13\story_13-5-2010_pg1_1

② http://ftpapp.app.com.pk/en_/index.php?option=com_content&task=view&id=119765

12 月 22 日，国民议会通过了宪法第 19 修正案。[1]

对于西北边境省改名问题，各方之间也存在分歧。西北边境省的哈扎拉人认为，新省名没有考虑哈扎拉人的关切，他们要求：要么不改省名，要么就成立一个以哈扎拉命名的新省。[2] 也有政党准备向议会提交新的宪法修正案来解决这个问题。穆斯林联盟（志同道合派）领导人萨利姆·赛福拉·汗（Salim Saifullah Khan）表示，该党将向议会提交旨在建立更多省的宪法修正案，来解决类似哈扎拉的情况。[3]

二、围绕国家问责局（NAB）主席任命问题的博弈

2010 年，巴基斯坦各政党还就国家问责局主席的任命问题展开博弈。

巴基斯坦最高法院判决“全国和解令”无效，要求国家问责局重新调查所有被撤销的案件，但国家问责局是在联邦政府司法部领导下开展工作，难以对涉案的政府要员进行调查，左右为难之下，国家问责局主席宣布辞职，因此需要重新任命主席。

巴基斯坦总统扎尔达里于 10 月 8 日签署了总理吉拉里交给他的建议任命退休法官蒂达尔·侯赛因·沙阿（Deedar Hussain Shah）为国家问责局（NAB）新主席的报告。沙阿是前信德省高

① http://ftpapp. app. com. pk/en _/index. php? option = com _content&task=view&id=125424&Itemid=1

② http://news. dawn. com/wps/wcm/connect/dawn-content-library/dawn/the—newspaper/front-page/protests-against-renaming-of-nwfp—040

③ http://www. dailytimes. com. pk/default. asp? page = 2010% 5C12% 5C07%5Cstory _ 7—12—2010 _ pg7 _ 32

等法院和最高法院的法官，人民党成员。

这一任命遭到穆斯林联盟（谢派）的反对。认为其是非法的。穆斯林联盟（谢派）认为，沙阿是人民党的忠实成员，曾以人民党成员身份两次参加信德省的议员竞选，并称该任命意在保护执政党的利益。穆斯林联盟（谢派）表示，如果人民党一意孤行，将与政府分道扬镳。旁遮普省首席部长夏巴兹表示，如果政府坚持这种任命的话，将被迫进行“长征抗议”。

人民民族党（ANP）也对该任命有异议，并认为应事先咨询反对派意见。

但总统发言人巴巴尔随即表示，总统扎尔达里曾与总理吉拉尼和反对派领袖就国家问责局主席任命问题进行了磋商。

10月9日，国民议会反对派领袖乔杜里·尼萨尔指控总理吉拉尼未按宪法规定与他就此问题进行有意义磋商，因为按照宪法第18修正案，在国家问责局主席的任命问题上，总统需咨询总理和反对派意见。他还表示，该任命反映总统扎尔达里欲将国家问责局控制在自己的手中。针对沙阿的人民党成员政治背景，他建议，政府可以任命一位非党派人士或者中立人士担任此重要职位。

总统发言人巴巴尔则表示，总理吉拉尼已经和乔杜里·尼萨尔就该任命协商过，符合宪法规定，并称“咨询并不意味着要得到反对派的同意”。

穆斯林联盟（谢派）发言人法鲁克则反驳称：“咨询意味着寻求反对派的同意，而不是向反对派宣布任命结果。”

人民党新闻秘书（Fazio Wahab）称，穆斯林联盟（谢派）之所以反对国家问责局新主席的任命，是因为穆斯林联盟（谢派）害怕新主席重启针对谢里夫兄弟的20项调查，这20项调查曾经因为谢里夫兄弟逃往国外而被迫中止，但现在他们在国内，因此，新主席必将重启对他们的调查。①

10月17日，反对党领袖乔杜里·尼萨尔向最高法院递了上诉书，要求法院让沙阿做出解释：他是在什么法律规定支持下获得国家问责局主席职位的。该上诉书认为，沙阿应该放弃这一职位以保护公民的生命权、自由和公正的基本人权。根据法律，总理在向总统建议国家问责局主席人选时，须先同反对派商议。总统扎尔达里在此项任命上有着明显的利益冲突，总统在国内和国外有十几项关于腐败的指控，总统签署这项任命，明显受个人动机的影响，是滥用权力。由于反对党领袖对这项建议有严重保留，总理应该以书面形式向反对党领袖咨询，由两人各自提出一份建议名单，然后就此名单达成共识，经商议后转呈给总统，再由总统签署。乔杜里·尼萨尔在该上诉书中称，他曾给总理写过关于国家问责局主席任命问题的建议信，但总统和总理对他写的信既没做出任何回应，也没做出任何努力去和他接触和协商，也没有传递任何反对意见。9月24日，总理吉拉尼曾给他打电话问及国家问责局主席任命问题，他表示，沙阿不适合此职位，因为他过去曾经积极参加政党活动。②

虽然反对派极力反对总统对沙阿的任命，但是人民党仍坚持该任命。

---

① http：//www. dawn. com/2010/10/09/pml-n-threatens-to-move-sc-retired-judge-appointed-new-nab-chief. html

② http：//www. dailytimes. com. pk/default. asp? page＝2010 \ 10 \ 17 \ story _ 17－10－2010 _ pg1 _ 5

三、政党重组

2010年，巴基斯坦政党重组方兴未艾，但未导致政党结构的实质性变化。

（一）全巴基斯坦穆斯林联盟昙花一现

2010年9月18日，穆斯林联盟（机能团体派）与穆斯林联盟（领袖派）宣布合并，准备成立全巴穆斯林联盟（All-Pakistan Muslim League，APML）。[①] 两派领袖表示，两派之所以能搁置争议，达成统一，是为了实现最终建立全巴基斯坦穆斯林联盟，更好地拯救巴基斯坦和为巴基斯坦人民服务。机能团体派主席乔杜里·舒贾特·侯赛因（Chaudhry Shujaat Hussain）和秘书长帕噶罗（Pagaro）表示，真诚欢迎最大反对党穆斯林联盟（谢里夫派）的加入，为实现真正的全巴基斯坦联盟而努力。

对于这次合并，部分评论认为，这是巴基斯坦民主政治体系发展的好兆头。人民穆斯林联盟表示愿意加入全巴基斯坦穆斯林联盟。最大反对党穆斯林联盟（谢派）表示，仍将在政坛中发挥自己的独立作用。这次合并也让人们产生了机能团体派与人民党在中央的合作可能出现裂痕的预期。

随后一个月，穆斯林联盟（机能团体派）领袖积极邀请政坛

① http://www.dailytimes.com.pk/default.asp?page=2010\09\19\story_19-9-2010_pg7_5

名人领袖加入他领导的团体。并于10月10日正式表态，将到拉合尔与谢里夫举行会谈，讨论他的政党加入事宜。

然而，在积极拉拢外界加入的同时，试图建立全巴基斯坦穆斯林联盟的两大派系内部却发出了一些不和谐的声音。一方面，巴基斯坦穆斯林联盟（领袖派）承认机能团体派领导人的卓越能力，但是另一方面，却在10月上旬不断澄清，自己只是与机能派组成了一个联盟，并非自己"合并"入机能派，他们还宣称，他们的党将保持其独立身份，在帮助国家渡过多重危机中，是一个不可忽视的重要力量。

10月31日，刚刚成立不久的全巴基斯坦穆斯林联盟宣称该党"不复存在"。穆斯林联盟（机能团体派）和穆斯林联盟（领袖派）领导人都表示，各自的党派将继续尽力挽救巴基斯坦面临的危机。

（二）组建联合穆斯林联盟（Mutehida Muslim League Alliance）

2010年10月29日，一个由巴基斯坦前总理贾迈利（Mir Zafarullah Khan Jamali）领导的指导委员会成立，并起草了关于联合穆斯林联盟的政策框架。决定每周五由穆斯林联盟（机能团体派）领导人帕噶罗（Pir Sahib Pagara ）主持召开由不同派系领导人联合参加的会议，该会议共九个成员，他们向帕噶罗（Pir Sahib Pagara）提出自己的建议，以便在会议上讨论并达成一致。伊姆蒂亚兹·谢赫当选为会议的协调员。同时，帕噶罗表示，有关各方已被邀请，以便能够正式加入联合穆斯林联盟。

随后，穆斯林联盟（机能团体派，PML-F）、穆斯林联盟

（志同道合派，PML-like minded）、穆斯林联盟（齐亚派，PML-Z）和人民穆斯林联盟（AML）四个穆斯林联盟党派，宣布组成联合穆斯林联盟（the Muttahida Muslim League）。[①] 帕噶罗也宣布，所有加入这个联盟的党派将保持独立，他们有自己独立的运作模式。

由于这四个党派在国民议会中总共只有几个席位，而穆斯林联盟（谢派）和穆斯林联盟（领袖派）没有参加联合穆斯林联盟，因此，这次政党重组对当前的执政党影响有限。

在2013年巴基斯坦将举行大选的背景下，巴基斯坦国内各种政治势力开始寻求对自己有利的竞选策略。这几个党派的联合主要是为2013年的大选做准备。

（三）议会委员会成员提名问题上的党际关系

2010年11月4日，穆斯林联盟（谢派）和穆斯林联盟（领袖派）决定在议会建立工作关系，联合提名议会委员会成员出任法官。对这两个政党来说，在议会委员会成员的任命上取得突破性进展，这无疑是两党关系上的一个突破。

穆斯林联盟（谢派）的领导人达尔（Ishaq Dar）和穆斯林联盟（领袖派）领袖乔杜里·舒贾特·侯赛因举行了一次会议，双方共同决定，在议会两院各自向议会委员会提名一人，这样国会将会有4个反对党的成员。

---

① http://www.dailytimes.com.pk/default.asp?page=2010%5C10%5C30%5Cstory_30-10-2010_pg1_3

人民党和他的执政联盟却没有达成一致。联盟合作伙伴对人民党提名布卡里（Syed Nayyer Hussain Bukhari）作为参议院领袖和参议员卡兹姆·汗（Kazim Khan）作为议会委员会成员感到不满。所有的联盟成员，包括统一民族运动党（MQM）、人民民族党（ANP）和伊斯兰神学者协会都希望在议会委员会中占有一席之地，这使得人民党陷入两难。

四、执政联盟的党际分化

2010年12月14日，伊斯兰神学会（JUI-F）宣布退出执政联盟。12月22日伊斯兰神学会中央委员会批准了这一决定。导致这一事变的直接原因是，事先未与其联盟伙伴伊斯兰神学会商议，人民党总理吉拉尼便以“违纪”为由，解除了伊斯兰神学会三位内阁部长之一的斯瓦蒂（Azam Swati）的部长职务。伊斯兰神学会对此做出强烈反应。

作为巴基斯坦第二大执政党的统一民族运动党（MQM），在伊斯兰神学会退出执政联盟后就巴基斯坦政治形势和与人民党联盟的一系列政策召开紧急会议。统一民族运动党在国民议会中拥有25个议席，对人民党保持执政地位意义重大。12月28日，统一民族运动党的两位部长辞去在联邦内阁中的职位，但国会议员将继续留任。统一民族运动党表示，该党不会脱离联合政府而加入反对派。

虽然如此，但这一决定已显示了执政联盟成员中已经出现分化，伊斯兰神学会和统一民族运动党这两个政党要为下一届选举重新定位自己。

伊斯兰神学会退出执政联盟后，各党派的反应不一。

伊斯兰神学会还严厉抨击人民党领导的联合政府，特别是支持美国反恐的政策。另外，伊斯兰神学会同穆斯林联盟（领袖派）和统一民族运动党进行了接触，并称巴基斯坦的政治方向已经改变。

统一民族运动党的部长辞去在联邦内阁中的职位后，特别是统一民族运动党和伊斯兰神学会宣布将并肩战斗对付人民党时，人民党与统一民族运动党、伊斯兰神学会领导人分别展开紧密磋商，期望能重新返回联合政府。人民党派出代表团，极力游说伊斯兰神学会重返执政联盟，但双方会谈失败。伊斯兰神学会拒绝了人民党的再次邀请，要求总理吉拉尼辞职，称吉拉尼已经破坏了联盟伙伴之间的和解，他的行动引起了国家政治的不稳定，只有在总统扎尔达里解除吉拉尼总理职务的前提下，伊斯兰神学会才会考虑返回联合政府。

作为执政联盟中的第三大政党，人民民族党在伊斯兰神学会退出执政联盟后撤回了对人民党的公开支持。

穆斯林联盟（志同道合派）领导人萨利姆·赛义夫表示，希望伊斯兰神学会领导人拉赫曼能重新回到执政联盟，并表示，其政党不会做动摇民主政府的事。他还认为，所有党派应以国家利益为重，不应计较个人得失。

穆斯林联盟（领袖派）希望现政府能完成其五年任期，但谴责对斯瓦蒂的解雇，对伊斯兰神学会退出执政联盟表示赞赏，称这一行为改变了巴基斯坦政局。

伊斯兰神学会退出执政联盟后，各党派联系频繁。12 月 17 日，穆斯林联盟（领袖派）与伊斯兰神学会举行会议，人民党代表团与伊斯兰神学会领导人举行会谈，18日穆斯林联盟（志同道合派）领导人与统一民族运动党领导人通电话。

伊斯兰神学会在国民议会中只占有8个席位，因此对人民党的执政地位并没有造成影响，但统一民族运动党宣布退出内阁，对人民党的执政造成了一定压力和冲击。①

① http://www.thenews.com.pk/TodaysPrintDetail.aspx?ID=2692&Cat=13

2010年巴基斯坦中央与地方关系发展

胡　晔　蒋　锐

2010年巴基斯坦联邦政府同地方政府的关系主要有以下几个特点：第一，政治上，合作与分歧并存。主要表现为，宪法第18修正案在各方角力中通过，西北边境省改名问题在相互妥协中实现等。第二，安全上，联邦政府与各地方政府加强合作，中央加大对各省以及直辖区的支持，但各省以及联邦部落直辖区的安全形势依然令人担忧。第三，经济上，中央除了继续加大对地方经济发展的支持外，尤其注重对传统落后地区在财政、资金、项目等方面的支持与倾斜。第四，洪灾中，中央与地方共同努力应对，有一定成效，但也发生了一些例如资金被挪用等问题，灾后重建任务任重道远。

一、旁遮普省

旁遮普省位于巴基斯坦东北部，是巴基斯坦人口最多的省份，以旁遮普族为主，首府拉合尔。时任首席部长是夏巴兹·谢里夫，省长为萨勒曼·塔希尔（2011年1月被枪杀）。旁遮普省目前是最大反对党巴基斯坦穆斯林联盟（谢里夫派）掌控的省份，因此与联邦政府的关系较为微妙，由于巴基斯坦穆斯林联盟（谢里夫派）在该省实力强大，因此，联邦政府需要协调与巴基斯坦穆斯林联盟（谢里夫派）的关系。

政治上：第一，旁遮普省在国家改革和省的建设方面和联邦政府较为一致。在宪法修正案等问题上支持中央政府。4月3日，旁遮普省首席部长夏巴兹·谢里夫称，宪法改革将会改善联邦与地方的关系，并强调所有的政党都应该支持宪法第18修正案的通过。同时，10月23日，总理吉拉尼在参加旁遮普省人民党成员集会时，敦促人民党成员认真准备将于2011年举行的地方政府选举。第二，中央和地方两级人民党都对巴基斯坦穆斯林联盟（谢里夫派）施行和解政策，并在一定程度上加强了合作。10月14日，总理吉拉尼与旁遮普省首席部长夏巴兹进行电话会谈，双方表示，将在人民党和穆斯林联盟（谢里夫派）之间继续执行和解政策。1月3日、9日，总理吉拉尼与穆盟（谢里夫派）领导人纳瓦兹·谢里夫举行会谈，讨论了重要的国内问题，尤其是民主宪章的早日恢复，废除宪法第17修正案及宪法第58-2B条款、问责制提案等。

安全上：旁遮普塔利班在旁遮普南部的大部分地区极为活跃，中央和地方密切配合，予以打击，但安全问题依然令人担忧。第一，2010年，旁遮普省多次发生自杀式爆炸、恐怖袭击等安全问题。例如，3月12日，拉合尔市发生连环恐怖袭击，至少造成40多人死亡，100多人受伤。第二，事件发生后，联邦和旁遮普省政府加强合作，打击恐怖主义，联邦政府给予地方政府较大支持。3月16日，继几天前在伊克巴尔镇发现了1500

公斤炸药后，警察又在旁遮普省拉合尔市发现了3000公斤炸药、4挺机枪等大批军火。5月28日，拉合尔加尔希沙湖街区和模特镇的两座清真寺遭武装分子袭击，至少造成70人死亡，78人受伤。警方在袭击现场逮捕了1名袭击者，并对其进行了审讯。总统扎尔达里、总理吉拉尼均对此次袭击事件表示谴责。巴基斯坦内政部长马利克表示，发生在拉合尔的袭击事件有外国情报机构的参与，巴基斯坦正在调查此事，一定要把幕后黑手绳之以法。6月1日，拉合尔一家医院遭到武装分子袭击，6月5日，总理吉拉尼在出席巴欧峰会后，回到国内即要求相关部门呈递拉合尔纵火事件的详细信息，并指示有关部门继续调查。

经济上：联邦政府继续支持该省的经济发展。第一，应对通胀的压力，联邦政府和旁遮普省加强合作。10月26日，穆斯林联盟（谢里夫派）领袖谢里夫要求政府根除腐败，以遏制国内飞涨的物价。第二，中央支持旁遮普的大型建设，关注民生工程。1月12日，粮食与农牧业部长纳扎尔·穆罕默德·贡达尔通知议会说，政府准备修建32座大坝以应对未来的水资源需求。12座小型和中型大坝的建设已经开始，两座在旁遮普的大坝将很快开工。1月20日，巴总统扎尔达里出席在拉合尔政府大楼举行的萨特累季河大桥开工仪式，通过该桥把光纤宽频网络连接到旁遮普南部。第三，联邦政府对各省的限电政策在该省引起社会广泛不满。据《黎明报》报道，4月23日，全国绝大多数城市里的生意人都拒绝执行政府发布的晚上8点后必须熄灯的规定。他们说，如果要停电的话，伊斯兰堡和拉瓦尔品第的商店也应该在晚上8点停电，而不是10点停电。第四，中央加大对旁遮普省的税金支持，3月20日，总统扎尔达里公布了2010年税收及补助金分配规则，其中，旁遮普省占51.74%。

二、信德省

信德省是巴基斯坦东南部的省，东邻印度，南濒阿拉伯海，面积14.09万平方公里，人口主要为信德族。首府卡拉奇，时任首席部长奎姆阿里夏，省督赛义德。虽然统一民族运动党（MQM）在2010年信德省的地方选举中获得了一些胜利，但信德省是人民党传统掌控的省份，因此联邦和信德省地方的关系较为协调。安全上，信德省的安全形势依旧十分严峻，恐怖活动猖獗。经济上，联邦中央大力扶植信德省。

政治上：第一，信德省支持联邦政府，宪法第18修正案得以顺利通过。2月19日，巴总统、总理与信德省行政长官举行会议，讨论了各省当前的形势，以及恢复1973年宪法的想法。4月8日，国民议会通过了宪法第18修正案中的第3条款，同意改变信德省的拼音。第二，地方选举分歧较大，统一民族运动党和人民党在信德省的地方选举中都获得了一些胜利，但是党际分歧犹存，特别是关于海德拉巴地区问题。1月15日，信德省首席部长阿里·沙代表人民党和统一民族运动党协商，同意在信德高级官员任期结束后90天内，举行地方选举。5月8日，总理吉拉尼表示，海德拉巴地区将会重新成为一个整体。5月9日，统一民族运动党协调委员会收到信德政府部长的辞职信，人民党和统一民族运动党关于恢复海德拉巴地区的争执有所加深。

安全上：2010年，信德省的安全状况进一步恶化，政府应对效果不大。第一，安全事件频发。如，1月发生卡拉奇枪杀事件，卡拉奇爆炸事件；4 月发生向 3 名小女孩泼硫酸事件；6 月 28 日，一辆汽车在海德拉巴市郊区一处商业区内的停车场发生爆炸，多辆汽车和商铺被毁，附近一座清真寺也被损毁，造成至少十人死亡，39 人受伤。第二，联邦和信德省通力合作，应对暴力恐怖事件，但是效果不大。1 月 12 日，总统扎尔达里主持高级别的法律与秩序会议，审查最近的法律和秩序形势以及发生在卡拉奇的枪杀案件，会上同意信德省首席部长的提议，成立了和平委员会。1 月 31 日，总理吉拉尼要求信德省向他提交最近发生在卡拉奇的枪杀事件的报告。10 月 20 日，巴基斯坦总统扎尔达里在总统府会见联邦内政部长马利克和信德省内政部长米尔扎时表示，不允许一小撮邪恶因素扰乱国家经济中心的和平与稳定，要不惜一切代价恢复卡拉奇的和平。第三，加强立法合作，应对恐怖暴力事件。10 月 18 日，内政部长马利克在卡拉奇表示，政府反恐法律存在漏洞，联邦政府和省政府已经要求法律部门解决这些漏洞。

经济上：联邦政府支持信德省的经济发展。第一，大力修建民生工程，联邦政府利用外国投资，辅助支持地方工程建设。1 月 12 日，粮食与农牧业部长纳扎尔·穆罕默德·贡达尔通知议会说，政府准备在信德省建设的大坝能在近期开工。4 月 4 日，总统扎尔达里参加位于拉卡纳地区瑙德罗的一个 51 兆瓦发电厂的开幕仪式，这个发电厂是由国际投资实现的。第二，在财政上大力支持信德省的建设。1 月 28 日，总统扎尔达里表示，他希望卡拉奇成为一个模板城市。该城市会有一个很大的财政预算，将发展包括贝布托医疗学院、低租金住房、公路等多项工程。3 月 20 日，总统扎尔达里公布了 2010 年税收及补助金分配规则，信德省占24.55%。

三、俾路支省

俾路支省位于巴基斯坦西南部，面积约35万平方公里，占国土总面积的43.6%，为全国最大省份。人口716.7万，占全国总人口的5%，为人口最少的省份，是四个省份中经济最落后的省份。整个省区划分为29个区，首府奎塔，时任首席部长纳瓦布·穆罕默德·阿斯拉姆·拉萨尼。

政治上：第一，联邦政府与俾路支地方政府的关系逐渐缓和，联邦政府加大对俾路支地方政府的支持，而俾路支政府也加强了对中央政府的支持。1月18日，总理吉拉尼指示内政部长，立即将俾路支领导人的名字从处境管制名单中删除。2月9日，总统、总理与俾路支省行政长官举行会议，讨论各省当前的形势以及恢复1973年宪法的想法。10月17日，总统扎尔达里在总统府会见俾路支首席部长纳瓦布·穆罕默德·阿斯拉姆·拉萨尼，双方就涉及俾路支省的法律和政治问题进行了会谈。第二，加强联邦与俾路支官员的任职交流。3月22日，总理吉拉尼建议总统扎尔达里任命俾路支斯坦省审计与会计服务长官阿西夫·奥斯曼·汗为巴基斯坦总审计长。第三，加强俾路支的法律建设，1月24日，总理吉拉尼周日宣布，政府将投资2000万卢比，用于法律队伍建设。

安全上：安全形势有所好转，但依然严峻。第一，恐怖暴力事件时有发生。4月16日，1名自杀式袭击者在奎达市的一家民用医院引爆自己身上的炸弹，造成11人死亡，35人受伤。4月

27日，俾路支大学的1位女教授遭到两名蒙面骑摩托车男子的枪击身亡。10月4日，俾路支省发生了2起枪杀事件，造成3人死亡、2人受伤。第二，联邦政府支持俾路支省的反恐，中央政府与地方政府合作加强。一是呼吁和平。2月25日，总统扎尔达里敦促俾路支部落领导人不要诉诸武力，政府承认他们的权利，并且保证将尽全力帮助他们，他也要求俾路支人民接受政府的领导。二是加强预防。5月21日，政府在奎达粉碎了一起类似于卡拉奇的枪杀的阴谋。边境警察等国家强力部门人员在街道巡逻，处理突发事件。三是加大地方权力。9月20日，内政部长马利克表示，联邦政府控制的边境警察部队从现在起将由俾路支省省长指挥。

经济上：作为巴基斯坦传统的落后地区之一，联邦政府大力支持俾路支省的发展，并在相关政策上给予倾斜。第一，中央政府领导人多次在不同场合表示，加大对俾路支省经济发展的支持。2月3日，总理吉拉尼对俾路支省省督说，政府给予该省优先发展的权力，并且将向该省提供资金和必需品。同月24日，总统扎尔达里在会见俾路支长老和部落领导人时表示，政府将采取一切措施提升俾路支的经济社会地位，促进俾路支的发展。他说，俾路支省作为巴基斯坦最大的省，却被忽视了近60年，政府已经下决心改变这种状况。5月11日，总理吉拉尼说，政府将会集中精力发展落后地区，使之成为发达地区。6月18日，总理吉拉尼在总理府接见俾路支省的代表时重申，政府将继续提升俾路支省的经济状况，提高该省人民的生活水平。第二，财政上大力支持，创建俾路支改革计划。2月18日，省际协调部长米安拉·扎拉巴尼主持召开了俾路支一揽子改革计划会议，会议期望建立一个监督机制以监督计划的实施；4月14日，扎尔达里谈到了俾路支一揽子改革计划。6月24日，总理吉拉尼在总理府接见到访的俾路支议会代表团时表示，政府将继续支持俾路支一揽子改革计划。3月1日，巴议会秘书贝格姆·费尔哈特·汗说，总理吉拉尼已经同意4亿卢比的政府开支，这笔钱将被用于巴卡尔地区的天然气工程和其他一些改善民生的工程。3月20日，巴基斯坦总统扎尔达里公布了2010年税收及补助金分配规则。其中，俾路支省占9.09%；4月21日，吉拉尼会见俾路支省的代表，优先支持俾路支省建筑和基础设施建设。

四、开伯尔—普什图（原西北边境省）

开伯尔—普什图是巴基斯坦最小的省，面积7.45万平方公里，是普什图族和其他民族的家乡，首府白沙瓦。首席部长阿米尔·海德尔·汗霍蒂，省督加尼。2010年，围绕开伯尔—普什图与联邦政府的关系，莫过于它的改名以及由此引发的一系列事件。

政治上：第一，支持联邦政府在议会通过宪法第18修正案，但是中央和地方矛盾犹存。2月9日，巴总统、总理与西北边境省行政长官举行会议，讨论各省当前的形势以及恢复1973年宪法的想法。第二，难民问题得以解决。2月10日，巴新闻与广播部长凯拉说，每一个被登记的西北边境省的难民，将重新恢复其权利，政府将为其提供援助。第三，西北边境省改名问题时起波澜，关于新省名，在西北边境省执政的人民民族党和省议会的反对党穆斯林联盟（谢里夫派）之间的分歧不断。4月8日，国民议会通过了宪法第 18 修正案中的第 3 条款，同意将西北边境省改名为开伯尔—普什图。4 月 10 日，西北边境省改名问题再掀波澜。穆斯林联盟（领袖派）的持不同政见者与其他政党联手，阻止修正案在参议院通过，他们试图在国会提交一份决议，为第 19 修正案铺平道路。13 日，在哈扎拉地区，抗议西北边境省改名所引起的骚乱导致 1 名市民死亡，数人受伤。因此，西北边境省首席部长与纳瓦兹·谢里夫会谈，双方一致同意政治解决哈扎拉地区问题。4 月 24 日，对于西北边境省改名问题，总理吉拉尼说，将西北边境省改名为开伯尔—普什图符合该省大多数人的意愿，这个决议也被省议会采纳，同时，他又强调，尊重大多数人的意愿并不代表政府忽视了哈扎拉人民的感受，政府完全认识到了哈扎拉人民的被剥夺感。

安全上：联邦政府与地方加强合作，但安全形势依然堪忧。第一，恐怖暴力袭击事件时有发生。2 月 27 日，拉基玛瓦地区的一个警察局发生自杀式爆炸袭击，造成 7 人死亡（其中 2 名警察），23 人受伤。3 月 5 日，1 名自杀式袭击者冲向保安部队护送的什叶派穆斯林车队，造成 12 人死亡，30 多人受伤。9 月 6 日，开伯尔—普什图城西部城市发生爆炸袭击，造成 19 人死亡，其中包括 9 名警察。10 月 5 日，在开伯尔—普赫图赫瓦省的达拉阿达姆海尔镇，一座清真寺发生自杀式爆炸，造成 95 人死亡，60 人受伤。第二，联邦政府与地方加强合作，共同应对恐怖暴力事件。2 月 28 日，内政部长马利克任命一个联合调查组，严查发生在 27 号的恐怖袭击。5 月 19 日，总理吉拉尼表示，政府将加大对开伯尔—普什图的支持力度，提高该地区的安全措施级别。

经济上：联邦政府继续支持开伯尔—普什图的经济发展。第一，建立各种发展计划。1月7日，总理吉拉尼宣布将实施灌溉计划，这将帮助该省小麦产量实现自给自足。同月20日总理又表示说，政府将在马拉坎地区启动两项发展计划，以便与国际援助机构一起复兴该地的旅游及社会经济发展。第二，加大财税支持。3月20日，总统扎尔达里公布了2010年税收及补助金分配规则。其中，西北边境省占14.62%。

五、联邦直辖部落地区

联邦直辖部落地区（FATA）位于巴基斯坦西北部，该地区接近阿富汗，面积27，220平方公里，人口3，138，000（2003年）。包括7个部落特区（Agency）：巴朱尔、开伯尔、吉勒姆、莫赫曼德、奥拉克扎伊、北瓦济里斯坦、南瓦济里斯坦特区，以及其他6个较小的部落区。这里居住着实际处于自治状态的三百多万普什图人。

政治上：第一，政府反复强调优先发展该地区。总理吉拉尼1月13日在接见联邦部落区领袖时强调，政府将优先发展联邦部落地区，并为其发展提供最大帮助。2月22日，总统扎尔达里在接见部落直辖区议会代表团时承诺，政府将从政治和经济层面提升部落地区的发展，部落地区的人民将享受与其他地区同样的发展权。他还表示，等到部落地区的安全状况稳定后，政府就会推进政治改革。联邦直辖区的代表们则对总统对部落地区的关心表示感谢，并希望政府能加大在联邦直辖区的投资力度。由此可见，联邦政府对于发展该地区的决心是坚定的，同时也提高了对该地区的重视程度，总理吉拉尼3月14日表示，当FATA地区恢复和平之后，政府将恢复各个政党在此地区的活动，到那个时候，部落地区的人民就将进入国家政治发展的主流。此外，4月14日，参议员在讨论宪法第18修正案时认为，省份的自治权是积极的一步，对省份、对国家发展来说都有好处。穆盟（领袖派）的参议员表示，西北边境省可以更名，但是应该有个合适的名字，并表示FATA也应该改名。这也是首次提及FATA地区改名。5月14日，总理吉拉尼表示，政府将会在下一个财年中大力发展联邦部落直辖区，促进该地区经济、社会的稳定和发展。第二，在保障该地区人民权利的问题上，联邦政府做出积极的努力。1月31日，总统发言人巴巴尔表示，人民党尊重部落的意见。FATA地区的改革方案已经宣布。法塔地区将会提供保释的权利。儿童、妇女和老人将不会再被扣留。另外，2月21日，新闻与广播部长凯拉表示，每一个登记的法塔地区的难民，将会重新恢复其权利，政府为其提供援助。

安全上：2010年上半年，该地区的恐怖活动较为集中，给联邦政府打击恐怖主义带来了巨大的困难。第一，安全事情频发。1月26日，安全部队在古勒姆特区发生的冲突中击毙了15名恐怖分子。1月30日，总统扎尔达里和总理吉拉尼强烈谴责发生在巴焦尔的爆炸事件，并对遇难者表示哀悼。4月17日，西北科哈特地区一处难民营先后发生两次爆炸，造成20人死亡，30人受伤。总统、总理及联合国官员均对此事表示谴责。此外，由于军事行动，居住在巴阿边境部落地区的居民有约20万人逃亡。从2009年11月至今，有超过3.5万家庭（大约21万贫民）逃离了奥勒格宰和古勒姆。第二，政府对该地区的恐怖主义活动采取了应对措施，也有一定成效，例如，3 月 5 日，30 多名恐怖分子在政府军对莫赫曼德部落地区的轰炸中死亡，其中包括“巴基斯坦塔利班运动”的二号人物法基尔·穆罕默德，塔利班重要指挥官卡里·齐亚·拉赫曼，以及斯瓦特地区塔利班的重要头目法塔赫·穆罕默德。6 月 9 日，外长库雷希表示，北瓦济里斯坦将会是政府下一个打击恐怖主义的优先目标。但由于该地区组成部分较多，政府的反恐任务依旧任重而道远。

经济上：4 月 8 日，总理吉拉尼表示，提升和发展联邦直辖部落区的经济是政府的首要任务，政府将采取措施改善当地居民的生活条件。他指示新当选的地方议会代表，要注重发展计划的优先次序，以最重要的需求为主要目标，监督工作进展，这样才能省时、保质地完成任务。

六、洪灾期间的中央与地方关系

自 2010 年 7 月开始，巴基斯坦普降大暴雨，全国各地均不同程度受到了此次强降雨的影响，其中最为严重的西北部地区遭受了罕见的洪灾。据巴基斯坦联邦洪灾委员会 8 月 8 日发布消息称，迄今为止，巴基斯坦洪水导致至少 1249 人丧生，4717 人受伤，274377 间房屋损毁或部分损毁，2958665 人受灾；1876771 英亩农作物受影响。其中旁遮普省至少有 90618 间房屋、开伯尔—普赫图赫瓦省有 156934 间房屋、俾路支斯坦省有 19619 间房屋、联邦部落直辖区有 1389 间房屋、吉尔吉特－巴尔蒂斯坦有 2336 间房屋、自由克什米尔有 3454 间房屋被破坏或被毁。此外，旁遮普省有 1472 个村庄、开伯尔—普赫图赫瓦省有 468 个村庄、俾路支斯坦省有2584个村庄、吉尔吉特－巴尔蒂斯坦有193个村庄，共4717个村庄受到洪水影响。据联邦洪灾委员会发布数据显示，截至2010年8月18日，这次洪灾已经造成至少1540人死亡，2088人受伤，6311691人受到影响，10942个村庄受到影响。而从9月22更新的数据来看，洪灾已造成1902人死亡，2994人受伤。联合国人道主义事务协调厅发言人在接受BBC采访时说，巴基斯坦当前洪水造成的破坏比海地地震、2005年克什米尔大地震、2004年印度洋海啸更严重。

面对这场严重的洪灾，巴基斯坦联邦政府与地方政府密切合作，对受灾严重的省区给予最大程度的援救。

开伯尔—普什图省在巴基斯坦全国5省中受灾最为严重，据该省信息部长表示，截至8月5日，洪灾已经导致该省847人丧生，720608人无家可归，另外还有420万人不同程度地受洪水影响。2010年7月30日，总理吉拉尼抵达开伯尔—普什图省，并在白沙瓦与该省政府官员进行会谈，他表示，联邦政府将与该省人民团结一致，全力救助受灾群众。在白沙瓦机场作短暂停留后，吉拉尼搭乘直升机，亲自察看了受洪水影响的地区，并表示，联邦政府将全力支持该省政府为减轻灾难给人民带来的痛苦所采取的措施。

在救援资金方面，开伯尔—普什图赫瓦省政府于7月30日宣布，冻结该省所有发展计划基金项目，把这些资金全部用于救灾，直至8月4日，该省省政府已经冻结了600亿卢比的年度发展项目并无限期禁止首席部长、省部长、省议员、公务员的外国旅游。这些钱将用于重建遭受洪灾地区的基础设施。

在救援物资方面，截止到7月30日，已有17架直升机参与了救援和救灾行动，而其中7至10架是由联邦政府提供，此外，50艘救灾用船已到位，并按需要分配。8月1日，巴基斯坦内阁紧急救援处向开伯尔——普赫图赫瓦省的受灾民众派送救援物资。救援物质包括15000袋家庭口粮包、5000顶帐篷、5000床毛毯、10000床塑料席和3000件夹克。

俾路支斯坦省在此次洪灾中的受灾情况也较为严重。据俾路支省灾害管理中心负责人介绍，到7月25日止，山洪已导致俾路支省70人死亡。面对紧急情况，总理吉拉尼表示，联邦政府已委派国家灾害管理委员会和其他有关组织，协助救援工作。此外，他还表示，联邦政府将对该省政府提供一切可能的援助，并呼吁公众代表考察洪水灾区，协助救援行动，评估本地区的需要，并传达给联邦和省级相关机关。

此外，9月5日，总统扎尔达里在会见信德省政府成员时，强调要把重点集中在洪灾后的重建上。总理吉拉尼当天在信德省内阁会议上表示，将加强在洪灾救援行动上联邦与地方各部门之间的合作。

巴基斯坦联邦政府在此次洪灾中发挥了重要的领导作用，在抓紧抗击洪灾的同时，也不断协调同地方政府的关系，特别是在救灾、重建的资金问题上，加强了中央与地方的协调合作，相互监督，例如，8月1日，总理吉拉尼建立了总理洪水救济基金，以援助受洪水影响的民众。巴基斯坦国家银行的各分行将接受捐赠，此外，内阁成员将向救灾基金捐赠一个月的薪水，在17级以上的官员将向救灾基金捐赠一天的薪水。总理吉拉尼也于当天向联邦各部部长发出指示，要求他们分别对全国各地不同受灾地区进行考察，并对受灾地区人民的需求进行评估，此外还要求在其考察期间同国家灾害委员会进行配合，以便救灾和灾后重建工作，从而纾解民困。

8月15日，总理吉拉尼与穆盟领导人谢里夫会谈，双方一致同意设立一个委员会，监督向受灾民众分发救灾援助的情况。此项决议是在双方对洪灾破坏程度以及救灾和重建工作的各项细节进行详细会谈后公布的。双方表示，此项机制的建立将确保捐赠物和捐款在分配给受灾民众时做到公平、公正、合理。9月11日，谢里夫高度评价总理吉拉尼及时划拨赈灾基金的行动，使旁遮普省政府能向受灾民众发放2万卢比的第一笔救灾款。

9月1日，总理吉拉尼指示联邦政府，从天课基金中向各省和地区发放40.5亿卢比款项。其中，旁遮普省、信德省和开伯尔—普赫图赫瓦省各11.5亿卢比，俾路支斯坦省4亿卢比，吉尔吉特-巴尔蒂斯坦和联邦部落直辖地区各1亿卢比。

9月5日，总统扎尔达里在开斋节来临之际到位于卡拉奇郊区的难民营慰问受灾的难民，并向他们表达节日的祝福。总理吉拉尼也在伊斯兰堡、信德省和俾路支省的难民营慰问灾民，并宣布政府已经开始在全国范围内向每位灾民提供2万卢比的救济金。在开斋节献辞中，总统号召国民给予灾民帮助，以解决他们的苦难，并保证向受灾省份支付的款项透明。

当然，在整个救灾过程当中也出现了一些不和谐的声音，例如，据巴基斯坦《黎明报》8月10日报道称，少数省区、地方领导人抱怨和指责政府在救援被困群众时缺乏食物和药品，缺乏协调。对此，吉拉尼表示，联邦和省级政府之间的确存在缺乏协调的情况，并表示他已成立一个三方协调小组，以协调救济活动。在被问及关于建设卡拉巴大坝（Kalabagh Dam）以避免未来的灾害问题时，总理说，大坝已被高度政治化，它只能在各省协调一致的情况下方能建成。此外，8月1日，联邦法律部长阿旺批评旁遮普首席部长谢里夫在视察洪灾地区时发表政治声明。阿旺说，民众拒绝洪灾被政治化的行为，视察灾区应该把注意力放在减轻洪水给人民造成的困难上。

在此情况下，为了避免内部出现各种矛盾而给救灾工作带来不利影响，总理吉拉尼8月4日表示，现在是所有政党和民间社会的爱国力量伸出援助之手的时候，以补充政府的救灾工作。此外，他极力主张，所有政治力量协调起来共同努力，而不是在国家面临考验的时候，利用这场灾难来提高各自的政治地位，各党派都应该认识到，减轻洪水给人民带来的痛苦才是当前唯一的目标。

由此可见，在自然灾害面前，人民党领导的联邦政府与各地方政府共同协调、齐心协力抗击灾难。在国内各方的努力以及世界各国的援助下，巴基斯坦的灾后重建工作已经取得了重要进展。

俾路支斯坦省经济发展计划的实施进展

张仁枫

一、2010年俾路支省发展计划进程

2010年，俾路支省发展计划继续推进，[①] 巴基斯坦政府高度重视，并积极行动，但安全形势仍然严峻。总体看，2010年俾路支省发展计划主要在以下几个方面表现突出：

（一）联邦政府高度支持

自俾路支省发展计划实施以来，巴政府非常重视，在很多领域给予俾路支省优惠和特殊待遇，并先后发起了一系列开发项目，以稳定俾路支省的经济发展和人民的生活水平。

2010年1月12日，总理吉拉尼在总理府接见由俾路支省首

① 俾路支省为巴基斯坦最大省份，经济发展缓慢，这是由于历史以及其他原因综合作用的结果。目前，巴基斯坦政府给予俾路支省的优惠政策包括：出口加工区和工业区优惠政策、出口特别优惠政策以及有关投资政策和便利措施。

席部长纳瓦布阿斯拉姆雷桑尼（Nawab Aslam Raisani）带队的内阁代表团时说，联邦政府将为俾路支省的社会经济发展提供所有可利用的资源。吉拉尼说，俾路支一揽子计划（Aghaz-e-Haqoo Balochistan package）要处理人民的疾苦还有很长的路要走。吉拉尼指示中央发展工作组（CDWP）计划委员尽快召开一次关于俾路支省的特别会议，以便完成俾路支省发展计划下的发展项目。他将亲自主持和监督关于俾省发展计划的会议。政府面临的最重要的任务是加快为俾路支省各地区的电力、水资源和天然气设立法律条款。吉拉尼说，联邦政府将保证拨付资金用于扩展和开发具有重要的贸易潜力和战略意义的瓜达尔港。这将不仅有利于消除贫困，提升俾省的社会经济发展，而且通过过境贸易，有利于整个国家的经济。

为了提高瓜达尔与其他地区的连通性，总理指示国家高速公路局尽快完成瓜达尔—Rato Dero 道路的建设。他说，完成剩下的 40%的道路建设和连接巴其他地区的铁路建设，将会拉动经济、创造就业并为当地居民带来正面影响。瓜达尔港将不仅是内陆的贸易通道，而且是包括中亚国家和中国等在内的地区国家的贸易通道。吉拉尼批准在锡比（Sibbi）、纳什拉巴德（Nasir-abad）和奎达（Quetta）分别建立三所有旅馆设施的大学，他强调，教育将帮助该省的经济提升，联邦政府高度重视该领域。政府将为俾路支省的大学毕业生解决就业，并为被录取的学生提供技能培训。政府将在技术上给予资源开采优惠，以利于俾省人民从中获得最大的利益。国家财政委员会已经签署裁决，将给俾省提供更多的资源，改善医疗条件以及教育和基础设施。

2010 年 5 月 25 号，巴内政部长马利克在巴国防大学第三届媒体会议上说，政府正致力于俾路支省的发展和繁荣。政府正采取切实措施，提高俾路支省人民的生活水平，俾路支一揽子计划(Aghaz-e-Haqoo Balochistan package）正是这一方面的范例。联邦政府正在与俾路支省政府合作，进一步加强俾路支省的法制建设，为了达成这些目标，一切可利用的资源都将被利用。内政部长还向与会者具体介绍了政府为消除俾路支省贫困和进一步稳定该省的安全局势所作出的努力。

（二）政府实施一系列措施

2010年2月25日，巴总统扎尔达里在俾路支省首府奎达召开的俾路支省发展计划通报会上通报了一系列开发项目的进展情况，主要包括：

在2009年公布的俾路支省社会经济发展39点计划下，俾路支省政府高度重视，每年安排830亿卢比资金用于消除贫困和发展经济。俾路支省还从联邦政府获得1200亿卢比资金用于开采天然气，山达克项目（Saindak project）的所有权也已经转移给了该省。

拉克帕斯隧道（Lakpass Tunnel）已经完成，共花费9.21亿卢比。

位于奎达南部27公里的拉克帕斯隧道（Lakpass Tunnel）的建设正在进行。该隧道是通过国道40（N－40）连接该省首府和伊朗以及通过国道25连接卡拉奇的最短路线，既方便人民的生活，减少交通时间，也降低了运营成本，方便农场与市场的联系。

长达 50 公里的国道 50 的卡努扎伊—穆斯林·巴格（Kanozai-Muslim Bagh）路段已经完工，该路段共耗资 11.69 亿卢比。长达 50 公里的国道 50 的穆斯林·巴格—奇拉·赛夫拉道路项目（Muslim Bagh-Qila Saifullah Road Project）也已经完工，共耗资 16.67 亿卢比。

132 千伏的瓜达尔工业电力站位于瓜达尔朝向沿海公路上的帕斯尼方向，距离瓜达尔 40 公里。由于该地区没有电力来源，在联邦政府的支持下，该项目已经完工，共耗资 1.65 亿卢比，该项目的完工不仅有利于这一地区的工业发展，而且还可以为当地的居民提供就业机会，加快社会经济发展。

132 千伏的胡母扎伊电站（Hurmzai Grid Station）完工，共耗资 3 亿卢比，该电站距离奎达大约 50 公里，位于比辛区（Pishin）的管辖范围。该地区以农业为主，以前只能从 66 千伏的 Alizai 电站和 132 千伏的雅鲁（Yaru）和比辛电力站获取电源，如今，胡母扎伊电力站的完工将使该地区的电源更加稳定，居民更加方便。

长达 150 公里的奇拉·赛义夫拉—兹霍布公路项目是全球 PC－1 项目的一部分，于 2010 年 1 月由国家经济理事委员会认证通过，将在三年内完工。联邦政府将继续拨发给俾省的发展资金，并加快各个项目工程的审批进程，以便人民从中获益。

扎尔达里在会上还简要介绍了俾省的社会经济状况、经济发展潜力和 2009－2010 年度联邦政府和省政府的公共领域发展计划以及俾路支省发展一揽子计划等情况。

在省政府 2009－2010 年公共领域发展计划下，已经安排了 185.363 亿卢比的资金，其中 134.29 亿来自地方，另外的 51.07

亿卢比在财务规划协会控制下，这些资金正被用于有关道路、教育、医疗、水供应和公共医疗工程的349个在建发展计划的完成和293个新的发展计划。在联邦政府2009－2010年公共领域发展计划下共有262个项目正在实施，共投资489亿卢比，其中包括223个俾路支省特殊项目，耗资431亿卢比，39个大型项目，耗资58亿卢比。在俾路支省特殊项目中，有85亿卢比安排给国家高速公路局负责的道路建设；149亿卢比用于水方面的项目，包括大坝建设，Patfeeder水渠和Kachi水渠的扩展；37亿卢比用于电力供应项目；25亿卢比用于教育项目；19亿卢比用于法制建设；11亿卢比用于瓜达尔项目。

会议指出，俾路支省发展计划是联邦政府的重大项目，包括为失业的大学生提供2万个工作岗位、高等教育委员会提供奖学金特殊配额、俾路支省政府批准的大规模工程的启动、在瓜达尔为当地青年提供技术培训以及设立经济特区等。联邦政府将从山达克项目中拿出20%的份额给予俾路支省，并向Kohlu区的当地部落提供特殊激励政策以方便开发。

俾路支省总督纳瓦布·佐勒菲卡尔·马克西（Nawab Zulfiqar Magsi），首席部长纳瓦布·穆罕默德·阿斯拉姆·雷桑尼（Nawab Muhammad Aslam Raisani），包括信息与广播部长恰玛尔·扎曼·凯拉（Qamar Zaman Kaira）、水利水电部长拉杰·帕尔瓦兹·阿什拉夫（Raja Parvaiz Ashraf）、工业部长阿亚图拉·都拉尼（Ayatullah Durrani）、交通部长阿巴布·阿拉姆吉尔（Arbab Alamgir）、住房与工程部长雷玛图拉·卡卡尔（Rehmatullah Kakar）、邮政服务部长米尔·以斯拉鲁拉·择日（Mir

Israrullah Zehri）等在内的联邦部长们也出席了此次会议。[①]

6月22日，巴基斯坦俾路支省政府向省议会提交下财年（2010年7月至2011年6月）财政预算方案。其中，预算支出为1520.17亿卢比（1美元约合85卢比），较上财年增长100%。其中，经常费用支出834.4亿卢比，资本支出418.1亿卢比，公共项目支出220.26亿卢比，其他47.41亿卢比。预算收入为1449.17亿卢比，其中，财政收入1155.2亿卢比，包括联邦政府分配收入830亿卢比、直接转拨资金164亿卢比、天然气发展附加费收益120亿卢比、其他41.2亿卢比。资本收入293.97亿卢比。预算赤字为71亿卢比，由省政府自行解决。

各行业预算费用分别为：公共服务185.65亿卢比，教育173.28亿卢比，治安125.05亿卢比，经济91.07亿卢比，住房66.8亿卢比，卫生服务74.43亿卢比，娱乐，文化与宗教22.26亿卢比，社会保障7.82亿卢比，补贴4.18亿卢比，地方政府赠款4亿卢比，还债4.391亿卢比等。

联邦政府和俾路支省政府都非常重视俾省的发展计划，并在一些领域获得了业绩。

7月4日，在俾路支发展计划下，俾路支省政府确认了3974人次的招聘面试信，其中包括1362名女性，这些人员来自俾省的25个区，都将参加政府安排的笔试和面试。联邦政府已经公开为5000个岗位提供2亿卢比的薪水，这些资金可帮助俾省发放两年的薪水。超过5000个职位提供给俾路支省受过教育的青

① 消息来源于俾路支省政府网站：http://www.balochistan.gov.pk/index.php?option=com_content&task=view&id=988&Itemid=557

年，他们即将赴任联邦政府直辖的部门和企业。

3月7日，联邦政府宣布12项与俾路支省发展计划的财政条款有关的提案已经执行，这些提案的目的在于改善俾路支省人民的社会和经济状况。另有20项提案正在后续准备阶段，并将很快执行。

（三）国际合作不断推进

俾路支省自然资源丰富，发展潜力非常巨大，近年来，在联邦政府和省政府的高度重视下，该省吸引了越来越多的国外公司前来投资与合作。这些外国公司包括合作开采雷克迪克铜金矿的澳大利亚BHP Billiton公司，Tethyan铜业公司和智利的Antofagasta公司，以及承建瓜达尔港的中国港湾工程公司和经营瓜达尔港的新加坡港务局（PSA）等。

2010年，俾省的国际合作又有一些新进展。据巴基斯坦《新闻报》4月17日报道，巴基斯坦日前批准新加坡港务局（PSA）在瓜达尔港修建一座铁矿石和煤炭码头，预计投资1.3亿美元。目前，该局已经完成航道测试工作，土壤调查实验将在两个月内完成。前期工作完成后，泊位设计施工将在两年内完成。该码头的修建将有助于矿产出口，创造更多收入，促进矿产大省俾路支省的经济发展。

据巴基斯坦《黎明报》10月29日报道，智利银行副总裁卢克希奇（Andronico Luksic）日前在会见巴基斯坦投资委员会官员时称，智利有意参与开发位于俾路支省的雷克迪克（Reko Diq）铜金矿项目。据估算，雷克迪克铜金矿拥有铜储量1230万吨，黄金储量2090万盎司。

据悉，几年前澳大利亚Tethyan铜业公司已经获得俾路支省雷克迪克区铜矿的开采权。此类矿藏开发不仅有利于港口繁荣，还可为当地提供大量就业机会。

据巴基斯坦《商业记录报》10月20日报道，巴基斯坦总统扎尔达里日前指示有关部门，研究铺设从瓜达尔港至中国、从瓜达尔港至那瓦巴沙的液化石油气（LPG）管道。报道称，巴总统还指示成立一个特别工作组，推动所有希望中国参与的项目，如：瓜达尔港、连接巴基斯坦—土耳其的铁路、连接巴基斯坦—阿富汗的铁路、巴沙（Basha）大坝项目、班吉大坝项目、10兆瓦太阳能项目、20000人赴华培训及汉语学习等。其中，巴沙大坝项目将于近期向中国提出。

据巴基斯坦《商业记录报》3月30日报道，巴基斯坦总理吉拉尼日前在会见到访的中国交通部副部长徐祖远时称，巴方高度重视中国重返瓜达尔港，欢迎中国公司参与该港长、中、短期开发建设。吉拉尼表示，巴方计划早日完成瓜达尔港建设，包括设立经济特区和旅游度假区等，并通过公路、铁路和航空连接，促进该地区经济发展。他希望中巴两国加快喀喇昆仑公路升级、巴与阿富汗交通连接、巴与土耳其铁路升级、中国参与巴伊天然气管道工程以及巴与土库曼斯坦、阿富汗天然气管道工程等项目的商谈进程。吉拉尼感谢中国公司和工人为推动巴经济发展所做的贡献，并承诺继续加强安保工作，保证在建项目的顺利完成。徐副部长转达温总理对吉拉尼总理的问候，并感谢巴方为中国在巴人员提供的安保措施，赞扬和认同其基础设施是一国经济发展命脉的看法，承诺将向中方领导层转交巴方建议。他称，瓜港及其相关基础设施建设工程是中巴两国继喀喇昆仑公路之后的又一里程碑项目，表示将积极考虑参与该港开发及巴周边通道连接项目建设。

据巴基斯坦《每日时报》3月3日报道，巴基斯坦与阿曼日前举行两国经贸联委会第六次会议。在会后举行的联合新闻发布会上，巴财政经济国务部长希娜卡尔（Hina Rabani Khar）说，巴阿双方同意加强贸易机构之间的合作，促进两国贸易和投资。双方已成立了商业、农业和畜牧渔业等领域的专家工作组，以加强这些领域的合作。阿曼国家经济部司长哈斯比（Al Khasibi）表示，阿曼决定向巴基斯坦提供4500万美元援助，用于瓜达尔港机场项目及其他发展项目，并决定由阿曼石油公司向巴能源领域投资1940万美元，还承诺将推动海湾国家合作委员会（GCC）与巴方早日签署自贸协定。

（四）安全局势不稳定

自1999年巴基斯坦启动俾路支省发展计划以来，该计划一直紧锣密鼓地进行着，但俾路支人的反叛活动也从未间断。安全形势也同样影响着俾路支省发展计划的实施。

2010年，俾路支省发生的暴力事件激增，袭击目标中的平民（包括妇女）人数呈上升趋势，以政治为目的的袭击和刺杀大幅增加，包括12月对省督Zulfiqar Ali Magsi和首席部长Nawab Aslam Raisani的袭击。自2006年Nawab Akbar Bugti在一次军事行动中被杀后，该省暴力事件持续增多。2006年的事件激起一些重要的民族主义组织加快步伐全面反对国家，包括俾路支自由军（BLA），俾路支自由联合阵线（BLUF）等。

俾路支自由军（BLA）、俾路支自由联合阵线（BLUF）并不是仅有的叛乱组织。类似的叛乱组织还有很多，包括2010年政府取缔的俾路支共和军（Lashkar-e-Balochistan），俾路支穆萨纳·蒂法组织（Baloch Musallah Difai Organization）等。这些组织的袭击手法各不一样，一些专门攻击政府的基础设施，其他的则攻击非俾路支平民。据一份研究报告显示，仅2010年1月至9月，俾省共发生458起叛乱性的暴力事件，导致318人遇难，615人受伤。

除分裂主义的叛乱外，俾路支省还存在主要袭击哈扎拉族什叶派的宗派暴力活动。逊尼派极端军事组织强戈维军（Lashkar-e-Jhangvi）宣布对过去几年的多起袭击事件负责。真主军和俾路支塔利班运动在该省也比较活跃，并与阿富汗和伊朗境内的组织有密切联系。2010年1月至8月，该省共发生有26起宗教性的袭击事件，39人遇难，17人受伤。而发生在2010年9月3日的一次血腥的宗教袭击，共造成65人遇害。

此外，令人担忧的是，极端组织对教学设施和教师的袭击日益增加，人权观察组织（Human Rights Watch）发布的一份报告显示，2008年1月至2010年10月份，共有22名教师和学校工作人员在袭击中遇害，伊斯兰教派组织宣称对这些袭击事件负责。自2008年以来，相继有200名教师因为害怕被杀而转移出俾路支省，另有200名教师正在转移出该省的过程中。2009年，该省的政府学校只有120天的时间公开上课，而在该国的其他地方，正常的开课时间是220天。

2010年12月7日发生的针对该省首席部长 Nawab Aslam

Raisani 的袭击反映了叛乱者与宗派组织的关系错综复杂。强戈维军（Lashkar-e-Jhangvi）宣称对此次袭击负责，而俾路支自由联合阵线也宣称发起此次袭击目的是为了警告首席部长，因为他曾经反对过俾路支省的武装组织。此外，这些组织都坚称是自己所为，而没有其他组织的参与。早在一个星期之前，也就是 12 月 1 日，俾省的总督 Nawab Zulfiqar Ali Magsi 在一次暗杀袭击中逃生，俾路支自由军宣称对这一事件负责。

俾路支省的分裂主义势力有很长的历史渊源。俾路支省民族主义领导人反复要求占有更大比例的发展资金，还要控制该省的资源。2010 年 11 月，人民党政府通过在该省实行立法、政治和行政改革以及经济刺激计划，推行俾路支省发展计划，以求解决这种担忧。2010 年，联邦政府拨付 120 亿卢比给俾路支省，用于支付拖欠的天然气收入，并宣布一项显著增加的高达 1500 亿卢比的年度预算。①

二、俾路支省发展计划面临的挑战

俾路支省发展计划实施以来，尽管联邦政府和省政府高度重视，并取得了一些成就，但远没有达到预期效果。由于各方面的原因，政府制定的一些举措难以得到落实，甚至激起了省内民族主义者的抗议和抵制。因此，政府的高度重视换来的却是俾省经济的更加落后和安全局势的进一步恶化。俾路支省发展计划的顺

① Salman Saidi，Policy Brief：Making Sense of Violence in Balochistan 2010，From Jinnah Institute：http：//www. jinnah-institute. org/programs/strategic-security-program/212—policy-brief-making-sense-of-violence-in-balochistan—2010

利实施面临诸多挑战。

整体来看，俾路支省发展计划面临的挑战主要有以下几点：

一是政府资金短缺，影响工程项目实施。据巴基斯坦《新闻报》2010年10月14日报道，巴基斯坦计委发布报告称，近几年巴公共领域发展计划（PSDP）拨款占国民生产总值比例呈逐年下降趋势，目前巴公共领域发展计划（PSDP）仅处于6、7年前的水平。报道称，受洪灾影响，本财年巴计委将只实施1421个原定项目，其余484个项目将延期或取消。

据巴基斯坦《商业记录报》2010年9月2日报道，因资金缺乏及巴基斯坦联邦政府与俾路支省政府在认识上存在分歧，世界第五大铜矿——雷克迪克铜金矿项目可能被迫推迟实施。[①] 报道称，2010年3月召开的巴中央发展工作小组会议曾建议，该项目本财年巴方投入资金87亿卢比（约合1亿美元），将从俾路支省政府年度发展计划（ADP）中出资，此后每年的巴方开发资金将由全国经济理事会执委会（ECNEC）决定。但洪灾过后，巴联邦政府和俾路支省政府均面临资金缺乏问题，致使双方在资金筹措问题上分歧加大。

二是民族主义情绪恶化安全局势，导致国际投资下降。1999年，为了应对俾路支省落后的经济发展状况，巴基斯坦政府启动了俾路支省发展计划。也正是从这一年开始，俾路支人的反叛活动再度兴起。双方的矛盾主要集中在以下几个方面：首先，俾路

① 雷克迪克铜金矿项目开采寿命预计为56年，可开采约220亿磅（约1千万吨）铜和1300万盎司黄金，拟由加拿大巴里克（Barrick）黄金公司和智利安托法加斯塔（Antofagasta）公司组成的联合企业与俾路支省政府合作开发。初步投资金额为33亿美元，是巴历史上数额最大的一笔外资。

支人认为，他们并不是政府开发计划的受益者。其次，俾路支人认为，他们在政府的开发计划中进一步被边缘化。最后，俾路支部族势力认为，政府的开发计划会危及到俾路支部落权贵阶层的统治权。

三是国际合作难以顺利进行。俾省丰富的自然资源吸引着越来越多的国外企业进驻开发。但近年来，由于国际合作对该省的开发伤及本地居民的切身利益，国际合作开始受到当地政府和民族主义的强烈抗议和抵制。再加上国外公司在当地并没有较好的开发效益，因此，国际合作难以顺利进行。

2010年巴基斯坦与美国关系述评

徐向阳

2010年，巴美两国在政治、经济、安全等领域的合作进一步加强，特别是巴美部长级战略对话的举行。美国积极援助巴基斯坦洪灾对于消除双方歧见、增进互信有重要意义。当然，两国关系中也出现了一些问题，最突出的就是年初美国对巴基斯坦乘客的检查问题、美军无人机越境袭击等，但巴美两国相互需要的共同利益，使问题得到及时处理和解决。巴美关系总体是密切的，但利益追求的差异又使得两国关系矛盾不断。

一、高层互访频繁，推进政治合作

2010年，美巴双边高层互访频繁，合作关系进一步推进，其中虽有不少问题，但合作是双边关系主流，两国领导人在各种场合都强调美巴两国关系的重要性，都抱着积极态度去发展或者调整双边关系。当前，巴基斯坦需要美国的经济援助，没有美国的经济支持，巴基斯坦政府的正常运转都将面临问题，特别是巴基斯坦遭受洪水灾害以后，靠巴基斯坦自己的力量是很难实现救灾和重建的，美国援助成了希望所在。巴基斯坦总统扎尔达里曾说，巴美之间的长期合作关系必须建立在尊重相互利益和相互信任的基础上，美国的支持对于巴基斯坦的稳定、安全、繁荣很重要。[①] 另一方面，美国也离不开巴基斯坦。当前美国陷入阿富汗战争的泥潭，没有巴基斯坦的支持和协助，美国很难从阿富汗脱身，美国的反恐将举步维艰。美巴两国的相互需要，使得双方必须加强合作，两国高层为此进行了多次的沟通、会谈。

（一）高层联系密切

2010年，美巴两国高层交往频繁。

2010年1月13日，美国阿富汗和巴基斯坦特使霍尔·布鲁克访问巴基斯坦，与巴基斯坦总理吉拉尼、外交部长库雷希等会谈，就美巴关系的发展、反恐合作以及双边关系等问题做了沟通。[②] 巴方希望美国对巴基斯坦进行援助，以便有效地实施马拉坎地区的重建计划。

1月30日，由美国国家监督改革和外交事务委员会主席斯蒂芬·兰奇（Stephen Lynch）率领的美国国会代表团会见了巴陆军参谋长基亚尼将军。[③]

2月11日，美国国家安全顾问与总统扎尔达里会见。扎尔

① http://www. app. com. pk/en _/index. php? option = com _ content&task=view&id=93384

② http://www. dailytimes. com. pk/default. asp? page=2010 \ 01 \ 13 \ story _ 13-1-2010 _ pg1 _ 7

③ http://www. app. com. pk/en _/index. php? option = com _ content&task=view&id=95311

达里欢迎美国对巴基斯坦安全、稳定和经济发展的支持，并强调建立在互相尊重和信任基础上的持续支持。①

2 月 15 日，美国参议员代表团会见巴基斯坦内政部长马立克，讨论共同关心的问题。②

2 月 16 日，美国国防政策副国务卿 Ms Michele Fluornoy 在联合参谋本部会见巴基斯坦参联会主席马吉德上将，双方就不断变化的地区安全形势、巴美防务合作等涉及两国共同利益的问题交换了意见。美国国防政策副国务卿会见媒体时称，巴美战略合作不断加强，两国在反恐中密切合作，美国期望与巴基斯坦建立长期战略合作关系。③

2 月 18 日，由美国前副国务卿 Richard Armitage 率领的美国外交关系委员会代表团在伊斯兰堡会见了海外巴基斯坦人联邦部长。双方强调增进两国人民交往以及两国官方对话的重要性。④

3 月 5 日，巴基斯坦驻美国大使在会见美国参联会主席马伦时说，国际社会应该承认巴基斯坦对反恐所做出的牺牲，巴美两国共同面临恐怖主义威胁，更应该加深双边信任。

4 月 2 日，巴总理吉拉尼接待了美国众议院女议员希拉·杰克逊·李夫人率领的代表团。巴基斯坦欢迎美国通过一揽子援助

① http://www.app.com.pk/en_/index.php?option=com_content&task=view&id=96211

② http://www.app.com.pk/en_/index.php?option=com_content&task=view&id=96415

③ http://www.app.com.pk/en_/index.php?option=com_content&task=view&id=96547

④ http://www.app.com.pk/en_/index.php?option=com_content&task=view&id=96660

巴基斯坦的《克里－卢格法案》。巴基斯坦外长库雷希在与希拉·杰克逊·李夫人会谈中，美方称，已决定不再对前往美国的巴基斯坦人实行"裸检"。①

4月12日，美国总统奥巴马与巴总理吉拉尼会面，讨论巴美合作问题。奥巴马说，美巴间的紧密联系超越了安全问题，奥巴马同时表示，美国对巴基斯坦的核设施安全是信任的。②

5月19日，巴总统扎尔达里会见了美国国家安全顾问和美中情局局长，并表示，恐怖主义是美国和巴基斯坦的重要敌人，两国需要继续合作打击恐怖主义。③

6月23日，巴总理吉拉尼应约与美国副总统拜登通电话。在电话中，拜登向吉拉尼解释了美国撤换驻阿富汗司令一事，他表示，美国在该地区的政策是一贯的，希望巴基斯坦不要对此事过分解读。④

6月26日，巴总统扎尔达里在总统府接见了到访的美国参谋长联席会议主席迈克尔·马伦，巴基斯坦陆军参谋长、美国驻巴基斯坦大使也参加了会谈。之后，马伦还分别到陆军总部和空军总部会见了陆军参谋长和空军参谋长。⑤

6月28日，巴总统扎尔达里在总统府会见到访的美国空军

① http://www.app.com.pk/en_/index.php?option=com_content&task=view&id=99801&Itemid=1

② http://www.app.com.pk/en_/index.php?option=com_content&task=view&id=100481&Itemid=1

③ http://www.app.com.pk/en_/index.php?option=com_content&task=view&id=103399&Itemid=1

④ http//www.app.com.pk/en_/index.php?option=com_content&task=view&id=107250&Itemid=1

⑤ http//www.app.com.pk/en_/index.php?option=com_content&task=view&id=107496&Itemid=1

参谋长诺顿·施瓦茨上将，提出美巴之间经常举行战略对话，对于双方加深信任、重塑美巴关系是非常有用的。双方还就国防合作、巴基斯坦反恐、地区安全状况和美国是否向巴基斯坦转让无人机技术等方面交换了意见。之后，美国空军参谋长诺顿·施瓦茨上将还访问了巴基斯坦陆军总部，并与巴基斯坦陆军参谋长基亚尼将军举行了会谈。①

8 月 6 日，美国国防部副部长米歇尔·佛洛诺伊与巴基斯坦陆军参谋长基亚尼举行会谈，双方就彼此感兴趣的话题进行了探讨。②

8 月 7 日，美国国务卿希拉里与巴总理吉拉尼通电话，重申美国对巴基斯坦的支持，美国将尽全力帮助巴基斯坦。

10 月 26 日，美国总统奥巴马和巴总统扎尔达里通电话，讨论了一些重要问题。双方欢迎第三轮战略对话的一系列安排，并强调巴美全面伙伴关系的重要性。③

12 月 2 日，美国国务卿希拉里同巴总统扎尔达里通电话，双方针对维基解密网站公布的涉及双边关系的文件交换了意见。④

12 月 15 日，巴陆军参谋长基亚尼上将会见美国参谋长联席会议主席马伦。

---

① http//www. app. com. pk/en _/index. php? option = com _ content&task=view&id=107643&Itemid=1

② http：//www. app. com. pk/en _/index. php? option = com _ content&task=view&id=112049&Itemid=1

③ http：//ftpapp. app. com. pk/en _/index. php? option = com _ content&task=view&id=120303&Itemid=1

④ http：//ftpapp. app. com. pk/en _/index. php? option = com _ content&task=view&id=123523&Itemid=1

12月16日，美国总统奥巴马与巴总统通电话，表示要进一步加强美巴战略关系，进一步提升巴基斯坦打击恐怖分子的能力，奥巴马承诺将在2011年访问巴基斯坦。

（二）美巴战略对话

2010年，巴美举行三轮部长级战略对话，通过这个多部门参与的平台，两国达成许多合作意向，对建立具有共同利益的巴美关系发挥了重要作用。

3月13日，巴总理吉拉尼主持召开一个高级会议，旨在制定一个全面、一致和协调周密的办法，为3月24日即将到来的巴美战略对话做准备。

3月18日，巴外交部长库雷希强调，巴基斯坦希望美国理解巴基斯坦在安全和经济发展领域的关切。库雷希说，他正准备带领一个高层代表团去华盛顿参加巴美首次部长级战略对话，届时，他将清楚表明巴基斯坦关注的领域和立场。[①] 巴基斯坦对此次战略对话高度重视并充满期待。吉拉尼曾说，即将到来的巴美战略对话需要涵盖两国关系的所有方面，以建立巴人民的自信心。吉拉尼称，巴方希望首次巴美部长级战略对话能取得具体成果。此次对话包含以下话题：电力工业、水资源保护、提高巴法律部门的执行能力、经济援助、军事援助。[②]

---

① http://www.app.com.pk/en_/index.php?option=com_content&task=view&id=98776&Itemid=1

② http://www.dailytimes.com.pk/default.asp?page=2010\03\19\story_19-3-2010_pg1_5

美国政府也表示，美巴战略对话可以讨论双边关系中的各个领域，讨论的议题将包括经济发展、水、能源、教育、通讯、公共外交、农业和安全等。美国总统奥巴马和国务卿希拉里多次强调战略对话的广度和深度，称美巴关系远远超出安全伙伴范围。①

3月23日，美国国务卿希拉里在接受采访时，称赞美巴双边战略对话是增强两国互信的里程碑。她说，这种战略对话使美巴关系达到了一个新的高度。

3月23日，巴外交部长库雷希在美国国会就巴基斯坦和美国长期合作关系问题与美国参议员举行会谈。在与参议院对外关系委员会主席克里和共和党人鲁格举行会谈后，库雷希表示："这是一次友好和开诚布公的会谈。"巴陆军参谋长、外交秘书和巴基斯坦驻美大使也参加了会谈。作为巴美战略对话的一部分，巴陆军参谋长基亚尼上将在五角大楼会见了美国国防部长盖茨。双方就防务和安全领域合作进行了讨论。盖茨强调，美国注重同巴基斯坦发展长期的合作关系。

美国国务卿希拉里·克林顿24日在巴美招待会上与巴外交部长库雷希举行会谈。她说，巴基斯坦与美国的合作已经取得了进展。包括基础设施建设、农业、能源等在内的一些重要领域的项目，将有助于改善巴民众的生活质量。巴美之间的合作不仅仅是政府之间的合作，更是民众之间的合作。巴民众能够帮助美国

① http://www.dawn.com/wps/wcm/connect/dawn-content-library/dawn/the-newspaper/front-page/14－ties-with-pakistan-go-far-beyond-security%2C-says-us－930－zj－01

完成政府不能完成的任务。①

3 月 25 日，巴美结束为期两天的战略对话，双方决心建立更加广泛而持久的合作关系，这标志着两国的战略对话取得成果。

之后，两国政府都对美巴战略对话给予高度评价。4 月 9 日，巴基斯坦总统扎尔达里会见美国参议院国土安全委员会和政府事务委员会代表团时表示，希望巴美双边战略对话有利于两国建立相互尊重和相互信任的关系。会谈中，双方讨论了巴美双边关系、巴基斯坦在反恐中的作用和地区形势。② 巴总理吉拉尼在会见美国代表团时称，巴基斯坦希望美国在发电、职业培训、卫生、农业和蓄水工程方面提供帮助。美国代表团对巴基斯坦在反恐中所做的牺牲表示认可，并表示将为巴基斯坦解决目前面临的经济和安全问题提供全力支持。③

巴美第二轮部长级战略对话于 6 月 7—10 日在伊斯兰堡举行。6 月 6 日，由美国负责阿富汗和巴基斯坦事务的副助理国务卿大卫·塞缪尔·塞德尼（David Samuel Sedney）率领的代表团访问巴基斯坦。在接下来的 4 天访问中，该代表团与巴军方高层会面，并举行战略对话。美国方面派出了国防部人员和涉及阿富汗、巴基斯坦和中亚地区的相关负责人组成的联合工作小组，双

① http：//www. app. com. pk/en _/index. php? option = com _content&task=view&id=99264&Itemid=1

② http：//www. app. com. pk/en _/index. php? option = com _content&task=view&id=100270&Itemid=1

③ http：//www. app. com. pk/en _/index. php? option = com _content&task=view&id=100340&Itemid=1

方讨论的重点集中在针对地区安全问题所进行的战略层面规划。[①]

6月10日，历时4天的美巴军方高层战略对话结束，两国一致同意建立互信机制。

6月16日，巴总理吉拉尼在与到访的美国国家经济委员会高级主任、总统国际经济事务特别助理大卫·李普顿举行会谈，重申长期的美巴战略对话对于提升双边关系是很有帮助的。双方还进行了巴美战略对话中的能源工作组对话，商议解决巴基斯坦能源短缺问题。[②] 两国决定加强在水资源方面的合作，提升巴基斯坦政府处理饮用水和灌溉用水的能力。

第三轮巴美战略对话于10月20－22日在美国华盛顿举行。10月20日，由外交部长库雷希率领的巴基斯坦代表团在白宫与美国总统奥巴马会晤。巴基斯坦水电部部长阿西拉夫、陆军参谋长基亚尼参加。20日，巴基斯坦陆军参谋长基亚尼与美国国防领导讨论了两国军事关系和安全援助等问题。美国国防部长盖茨就美国直升机打死巴基斯坦边防军一事向巴基斯坦陆军参谋长基亚尼道歉。[③]

巴基斯坦外交部长库雷希在总结第三轮巴美战略对话成果时表示，两国关系得到了加深，各领域合作继续加强。11月21日，巴基斯坦驻华盛顿大使侯赛因·哈卡尼高度评价巴美战略对

---

① http：//ftp. app. com. pk/en __/index. php? option = com __ content&task=view&id=105615&Itemid=1

② http//www. app. com. pk/en __/index. php? option = com __ content&task=view&id=106481&Itemid=1

③ http：//ftpapp. app. com. pk/en __/index. php? option = com __ content&task=view&id=119723

话，称巴美双方正在通过一系列战略对话，努力建立一个可预见的、更加深化和广泛的长期伙伴关系。这种不同于过去双边关系的新的合作关系，涵盖了包括经济安全、反恐和科学技术等13个领域，其中最值得注意的是反恐和教育。

二、美巴的反恐合作

2010年，美国和巴基斯坦在反恐方面的合作稳步推进，但美国和巴基斯坦意愿并非完全一致，美国希望巴基斯坦继续挥师北进，把反恐战争进行到底，然而巴基斯坦却有自己的考虑，特别是围绕是否在北瓦济里斯坦发动军事行动，巴基斯坦与美国矛盾持续近一年。迄今为止，巴基斯坦并未完全满足美国的愿望。

2010年1月20日，美国国防部长盖茨试图说服巴政府对北瓦济里斯坦的哈卡尼网络和亲塔利班组织施加更大的压力。① 1月21日，巴军首席发言人阿巴斯少将作出回应："我们在未来的一年中，不会进行新的大规模的军事行动。巴军已经过度使用，并不适合于开辟任何新战场。"② 3月17日，吉拉尼总理也表达了相似的立场："当前，对巴基斯坦来说，巩固既有反恐成果比匆忙地发动新攻势更为重要。"③

6月16日，巴基斯坦驻美国大使侯赛因·哈卡尼在华盛顿

---

① http://www.longwarjournal.org/archives/2010/01/no_new_offensives_in.php.

② http://news.bbc.co.uk/2/hi/south_asia/8471789.stm.

③ http://www.dailytimes.com.pk/default.asp?page=2010\03\18\story_18-3-2010_pg1_6.

表示，如果美国能够及时提供巴基斯坦反恐行动所需要的军事物资，巴基斯坦的行动或许会更有成效。6 月 20 日，美国阿富汗和巴基斯坦特使霍尔布鲁克在接受专访时承认，当前巴基斯坦对北瓦济里斯坦发动任何类型的军事行动都超出了巴基斯坦的承受能力。巴基斯坦会根据自己的具体情况决定何时进行这个军事行动。①

10 月 14 日，针对美国参联会主席马伦声称基亚尼已经答应对北瓦济里斯坦发动军事行动一事，吉拉尼指出，是否进行军事打击，将立足于巴基斯坦的需要，而非来自任何外国的要求和命令。②

10 月 26 日，西北地区军事长官马利克中将指出，只有当其他部落区稳定下来，巴军才会对北瓦济里斯坦发动军事行动。巴基斯坦军队需要至少半年来清除巴焦尔、莫哈曼德的塔利班分子。

12 月 1 日，吉拉尼总理指出，是否对北瓦济里斯坦采取军事行动，由政府来决策，而何时发动军事行动由军方来决定。③

巴基斯坦不愿在北瓦济里斯坦进行大规模军事行动，主要出于两方面考虑：首先，巴军缺乏开辟新战场的兵力。其次，防备印度。巴基斯坦认为印度是主要威胁，需要在印巴边境保持足够的兵力。巴基斯坦从自身安全考虑，无法把兵力投入到北瓦济里

---

① http：//www. geo. tv/6－20－2010/67048. htm

② http：//news. dawn. com/wps/wcm/connect/dawn-content-library/dawn/news/pakistan/12－us＋demand＋of＋army＋operation＋in＋nw＋rejected－－bi－05

③ http：//www. dailytimes. com. pk/default. asp? page＝2010 \ 12 \ 02 \ story _ 2－12－2010 _ pg7 _ 33

斯坦来开辟新战场。

三、巴美经济合作及美对巴的援助

（一）美巴经济合作

巴基斯坦经济发展水平不高，经济社会事业滞后，巴基斯坦政府希望加强与国际社会特别是美国的合作，来提升自己的工业化水平。巴基斯坦议会事务部长扎希鲁丁·巴巴尔·阿旺对外公布，由于政府采取了若干有效措施，提高了与其他国家的贸易量。

2007—2008年度，巴美之间的贸易总额达到70亿美元。巴基斯坦贸易发展局于2008—2009年度已经参加了超过7个在美国举行的展览，并派了6个代表团前往美国。

2010年1月23日，巴基斯坦总统扎尔达里与通用电子公司主席兼首席执行官贝卡利会面，双方讨论了能源开发和建设高速铁路等项目。①

3月25日，巴美结束了为期两天的战略对话，双方决心建立更加广泛而持久的合作关系。其中包括美国向巴放宽其产品进入美国市场的标准。此举有利于促进巴基斯坦的出口，这也是巴方寻求经济自立的方式之一。巴基斯坦需要援助，但巴方认识到，从长远来看，提高自身的经济造血能力才是关键。

---

① http://www.app.com.pk/en_/index.php?option=com_content&task=view&id=94820

4月17日，巴基斯坦外长库雷希表态，巴基斯坦需要与美国和欧盟进行贸易，而不是寻求其援助。当然，美国也积极帮助巴基斯坦，让其经济融入国际经济体系。4月24日，美国与巴基斯坦举行高级别会谈，旨在促进双边贸易和经济合作。双方达成协议，支持巴基斯坦产品进入欧洲和亚洲市场，同时在巴美战略伙伴关系下提升双方的贸易和经济联系。①

6月19日，奥巴马政府鼓励美国私人资本到巴基斯坦投资。美国驻巴基斯坦大使帕特森表示，南亚潜力巨大，很多没有开发的市场完全可以为投资者带来两位数的收益。②

（二）美国对巴基斯坦的援助

在2010年，除美国对巴基斯坦的原有援助项目和承诺外，巴基斯坦发生洪水，造成巨大的经济损失，美国又给予了救灾援助。

美国政府依据《克里－鲁格法案》，在未来五年内向巴基斯坦提供75亿美元的经济援助。美国对巴基斯坦的援助几乎囊括国民经济和社会建设的许多方面。

2月1日，奥巴马政府寻求国会批准，在2011年的财政预算中大幅提高美国援助巴基斯坦的资金，其援助聚焦于经济发展、能源项目，以及提高巴基斯坦安全部队反游击战能力。

---

① http：//www. app. com. pk/en _/index. php? option = com _content&task=view&id=101491&Itemid=1

② http//www. app. com. pk/en _/index. php? option = com _content&task=view&id=106821&Itemid=1

在教育方面，4 月 23 日，美国驻巴基斯坦大使安妮·W·帕特森在真纳大学发表演讲时说，美国将向巴基斯坦提供更多的财政援助，加强双方在教育领域（特别是高等教育）的合作。

5 月 12 日，美国驻巴大使签署协议，美国承诺向巴基斯坦提供 4500 万美元的援助，以资助巴国内受极端分子影响的大学，帮助这些地区的学生继续完成他们的学业。①

7 月 1 日，巴基斯坦教育部长阿赫迈德·阿里在为即将赴美访学的 40 名巴基斯坦教师送行时表示，他对美国政府的巴基斯坦政策感到满意，美巴战略合作关系有利于解决双方所面临的问题。② 参加美巴教育战略对话的双方官员也在伊斯兰堡共同举行新闻吹风会，美国许诺向巴基斯坦边远地区的初等和高等教育提供 3.34 亿美元资助。③

在安全方面，10 月 22 日，美国国务卿希拉里宣布，为了支持巴基斯坦反恐，美国将在 2012－2016 财年度再向巴基斯坦提供 22.9 亿美元的安全援助。④

在其他领域，6 月 19 日，巴基斯坦外交部长库雷希在与美国阿富汗和巴基斯坦特使理查德·霍尔布鲁克会谈后表示，美国方面再次保证，将会向巴基斯坦能源、水利、农业和其他部门提

---

① http://www.app.com.pk/en_/index.php?option=com_content&task=view&id=102803&Itemid=1

② http://www.app.com.pk/en_/index.php?option=com_content&task=view&id=107937&Itemid=1

③ http://www.app.com.pk/en_/index.php?option=com_content&task=view&id=107967&Itemid=1

④ http://ftpapp.app.com.pk/en_/index.php?option=com_content&task=view&id=119876

供更多的援助。①

7 月 2 日，美国国际发展机构批准援助巴基斯坦 1.2 亿美元，这笔钱将作为巴基斯坦 2010－2011 财年中接受外国援助资金的一部分。7 月 31 日，美国参议院对外关系委员会主席约翰·凯利与参议员迪克·卢格提案设立“巴美企业基金”，集中用于加强巴私有部门，使其有能力创造更多工作机会，促进经济发展与稳定。②

（三）美国对巴基斯坦的洪灾救助

2010 年 7 月 22 日夜间，巴基斯坦西北边境省三个村庄被暴雨引发的洪水冲毁，预计死亡人数将逾百人。此后，各地持续普降暴雨，2010 年 7 月爆发的洪灾逐步往南部省份蔓延。③

8 月 8 日，巴基斯坦联邦洪灾委员会发布消息称，迄今为止，巴基斯坦洪水导致至少 1249 人丧生，4717 人受伤，274377 间房屋损毁或部分损毁，2958665 人受灾；1876771 英亩农作物受影响；巴基斯坦五分之一的土地被淹没。④ 洪水造成的经济损失超过 430 亿美元。

美国对巴洪灾高度重视。7 月 30 日，美国驻巴大使帕特森

---

① http//www. app. com. pk/en __/index. php? option = com __content&task=view&id=106802&Itemid=1

② http://www. app. com. pk/en __/index. php? option = com __content&task=view&id=110996&Itemid=1

③ http://www. app. com. pk/en __/index. php? option = com __content&task=view&id=111785&Itemid=1

④ http://www. app. com. pk/en __/index. php? option = com __content&task=view&id=112278&Itemid=1

宣布，美国将立即为巴基斯坦提供7架直升机用于救灾。8月11日，美国表示，将提供更多的直升机和临时桥梁参与救援工作。8月13日，一艘运送了1000名海军陆战队员和24架直升机的美国裴里乌号两栖攻击舰抵达卡拉奇附近海域，这些直升机将用于灾区的搜救和空运行动。11月30日，美国国防部巴基斯坦事务副代表Brig. Gen Michael Nagata称，自8月5日美国军方在巴基斯坦执行救援飞行任务以来，美国空军已经为巴基斯坦转运4万名灾民。9月2日，美国参谋长联席会议主席迈克尔·马伦在巴基斯坦陆军参谋长基亚尼的陪同下，前往旁遮普省南部、信德省和俾路支斯坦省视察洪水灾情。美国政府也在联合国和国际社会积极呼吁世界各国向巴基斯坦洪灾提供援助。

在经济援助方面，8月1日，美国宣布将向巴基斯坦提供1000万美元的人道主义援助。① 8月5日，美国驻巴基斯坦大使馆表示，美国正在制定一个新的2500万美元的援助计划，这笔钱将由美国国际开发署提供给国际组织和用来建立为巴基斯坦民众提供食物、卫生保健和避难所的巴基斯坦非政府组织(NGOs)。② 8月10日，美国国务院外国灾难援救办公室代理主任马克·沃德表示，美国政府将向巴基斯坦政府追加援助2000万美元，用于巴基斯坦的救灾行动。8月11日，美国表示，将赈灾援助增加到7100万美元。③ 截至8月26日，通过巴基斯坦

① http://www.app.com.pk/en_/index.php?option=com_content&task=view&id=111167&Itemid=1

② http://www.app.com.pk/en_/index.php?option=com_content&task=view&id=111785&Itemid=1

③ http://www.app.com.pk/en_/index.php?option=com_content&task=view&id=112666&Itemid=1

国家灾难管理局、联合国应急响应计划、当地政府和国际组织，美国已经向巴基斯坦捐赠 1.5 亿美元用于救灾。[①] 9 月 24 日，美国国家开发署通过联合国粮农组织向巴基斯坦受灾最严重的开伯尔—普赫图赫瓦省提供 160 万美元的捐款以资助小麦种植、预防进一步的牲畜损失和清淤灌溉系统。10 月 7 日，美国提供 520 万美元用于资助斯瓦特山谷恢复被洪水损坏的旅游业和捕鱼业。[②]

四、巴美关系中的其他问题

（一）乘客身份资格审查问题

2010 年 1 月 4 日晚，奥巴马政府决定对来自包括巴基斯坦在内的 14 个伊斯兰国家的乘客实行严格的安检程序。此举在巴基斯坦看来是歧视政策，严重影响了巴美关系。1 月 5 日，巴基斯坦国民议会代议长费萨尔·卡里姆·昆迪强烈谴责美国对巴基斯坦乘客实行严格的安检程序，并称此举将有损于巴基斯坦与美国关系的发展。昆迪说，巴基斯坦公民与恐怖主义无关。

美国全球运输安全行政长官辛迪说，我们须保持高度警惕，我们要时刻准备应对来自各方面的威胁，检查不是针对宗教或种族因素，而是基于威胁。根据这些新的准则，几乎每一个美国穆

① http://www.app.com.pk/en_/index.php?option=com_content&task=view&id=114652&Itemid=1

② http://ftpapp.app.com.pk/en_/index.php?option=com_content&task=view&id=118464

斯林回国看望家人、朋友或去麦加朝圣都将被实行特别安全检查，这引起了许多穆斯林团体的不满和抗议。伊斯兰世界反应很强烈，称这是对1.5亿人的歧视，是不公平的。美国伊斯兰关系委员会（CAIR）、美国著名民权倡导和集团表示，这些措施构成宗教歧视，因为这些国家的许多人是穆斯林。①

1月8日，美国特使理查德·霍尔布鲁克重申了奥巴马总统对巴基斯坦民选政府的支持，就美国对巴基斯坦乘客检查问题做了解释，称最近美国交通部门出台的安全检查并不是针对巴基斯坦，是源于圣诞节期间一个尼日利亚人的未遂恐怖袭击意图。霍尔布鲁克说，巴基斯坦最近延误对美国人签发签证，也不应成为两国关系发展的主要问题。②

1月11日，巴总理吉拉尼在总理府会见美国参议员代表团时，向美方表达了不满，总理说，把巴基斯坦列在航空乘客检查名单中，不利于美巴关系的发展，损害了两国间的信任，巴方要求美方把巴基斯坦从名单中删除，这将会提高美国在巴基斯坦民众心中的形象。③

在巴基斯坦的一再抗议和反对之下，对巴基斯坦乘客的安全检查问题列入了美巴战略对话的议题之中，4月2日，巴基斯坦外交部长库雷希对外宣称，在巴政府的一再要求之下，美国政府

---

① http://www.app.com.pk/en_/index.php?option=com_content&task=view&id=93288

② http://www.app.com.pk/en_/index.php?option=com_content&task=view&id=93486

③ 8ttp://www.app.com.pk/en_/index.php?option=com_content&task=view&id=93603

官员表示要把巴基斯坦从乘客检查国的名单上删除。[1]

此次乘客检查问题，在巴国内引起强烈反响，巴基斯坦政府和民众都表达了极大愤怒和抗议，严重影响了美巴关系。美国政府很快感受到巴基斯坦的不满，及时采取措施修复美巴关系，使两国关系不至更趋恶化。

（二）无人机袭击问题

美军采用无人机实施打击，造成巴基斯坦平民伤亡，激起巴国内民众的不满，巴基斯坦政府也向美国方面表达了抗议。无人机袭击问题一度成为美巴关系中的一个重要问题。

2010年1月6日，美军两架无人驾驶飞机在巴基斯坦北瓦济里斯坦打死15人，包括塔利班哈菲兹·巴哈杜尔组织的指挥官和一些村民。[2] 1月8日，两架美国无人驾驶飞机在北瓦济里斯坦打死至少11名塔利班。1月11日，巴基斯坦总理吉亚尼在总理府会见美国国会武装委员会主席、参议员卡尔·来文时就向美方表示，美国无人机越境打击，不利于巴美关系的发展，美国应该信任巴基斯坦这个反恐联盟，向巴方提供无人机的相关技术，真正实现美巴情报信息的共享。[3]

1月15日，巴外交部发言人贝斯特表示，美国不断在巴境

---

① http：//www. app. com. pk/en _/index. php? option = com _content&task=view&id=99801&Itemid=1

② http：//thenews. jang. com. pk/print3. asp? id=26528

③ http：//www. app. com. pk/en _/index. php? option = com _content&task=view&id=93603

内进行无人机轰炸，并没有取得预期效果，美国的长远利益也将受损。在接受巴基斯坦电视台采访时，他说，巴基斯坦和美国在无人机轰炸事件上看法不一，意见分歧很大。美国政府也清楚地知道，轰炸没能起到预期效果。无人机轰炸是美国布什政府时期的政策，效果并不积极甚至是消极的，现在在美国国会有个小组正在检讨无人机打击的政策，奥巴马政府应该叫停无人机越境打击。①

1月29日，巴基斯坦驻华盛顿大使侯赛因·哈卡尼在采访中表示，巴基斯坦应该装备无人机来打击巴基斯坦与阿富汗边境地区的恐怖主义分子。美国无人机袭击导致巴基斯坦民众的不满，巴基斯坦在某些领域有一定的军事技术，但这方面还需要美国的帮助。②

9月27日，1架美军无人机对巴北瓦济里斯坦部落地区进行空袭，打死4名武装分子，这是美军无人机本月在当地发动的第20次空袭。③ 10月2日，2架美国无人机袭击了北瓦吉里斯坦的一个村庄，造成18人死亡。④ 10月4日，美国无人机又空袭了北瓦济里斯坦的一座房屋，炸死8名德国籍武装人员。类似越境军事打击造成无辜伤害的事件时有发生，巴基斯坦也对此表达了强烈的不满。

---

① http://www.app.com.pk/en_/index.php?option=com_content&task=view&id=94146

② http://www.app.com.pk/en_/index.php?option=com_content&task=view&id=95243

③ http://www.dawn.com/wps/wcm/connect/dawn-content-library/dawn/the-newspaper/front-page/3-drone-strikes-in-n.-waziristan-12-killed-790

④ http://www.dailytimes.com.pk/default.asp?page=2010\10\02\story_2-10-2010_pg1_3

10月20日，美国国防部长盖茨就美国直升机打死巴基斯坦边防军一事向巴基斯坦陆军参谋长基亚尼道歉，称这是一起意外，要进一步加强美巴间的军事合作。① 12月16日，美国无人机在开伯尔地区击毙7名恐怖分子。12月29日，美无人机在巴部落区实施越境打击。

无人机打击问题很难得到解决，美国不愿向巴基斯坦军方提供无人机打击技术，这在巴基斯坦方面看来，是对巴基斯坦的不信任，不仅不利于美巴两国的反恐合作，也是两国关系中的一个障碍。

此外，维基解密中关于美巴关系的内容也对两国产生了不利影响，例如，维基解密公布美国曾敦促巴基斯坦与印度签署新的安全合约，并以此作为美援助巴民用核建设的条件。奥巴马访问印度而没有访问巴基斯坦，这在巴基斯坦看来，是美国在南亚采取双轨政策，是对巴基斯坦的轻视。巴基斯坦外交部发言人表示，美印双边关系的提升并不是巴基斯坦关注的问题。但如果这种双边关系对本地区或者巴基斯坦造成了不利影响，就值得我们关注。从中可以看出巴基斯坦的疑虑和不满。

① http://ftpapp. app. com. pk/en __/index. php? option = com __ content&task=view&id=119721

2010年巴基斯坦与阿富汗的关系

张仁枫

2010年，巴基斯坦与阿富汗的关系得到进一步发展。两国在政治、经济、反恐等方面的合作进一步深化，两国关系出现新的发展态势。具体表现在以下几点。

一、高层会晤频繁

2010年，阿富汗总统卡尔扎伊在3月和9月两次访问巴基斯坦。

2010年3月10—11日，阿富汗总统卡尔扎伊在连任总统后首次访问巴基斯坦。卡尔扎伊11日在国民议会常务委员会主席瓦利·汗（Asfandyar Wali Khan）主持的会议上说，巴阿两国之间的误解已消除，两国关系正走向更加光明的前景之道，并将为营造友好而有益的氛围做出贡献。瓦利·汗欢迎卡尔扎伊和他的表团的到访，他说，两国的关系不仅仅基于宗教立场，而且是建立在超越国家之上的兄弟般的情谊和文化上。巴总理吉拉尼说，巴基斯坦将继续为阿富汗的稳定与和平做出努力，他强调履行“共同责任”，消除影响两国关系发展的威胁。11日，巴基斯坦与阿富汗签署了一份关于加强双边关系和各领域交流的谅解备忘录。此外，两国还发表了一份名为“巴阿下一步全面合作”的联合公报，公报表达了双方的决心，双方希望发挥彼此广阔的人力资源和自然资源的所有潜力，重申巴阿关系在地区和平、地区安全和地区经济发展方面的重要性，两国同意发展通讯网络，到2015年将两国贸易额提高到150亿美元，加强两国在教育、农业和能源领域的合作等。

2010年9月15日—17日，阿富汗总统卡尔扎伊再次访问巴基斯坦，就双边问题与巴总统扎尔达里举行会谈，会谈的焦点是卡尔扎伊提出的和平计划。此外，卡尔扎伊还探望了巴基斯坦遭受洪灾地区民众。巴总理吉拉尼9月16日在和卡尔扎伊会谈时表示，阿富汗的统一、主权和领土完整以及国家重建对巴基斯坦至关重要，巴阿的战略合作关系对地区和平与稳定意义深远；双方应加倍努力，加深两国的战略合作关系，扩大双边经贸合作领域，并建议开启两国的安全对话。吉拉尼敦促阿方允许巴基斯坦与塔吉克斯坦两国公路途经瓦罕走廊，以便充分利用巴、阿和塔三国的过境贸易协定，共同从跨境贸易发展中受益。卡尔扎伊表示，阿富汗政府将优先考虑经过瓦罕走廊的塔吉克斯坦和巴基斯坦两国的公路连接，并热心通过公路连接，提供巴基斯坦进入中亚国家的通道以促进地区合作。他还表达了对巴基斯坦在洪灾中遇难人员和损失财产的悲痛之情。

12月4—5日，巴基斯坦总理吉拉尼应邀对阿富汗进行为期两天的访问。这是吉拉尼自2008年担任巴总理以来对阿富汗进行的首次正式访问。12月4日，吉拉尼与阿富汗总统卡尔扎伊就增强两国关系，尤其是在联合反恐、增强两国间的经济合作等议题方面举行了会谈。卡尔扎伊在双方会谈后举行的新闻发布会上说，恐怖主义是阿富汗和巴基斯坦共同的敌人，他强调，“一个稳定的阿富汗对巴基斯坦和阿富汗均有益，没有巴基斯坦的支持，阿富汗不可能实现和平”。卡尔扎伊表示，阿富汗政府绝不允许武装分子利用阿富汗的领土反对巴基斯坦，同样也不希望巴基斯坦的领土被武装分子利用以反对阿富汗。吉拉尼说，巴基斯坦和阿富汗不仅仅是邻国关系，还是朋友关系，这种关系亟待加强。巴基斯坦将在打击恐怖主义方面与阿富汗展开全面合作。

12 月 5 日，在访问即将结束时，伊斯兰堡和喀布尔同时发布了联合声明。双方表示，将加强在反对恐怖主义和极端主义上的合作，把两国的经济合作提高到新的水平。

此外，2010 年双方高层互访还包括：5 月初，阿富汗议会代表团访问巴基斯坦；8 月 5 日，阿富汗副总统哈利利访问巴基斯坦；5 月 26 日，应北约驻阿富汗国际安全援助部队最高指挥官麦克里斯特尔邀请，巴陆军参谋长基亚尼访问了喀布尔，双方讨论了涉及多边利益的很多问题。基亚尼同时拜见了阿富汗总统卡尔扎伊；6 月底，阿富汗外交部长扎尔枚·拉苏尔和内政部长访问巴基斯坦，分别与巴领导人会谈，并参加南盟内政部长会议；7 月 6 日，阿富汗财政部长扎克里尔瓦尔（Zaklilwal）率领代表团访问巴基斯坦，并与巴基斯坦财政部长谢赫在伊斯兰堡举行阿富汗过境贸易协定（ATT）谈判；8 月 9 日，巴陆军参谋长基亚尼到喀布尔参加巴基斯坦、阿富汗和驻阿富汗联军三方高级军事代表组成的三方军事委员会第 31 次会议，并会见阿富汗总统卡尔扎伊；8 月 9 日，阿富汗团结党（Hizb-e-Wahadat Party）领袖莫哈奇克和杰出哈扎拉族议员代表团拜访了巴基斯坦外交部长库雷希；等等。

总体来看，2010年巴阿两国的高层会晤频繁，不仅有总统和总理级的会晤，而且几乎囊括了各个部门之间的交流和访问。

二、政治互信有所加深

2010年，两国努力加深政治互信，出现了新的迹象，主要表现在两国政府在阿富汗重建和反恐合作上的共识不断加强。

2010年，两国在阿富汗重建问题上的认识日渐成熟。在2010年3月11日举行的巴阿会谈中，卡尔扎伊承认巴基斯坦在阿富汗政府与塔利班谈判中的重要作用，并希望巴基斯坦在阿富汗政府与塔利班和解并结束战争的进程中发挥作用。9月17日，阿总统卡尔扎伊访巴期间，再次肯定巴基斯坦在阿富汗政府与塔利班和其他派别的和解中的重要作用。

在政治解决阿富汗问题上，由于巴政府对塔利班有一定影响力，巴基斯坦希望介入阿政府与塔利班的谈判，并积极支持阿政府组建与塔利班和解的高级委员会。9月30日，巴基斯坦常驻联合国代表阿布杜·侯赛因·哈龙在联合国安理会表示，巴基斯坦欢迎阿富汗建立负责与塔利班谈判以恢复该国和平的高级委员会。

值得注意的是，在对待塔利班和阿富汗重建的问题上，阿富汗政府的态度发生了微妙变化。阿富汗政府从反对与塔利班对话到积极希望巴基斯坦参与其和塔利班的任何政治谈判，这充分表明，巴阿两国领导人在政治上有了很多共识，两国的政治关系日趋成熟。

三、经贸合作有所扩大

巴基斯坦与阿富汗的经济与贸易合作根基比较浅，合作领域也比较小，2009 年的双边贸易额仅为 15 亿美元。受战争以及两国经济基础薄弱的影响，目前两国的经贸合作大多通过政府引导来实现。两国领导人多次在会谈中提到，要将两国的贸易总额从现今的 15 亿美元提高到 2015 年的 50 亿美元。

2010 年 3 月阿总统卡尔扎伊访巴期间，双方同意通过多渠道进一步密切双边经贸往来。在商业领域，两国将设立“丝绸之路首席执行官论坛”，通过建立“巴阿重建财团”等方式，聚集公共及私营部门资源，推进阿重建进程。双方考虑建立联合投资公司，共同开发本地区丰富的能矿资源。在智力建设领域，巴方宣布，将阿学生赴巴留学奖学金名额从现在的 1000 个增至 2000 个。巴方拟在阿设立商业管理学院和教师培训中心。在农业领域，双方将重点关注农产品加工，考虑设立“农产品库”以强化食品安全；提议共同开展“作物替代计划”等农业科研项目。在环保、气候领域，双方将展开全面对话。在能源运输领域，双方将制定共同战略，以尽快完成“跨阿富汗能源计划”，特别是土库曼斯坦—阿富汗天然气管道项目。

据报道，此次阿总统卡尔扎伊访巴期间，双方宣布将进一步加强两国公路、铁路、航空运输建设，其中包括优先建设“白沙瓦—贾拉拉巴德”高速公路，完成铁路项目可行性研究。双方同意，通过协调海关制度、促进贸易便利化，发挥各自经济优势，力争到 2015 年将双边贸易额提升到 50 亿美元。

2010 年巴阿两国在经贸合作上的一大成就，是两国签署了谈判已久的过境贸易协定。10 月 28 日，巴基斯坦商务部长阿明·法希姆（Amin Fahim）与阿富汗商务部长安瓦鲁尔·哈克·艾哈迪（Anwarul Haq Ahadi）在喀布尔分别代表各自政府正式签署两国过境贸易协定。根据该协定，阿货车将直达巴境内瓦嘎（Wagah）边境口岸及卡拉奇港。同时，巴货车也可通过阿全境直达伊朗和土耳其等国。

尽管巴阿两国的经贸合作规模还比较小，水平还比较低，但两国的积极努力已经获得了一些业绩。据巴基斯坦联邦统计局公布数据显示，近年来巴对阿出口增长较快，从 2004 财年的 5 亿美元增至 2010 财年的 15.7 亿美元，阿已成为巴第三大出口对象。阿自巴进口商品种类繁多，包括建材、能源、食用油、食品、药物以及日常生活用品等。巴总理吉拉尼于 12 月访问阿富汗时称，希望在未来五年将两国贸易额扩大至 50 亿美元。

两国在经贸合作上还加强管理和法制措施，确保经贸合作的顺利进行。5 月 9 日，一个阿富汗官方代表团到访巴基斯坦。巴阿双方就联手打击过境贸易走私活动进行商谈。巴基斯坦财政部官员透露，为遏制巴阿过境贸易的走私行为，巴政府拟对阿富汗过境贸易协议（ATT）下的进口货物预征关税，并在该货物出口阿富汗时退税。根据 ATT 协议，巴方对目的地为阿富汗的过境货物免征关税，但近年来利用该协议的走私行为十分猖獗。巴海关官员称，每年走私货物总额约为 40－45 亿美元。主要走私货物有红茶、轮胎、电子设备、厨房用具、家用电器等，这些货物进口到巴基斯坦的数量远大于阿富汗的实际需要。大部分货物并没有转口至阿富汗，而是留在巴境内或出口后再次走私回巴方，对本地市场产生严重冲击，并造成大量关税流失。另外，为打击阿巴边境日益猖獗的大理石走私活动，阿富汗原则上同意进口巴基斯坦大理石合法。目前每天约有 12 至 15 集装箱巴基斯坦产大理石制品在免税商品的掩盖下走私进入阿富汗境内。据估计，巴大理石出口合法后，此项巴对阿出口额每年将达 5000 万美元。

四、多边合作不断推进

阿富汗与巴基斯坦的战略位置突出，两国的地缘位置对于连接中南亚，甚至中东和西亚都至关重要。2010 年，两国参与多边合作取得新进展。

一是能源合作取得进展。2010 年 9 月 21 日，土库曼斯坦、阿富汗、巴基斯坦和印度四国石油部长在土库曼斯坦首都阿什哈巴德，签署四国天然气管道（TAPI）项目框架协议，拟将土库曼斯坦的天然气经阿富汗出口至巴基斯坦和印度，项目协议总金额逾 30 亿美元。

12 月 12 日，土库曼斯坦、阿富汗、巴基斯坦三国总统、印度石油部长及亚洲开发银行行长联合签署了《政府间协议》和《天然气销售购买协议》。根据上述协议，四国间将修建全长 1680 千米的天然气管道，从土库曼斯坦气田每日输送 32 亿立方英尺天然气至巴中部城市木尔坦和印度西北城镇法兹卡。阿、巴、印三国天然气分配为：阿富汗 5 亿立方英尺/日、巴基斯坦、印度各 13.25 亿立方英尺/日。该项目预计于 2013 年—2014 年完工，届时巴天然气供应的紧张局面将得到极大缓解。

二是反恐和反走私合作。6月7日，巴基斯坦、阿富汗和土耳其三国外长在伊斯兰堡举行会议，三方一致同意，进一步提升在反恐领域的合作，特别是相互提供军事训练和演习的合作机会。11月25日，在联合国毒品和犯罪办公室主持下，巴基斯坦、伊朗和阿富汗三国政府官员在伊斯兰堡举行为期两天的三方会谈，商议在打击毒品走私犯罪领域加深合作。巴基斯坦总统扎尔达里分别会见了阿富汗禁毒事务部长 Zarar Ahmed Muqbel Osmani、联合国毒品和犯罪问题办公室执行主任费多托夫、伊朗内政部长穆斯塔法·穆罕默德·纳贾尔。

2010年巴基斯坦与伊斯兰国家关系

朱　颀

巴基斯坦把与伊斯兰国家的关系视为其对外关系的基石之一。2010年，巴基斯坦与众多伊斯兰国家的关系得到了稳步发展。

一、沙特阿拉伯

巴基斯坦和沙特阿拉伯在彼此的外交关系中都占有重要的地位。2010年，巴基斯坦与沙特阿拉伯政府官员多次会晤，增强了政治互信，并就反恐合作达成共识。沙特阿拉伯也是最早对巴基斯坦洪灾提供人道主义援助的国家之一。

（一）政府交往方面

1月26日，沙特驻巴基斯坦大使拜访了国民议会议长米尔扎。米尔扎表示，巴基斯坦高度重视同沙特的关系，两国在宗教、历史、文化上有着密不可分的联系，与沙特的关系在巴基斯坦外交关系中居于重要的地位。沙特政府在巴基斯坦处于困境时始终没有放弃对巴基斯坦的支持，在国际社会中也坚决站在巴基斯坦一边。米尔扎对沙特在地区和平与稳定中发挥的重要作用给予肯定，对沙特向巴基斯坦进行的投资表示感谢，并希望有更多的沙特投资人来巴基斯坦投资。米尔扎强调，巴基斯坦与沙特阿拉伯两国间政府和民间交往对促进两国关系发展的重要性，特别是相当一部分巴基斯坦人对沙特的经济发展做出了重要贡献。沙特大使表示，沙特政府希望巴基斯坦繁荣、稳定，沙特政府会尽一切努力与巴基斯坦进行全方位的经济合作。

3月13日，沙特驻巴大使与巴内政部长马利克举行会谈，双方讨论了共同关心的问题。马利克表示，巴沙一直保持友好关系，他希望沙特阿拉伯在这个困难的时刻帮助巴基斯坦。

4月3日，巴基斯坦外长库雷希与沙特阿拉伯外长费萨尔在吉达举行会谈，双方讨论了双边关系、地区及国际问题。费萨尔称，沙特不会以牺牲沙巴关系为代价来发展与印度的关系，并强调沙印的交流有益于巴基斯坦。双方一致认为，两国要在阿富汗问题上协同合作。此外，双方同意召开外秘级政治磋商会议以及联合部长委员会会议。

4月9日，沙特阿拉伯亲王穆罕默德·费萨尔率领代表团访问巴基斯坦并拜见了总理吉拉尼。吉拉尼表示，巴基斯坦政府为外国投资提供了友好的氛围，希望沙特能够继续到巴基斯坦投资，并在银行金融业给予巴基斯坦更多的帮助。费萨尔亲王对巴基斯坦通过宪法第18修正案表示祝贺，并称赞巴基斯坦政府在政治民主方面所作出的贡献。

5月16日，沙特大使拜访了内政部长马利克，双方讨论了双边关系，并表示两国关系将进一步加强。

（二）安全防务方面

3月1日，巴基斯坦空军参谋长苏莱曼拜见了沙特哈立德·本·苏尔坦王子，双方讨论了共同关心的问题。哈立德·本·苏尔坦王子还为苏莱曼颁发了阿卜杜勒·阿齐兹奖，以奖励他为两国关系所做出的贡献。

3月18日，沙特宗教事务副部长阿卜杜拉·哈曼说，沙特国王赞赏巴基斯坦在反恐战争中所做出的努力，并保证沙特将与巴基斯坦合作反恐。

3月19日，为了树立伊斯兰世界在国际上的温和形象，巴基斯坦和沙特阿拉伯同意共同与恐怖主义作斗争，两国决定共同发起大量教育活动，告诉民众，伊斯兰的真正精神是维护和平。两国还决定促进两国学者和宗教人士的交流，增进两国兄弟般的情谊。

（三）能源合作方面

5月12日，巴基斯坦大使在达兰与沙特石油公司首席执行官进行会谈，讨论两国在石油天然气领域的合作。

（四）洪灾救援方面

沙特是对巴水灾援助较早的国家之一，第一批援助物资于8

月4日抵达白沙瓦。8月9日，沙特发展基金会代表团拜访巴基斯坦外交部长库雷希时表示，从沙特起飞的8架救灾班机已经到达巴基斯坦，沙特将继续每天发送两架次航班的救灾物资到巴基斯坦。如有需要，航班数量还会增加。

8月16日，在巴基斯坦向国际社会发出求助呼吁后，沙特的援助第一天就到位2500万美元。其中，有沙特国王阿布杜拉的2000万里亚尔（相当于533万美元）私人捐款，苏尔丹·阿齐兹王储1000万里亚尔，内政部大臣纳伊夫·阿齐兹500万里亚尔。沙特政府向巴基斯坦许诺援助经费1亿美元，并且每天运送16架次飞机的救济物资。

据巴基斯坦《商业记录报》8月30日报道，沙特将再向巴基斯坦提供8000万美元捐助，帮助巴抗击洪灾。加上之前的捐助，沙特对巴捐助已超过1亿美元。

9月1日，巴基斯坦外交部长库雷希会见沙特情报局长阿齐兹王子，库雷希对沙特政府给予的援助表示感谢。王子表示，沙特政府将全力支持巴基斯坦渡过难关，并将在巴基斯坦灾后重建中提供一切可能的帮助。

9月4日，沙特政府向巴基斯坦信德省和旁遮普省灾区援助两座现代化的移动野外医院，每个医院能提供200张病床。每座医院配备有来自沙特的至少150名医护人员。沙特大使特别提到，目前，已经有22架次的运输机满载包括药品、食物、帐篷等其他生活必需品在内的救援物资运抵巴基斯坦。沙特还计划每周向巴基斯坦灾区运输100辆卡车的救灾物资。

9月21日，沙特大使在接受记者采访时表示，沙特政府一向把巴基斯坦视为兄弟，把巴基斯坦的稳定视为自己的稳定和伊斯兰世界的稳定。目前，沙特政府正在筹划向巴基斯坦运送1000辆卡车的救灾物资，并已经分别在塔达和穆扎法加尔地区建立了野外医院。沙特医疗队在离开信德省后，还向灾区捐助了价值3000万美元的医疗设备。沙特大使表示，沙特政府还将在未来的巴基斯坦灾后重建中给予巴基斯坦更多的帮助。

9月24日，沙特向巴基斯坦捐赠的160辆卡车援助物资被发往巴基斯坦北部部分受灾严重地区的4万个家庭。

10月8日，沙特王国的沙特发展基金向联合国儿童基金会提供2330万美元，支持其在巴基斯坦的人道主义行动。

10月21日，沙特政府向巴基斯坦灾区派出了第五批运送救灾物资，由250辆卡车组成的车队运送，这是沙特政府提出的“为200万灾民提供1000辆卡车物资”计划的一部分。

11月1日，巴基斯坦国防部长穆赫塔与沙特大使进行会晤，双方探讨了双边关系的重要性，就进一步促进两国在经贸和防务领域的互利合作达成共识。大使还表示，沙特政府将在巴基斯坦灾后重建中给予巴方必要的帮助，包括医务工作者和工程技术人员在内的300名沙特志愿者仍然在巴基斯坦从事灾后重建工作。

二、伊朗

2010年，巴基斯坦与伊朗的关系稳步发展，双方高层领导人多次接触，两国均有意保持并进一步推动两国建设性伙伴关系的发展，并扩大两国在能源、经贸、地区安全、交通运输等领域的合作。两国均认为，伊朗与巴基斯坦的友好关系久经考验，互惠互利，双方不会屈服于外界的压力，并会全方位加强合作。

（一）政府交往方面

1月10日，伊朗总统内贾德与巴基斯坦总统扎尔达里通话，内贾德对巴基斯坦近期发生在全国各地尤其是拉基马尔瓦特和卡拉奇的恐怖袭击事件表示强烈谴责，并对恐怖袭击造成的人员损失表示真诚的慰问。双方还讨论了双边关系及地区安全局势等问题，双方一致认为要加强在军事及其他领域的合作。

1月20日，巴基斯坦国民议会议长米尔扎在与伊朗驻巴基斯坦大使夏克里的会晤中表示，伊朗和巴基斯坦有很多的共同点，双方可以充分利用这些共同点来促进两国关系的发展。对伊朗投资者来讲，巴基斯坦与农业相关的产业存在大量投资机会，而巴基斯坦也可以为伊朗的工业发展提供足够的人力资源。她还特别强调，完成建设跨国石油管道将为地区发展和繁荣提供新的途径。夏克里说，伊朗希望看到巴基斯坦的繁荣和强大。伊朗会一如既往地全方位支持巴基斯坦走出如今面临的困境。

2月10日，在伊朗革命胜利31周年纪念活动中，伊朗驻巴大使沙克利表示，尽管安全挑战日益严峻，但伊朗决定与巴基斯坦保持长久建设性的伙伴关系。作为一个穆斯林邻居，巴基斯坦在伊朗外交战略中占有特殊的地位，巴基斯坦的和平、稳定与全面发展也是伊朗的需要。伊朗会为巴基斯坦人民的福利和发展提供不遗余力的帮助。伊朗准备向巴基斯坦输送电力，以帮助解决巴基斯坦的电力紧缺问题，还将改善两国之间的公路、铁路等连接条件，加强两国的交流。

4月7日，伊朗驻巴大使会见了三军参谋长联席会议主席马吉德上将，交换了在双边关系、国防合作和其他领域，包括地区安全问题上的意见。

5月11日，伊斯兰会议组织联席议会执行委员会第二轮开放会议在土耳其伊斯坦布尔召开。会议期间，巴基斯坦国民议会议长米尔扎与伊朗议长拉里加尼举行会谈。米尔扎说，恐怖主义和极端主义威胁全球和平，呼吁世界主要国家对冲突地区提供外交和军事援助。

（二）安全防务方面

1月16日，阿富汗、伊朗、巴基斯坦三国外长举行三方会谈，就共同面临的地区极端主义和恐怖主义的挑战达成共识，签署了《伊斯兰堡宣言》。三国决定通过合作来维持地区的和平、稳定与发展，合作内容还包括应对地区非法军火交易和毒品走私等。此外，三国还将在经贸方面和情报安全方面展开合作。

2月24日，巴基斯坦驻伊朗大使阿巴斯在新闻发布会上称，巴基斯坦在打击阿布杜尔·马利克·里吉领导的穆斯林极端派别“真主旅”问题上已经与伊朗展开了充分的合作，并向伊朗方面移交了多名巴基斯坦逮捕的该组织成员。阿巴斯说，伊朗的胜利也就是巴基斯坦的胜利。大使强调，巴基斯坦领土没有也绝对不允许存在任何旨在针对伊朗的恐怖组织基地和恐怖主义活动。他希望媒体在巴基斯坦和伊朗的关系发展上应该发挥更加积极的作用。

3月30日，伊朗情报机构表示，他们成功越境解救了一名在2008年被劫持到巴基斯坦的外交官。这名外交官名叫赫什马托拉·阿塔尔扎德，被劫持前是伊朗驻巴基斯坦白沙瓦领事馆的官员。巴方一位不愿透露姓名的军方高级官员表示，他们也参与了行动，并在关键时刻给予了伊方帮助。

4月19日，巴基斯坦政、军高层出席了在伊朗大使馆举行的伊朗伊斯兰共和国建军节招待会。招待会由伊朗驻巴基斯坦大使沙克里主持。

（三）能源合作方面

1月6日，巴基斯坦与伊朗就两国天然气管道项目达成协议，但巴基斯坦同时表示，不能保证印度也可以通过此管道顺利获取伊朗的天然气。巴基斯坦《黎明报》引用可靠人士的话说，巴伊两国已就管道的铺设细节、伊朗天然气的售价、数量等所有问题达成一致意见，只要伊朗不在“通过该管道向印度无障碍输出天然气”这一问题上向巴基斯坦施加过多压力，那么该管道的铺设工作便可立即动工。

1月28日，伊朗驻巴基斯坦大使马沙拉·沙克里和巴水电部长拉扎·佩尔韦兹·阿什拉夫同意加快促成从伊朗到巴基斯坦的1000兆瓦的电力进口。双方还讨论了从伊朗向瓜达尔港输送100兆瓦电力的输电线路建设问题。阿什拉夫还表示，巴基斯坦和伊朗是紧密的兄弟关系，巴基斯坦真诚希望扩大与伊朗在各领域的合作。

2月17日，巴工业生产部长米尔·哈扎尔·汗·比贾拉尼在会见伊朗大使时称，巴伊应加强在工业领域的合作，不同工业领域内的技术、融资和投资合作将有助于促进两国经济发展。

2 月 26 日，巴基斯坦电力能源公司表示，巴方已经就向伊朗购买 1000 兆瓦电力与伊朗展开谈判，根据巴基斯坦与伊朗前期签署的协议，伊朗将向巴基斯坦俾路支省沿海地区输送 100 兆瓦的电力，输电线路的建设即将展开。

3 月 16 日，巴基斯坦与伊朗在伊斯坦布尔签订了首份天然气管道协议。该管道连接伊朗南帕尔斯气田与巴基斯坦俾路支省及信德省的天然气管道，根据协议，伊朗将在未来 25 年内，每天为巴基斯坦提供 7.5 亿立方英尺的天然气，这对于缓解巴基斯坦能源危机将起到十分重要的作用。巴基斯坦石油和天然气部长赛伊德·纳维德·卡马尔称赞这个历史性的协议是解决巴基斯坦能源需求的里程碑。据报道，这条名为“和平管道”的天然气管道总长 1000 公里，预计 2014 年底前开始输气。如有需要，协议有效期可延长 5 年。协议金额 75 亿美元。项目完工后，伊朗出口的天然气估计接近巴基斯坦现阶段天然气产量的五分之一。伊朗天然气储量位居全球第二，仅次于俄罗斯。但由于西方制裁等原因，伊朗天然气开采和出口一直发展缓慢。伊朗政府称，需要 250 亿美元资金来发展其能源产业。而对巴基斯坦来说，管道开通后，将极大地缓解其日益严重的能源短缺问题。这条管道早在上世纪 90 年代就开始筹建。按照最初的设想，管道抵达巴基斯坦后还将延长到印度。但最终印度退出了这一计划。而美国一直希望能够阻挠这一计划的实施。

4 月 10 日，巴外交部发言人阿卜杜拉·巴斯特称，巴基斯坦不会因屈服于美国的压力而终止与伊朗的能源合作。他还称，所有国家都有和平利用核能的权利，但是要相应地履行其国际义务。

4月16日，伊朗外交部长曼努彻赫尔·穆塔基说，伊朗希望尽快找出可以解决巴基斯坦能源危机的办法。他在德黑兰会见巴基斯坦大使阿巴斯时说，伊朗方面准备向巴基斯坦派遣一个能源方面的高级代表团协商此事，他还对伊巴之间签订的管道协议表示满意。阿巴斯表示，巴基斯坦已经做好实施管道协议的准备工作，相关专家代表团将访问德黑兰，商讨如何落实协议的细节。

5月5日，由伊朗外交部特别代表率领的代表团拜见了巴基斯坦联邦石油和自然资源部长卡马尔，双方讨论了有关两国石油、天然气和电力方面的合作。巴部长表示，巴方已经准备签署文件，只等最后细节问题确定。伊朗表示，伊方已经决定提交相关文件。伊朗将在布什尔省靠近波斯湾海岸的地区给巴基斯坦提供油气，目前输气管道已经在伊朗境内铺设完毕。另外，双方还探讨了有关在两国边境采取措施以制止边境走私的问题。

5月12日，伊朗驻巴基斯坦大使夏克里在会见巴基斯坦石油天然气部长尼维德·卡马尔时提出，伊朗政府拟在伊朗—巴基斯坦天然气管道项目（简称IP项目）投入运营前，按延期支付方式向巴提供原油和燃料用油，以帮助巴方解决目前的能源危机。双方还同意，将在法国驻巴使馆签署两国天然气购买协议担保合同，以便购气协议生效和启动IP项目。该担保合同将适用法国法律。卡马尔已指示巴石油天然气部秘书组派得力专家于7月前赴伊，商谈按延期支付方式进口石油的细节问题。

6月22日，巴基斯坦总理吉拉尼说，尽管美国政府单边对伊朗实施新一轮制裁，巴方会继续履行与伊朗签订的天然气进口协议。这项协议引发美方不满。一些美国官员认为，巴基斯坦从伊朗进口天然气会弱化国际社会因核计划对伊朗实施的制裁。继联合国安全理事会决定对伊朗实行自2006年以来的第四轮制裁之后，美国政府6月16日宣布对伊朗实施进一步制裁。美国阿富汗和巴基斯坦问题特使理查德·霍尔布鲁克先前警告，巴伊天然气协议与美国对伊朗的最新一轮制裁相冲突，巴基斯坦不应“行动过度”。巴总理吉拉尼告诉媒体记者，如果这项协议与联合国相关制裁冲突，巴方愿意重新考虑。不过，他否认巴方会听取霍尔布鲁克警告的说法，称巴方不会遵循美国的单边制裁决定。

6月23日，巴基斯坦和伊朗签署一项协议，巴基斯坦将从伊朗进口1000兆瓦的电力。为此，巴基斯坦计划了两项工程，其中为瓜达尔港地区输送100兆瓦电力的工程已经开始运行，该工程耗资310万美元，将于2012年完成。目前已经输送电力39兆瓦。另外，耗资5亿美元全长700公里的输电线路建设也将开建，该输电1000兆瓦计划有望在5年内完成。

6月29日，伊朗决定以优惠税率向巴基斯坦出口电力，以帮助巴基斯坦度过能源危机。

7月21日，巴总理吉拉尼在接见伊朗驻巴基斯坦大使时指出，要对巴—伊之间的油、气、电合作项目跟踪管理。希望已经获得向瓜达尔港供电合同的伊朗公司能够尽早完成工程。

9月28日，巴基斯坦石油与自然资源部长纳维德·卡马尔在回答国民议会质询时称，巴基斯坦与伊朗2009年6月5日在土耳其签署的天然气购销合同已于2010年6月13日生效。根据该合同，巴—伊天然气管道项目建成后，伊朗每日将向巴基斯坦输送天然气7.5亿立方英尺（约合2124万立方米），如双方同意，输送能力可提高至每日10亿立方英尺（约合2832万立方米）。该合同有效期为25年，期满后可再延长5年。卡马尔表示，巴—伊天然气管道项目将于2015年建成，工期15个月，进口天然气将为巴400万千瓦火力发电机组提供工业燃料。该项目建设及日后维修将为经济落后的俾路支省创造就业机会，带动地区经济发展。

10月11日，巴基斯坦石油与天然气部长赛伊德·纳维德·卡马尔称，伊朗—巴基斯坦天然气管道工程将在三年内完工，巴基斯坦政府为此作出了大量努力。

（四）经济合作方面

2月2日，由国民议会议长米尔扎博士带领的代表团访问伊朗，其目的是加强双边友好关系、扩大双边经贸合作。

3月1日，巴基斯坦官员表示，伊朗重新开放了与巴基斯坦相邻边境，以进行贸易交流。巴基斯坦官员称，两国政府于上周就携手加强边境安全一事达成共识，从而促使伊朗此次重新开放边境。巴官员还表示，双方目前已在边境加强了对人员非法跨境流动以及毒品走私的安全检查力度。2009年10月，伊朗东南部发生自杀式爆炸袭击事件，造成42人死亡，伊朗反政府武装组织“真主旅”宣布对此事件负责，随后伊朗关闭了伊巴边境。伊朗方面曾指控巴基斯坦安全人员卷入该爆炸事件，认为这些人是从巴基斯坦进入伊朗境内并策划爆炸行动的。巴基斯坦对此予以否认。巴基斯坦官员说，巴基斯坦和伊朗在政府层面较好地开展了工业项目合作，但是在私营层面上还需要进一步增强工业合作。

5 月 3 日，巴基斯坦总理吉拉尼与伊朗外交部代表举行会晤，双方就进一步推动商业贸易交流达成共识，双方还特别谈到伊朗—巴基斯坦输气管道工程、电力输送工程以及 2005 年两国签署的互惠贸易协定的落实情况等。

6 月 25 日，巴基斯坦和伊朗将加强电信部门的合作，并铺设连接两国的陆地光纤线路，这将有助于两国的经贸往来并有利于地区的和平与发展。

10 月 22 日，巴基斯坦总统扎尔达里在与伊朗驻巴基斯坦大使会谈时表示，巴基斯坦将继续加强两国在各领域的双边合作，特别是在贸易、能源、通讯和基础设施建设方面的合作。他还特别强调了加强两国公路、铁路和航空联系的重要性。

10 月 24 日，巴基斯坦和伊朗决定共同加强边境巡逻力度，采取措施来打击非法越境和走私活动。

11 月 24 日，在联合国毒品和犯罪办公室的主持下，巴基斯坦、伊朗和阿富汗三国政府官员在伊斯兰堡举行为期两天的三方会谈，商议如何在打击走私及非法贸易领域加深合作。

（五）洪灾援助方面

8 月 16 日，巴基斯坦与伊朗外长通了电话，伊朗外长对巴基斯坦遭受的洪灾表示慰问，巴基斯坦外长对伊朗及时提供的救援物资表示感谢。

9 月 3 日，吉拉尼总理会见由伊朗内政部长率领的代表团，双方对两国关系的未来深入发展交换了意见。吉拉尼对伊朗给予的援助表示感谢，伊朗内政部长表示，截至目前，伊朗已经运送了7架次运输机和4卡车的救灾物资到巴基斯坦灾区，其中包括帐篷、毛毯、药品和食物，并且已经通过伊朗红十字会发放给了受灾民众。他还说，有更多的救灾物资运输正在计划之中，伊朗政府还计划在开伯尔—普什图、旁遮普省和信德省的灾区建立野外医院来帮助救治灾民。伊朗内政部长还承诺，伊朗不会抛弃巴基斯坦兄弟不管。

9月4日，总统扎尔达里会见由伊朗内政部长率领的代表团，双方讨论了双边关系和洪水对巴基斯坦造成的影响。伊朗承诺将向巴提供1000万美元援助，之前已经有130万美元的援助交给了巴基斯坦方面。

9月14日，伊朗内阁拨出1亿美元作为新的预算，帮助巴基斯坦灾民。内阁一位领导人表示，这是伊斯兰世界最紧迫的事，并呼吁伊朗政府和人民以及世界上所有的伊斯兰国家、穆斯林同胞一同来帮助巴基斯坦人民渡过难关。

10月3日，伊朗最大一批援助巴基斯坦受灾群众的民间援助物资共150卡车抵达巴基斯坦俾路支省省会奎达。据伊朗通讯社报道，这批物资由伊朗“友善与兄弟情义”车队运抵奎达，4日举行仪式分发给巴基斯坦所有受灾地区。这批物资包括3000吨灾民们需要的物品，包括帐篷、毛毯、食品、药品和水等。伊朗是向巴基斯坦提供人道主义援助最积极的5个国家之一。在伊朗向奎达输送了150卡车和30火车车厢的救援物资以及向卡拉奇港派遣了两艘船运送救援物资后，伊朗民间援助巴基斯坦的物资达到5300吨。

（六）其他方面

6月11日，针对伊朗核问题，巴基斯坦呼吁各大国通过外交手段协商和平解决。巴基斯坦将在其中发挥调解作用。

三、土耳其

2010年，巴基斯坦和土耳其的关系有了重大发展，双方领导人多次互访，双方在安全防务与经济合作领域也取得成果。在国际事务上，两国也展开合作，用同一个声音说话。

（一）政府交往方面

1月12日，旁遮普省首席部长夏巴兹·谢里夫与土耳其总统阿卜杜拉·居尔通话。土总统表示，土耳其与巴基斯坦兄弟般的关系将在未来得到延续并加强。

2月15日，土耳其总统居尔致电巴基斯坦扎尔达里总统，讨论了双边关系以及地区局势等问题。

3月30日—4月2日，应巴基斯坦总统扎尔达里的邀请，土耳其总统阿卜杜拉·居尔对巴基斯坦进行为期四天的正式访问。阿卜杜拉·居尔表示，土耳其和巴基斯坦两国长期以来一直互信互利，土耳其一向支持巴基斯坦的反恐活动，土耳其希望在多领域增加对巴基斯坦的投资，特别是基础设施建设领域和能源领域。

3月31日，总理吉拉尼在巴基斯坦－土耳其CEO论坛上说，巴基斯坦正在通过自由市场发展经济，并强调由私有经济带头发展巴基斯坦的经济。居尔强调，土耳其人民非常关心巴基斯坦的能源危机问题，土耳其将尽一切可能帮助巴摆脱能源困境。巴基斯坦和土耳其代表还在总统府举行了会谈，吉拉尼和居尔谴责了极端主义和恐怖主义。此外，总统扎尔达里在总统府与居尔签署了两国经济合作、农业和投资领域的三项谅解备忘录。根据备忘录，两国将在水果和农产品加工、橄榄商业生产、奶制品生产、冷藏设备等多个领域加强合作并成立合资企业。在会谈中，两国强调全面升级战略伙伴关系并密切政治与经济合作，发掘两国经济合作的最大潜力。

4月1日，土耳其总统居尔与巴基斯坦海湾建设有限公司总裁举行会谈，居尔赞扬了由巴基斯坦海湾建设有限公司承建的多功能人马座工程，并称它是伊斯兰兄弟国家经济繁荣的里程碑。土耳其总统居尔当晚在拉合尔参观了由公园、园艺界以及旁遮普家畜乳制品发展公司联合举办的巴基斯坦马、牛等家畜展览。

6月1日，土耳其驻巴基斯坦大使表示，土耳其寻求在巴基斯坦北部城市锡亚尔科特建立领事馆。

9月2日，土耳其总理夫人艾米娜·埃尔多安率代表团访问巴基斯坦。巴基斯坦总理吉拉尼在会见到访的土耳其总理夫人时表示，巴基斯坦和土耳其的友好关系是基于文化和宗教联系的，两国的友谊是经过时间考验的。他还向总理夫人表示对土耳其援助巴基斯坦的感谢。艾米娜说，巴土两国无论是官方还是民间都保持着友好的关系，目前土耳其各界都在为援助巴基斯坦筹集资金。此后，艾米娜在巴总理吉拉尼陪同下参观了部分灾民安置点并发表了讲话，艾米表达了土耳其人民的痛心之情，并表示，土耳其会尽一切努力来帮助巴基斯坦走出困境。艾米娜说，土耳其已经通过铁路运送了 1500 吨救灾物资到巴基斯坦奎达地区，土耳其政府也提供了 1000 万美元的现金援助，土耳其还将为巴基斯坦灾民修建更多的安置房。

9 月 13 日，巴总理吉拉尼向土耳其总理埃尔多安致电，祝贺土耳其政府在 9 月 12 日提出的修宪议案在公投中获得通过，并称赞其为民主的胜利。双方还就两国关系进行了探讨，土总理表示，土耳其政府和人民将永远和巴基斯坦站在一起。

10 月 13 日，土耳其总理埃尔多安率团访问巴基斯坦。巴基斯坦总统扎尔达里在与到访的土耳其总理会谈时表示，希望升级两国间的铁路设施，开通客运通道，以增加两国间的经济和贸易合作，特别是发展运输、电信、制造业和旅游业领域的合作，充分挖掘两国之间的合作潜力，全面提升两国关系为战略伙伴关系。14 日，吉拉尼与土耳其总理进行了会晤，双方决定共同提高国家实力，更好地应对地区和国际挑战。12 月 7 日，土耳其总理埃尔多安表示，土巴两国的友谊不仅是因为两国共同的历史渊源，同样也是两国人民共同的感情所在。他相信，两国的友谊和兄弟之情未来将在互利互惠的基础上进一步强化，并为世界和平、稳定与繁荣作出贡献。

12 月 6 日，巴基斯坦总理吉拉尼率团访问土耳其。12 月 7 日，土耳其总理埃尔多安和到访的巴基斯坦总理吉拉尼举行会晤，双方一致强调，土耳其和巴基斯坦将进一步发展两国业已存在的友好关系。吉拉尼在安卡拉与埃尔多安总理会谈后举行的联合记者招待会上说，巴基斯坦非常重视与土耳其的关系，两国 7

日成功举行的高层合作委员会首次会议将为双方友好关系翻开新篇章。两国将在经贸、农业、工业和国防等领域进一步发展关系。在签署一系列协议后，两国总理举行了联合新闻发布会。埃尔多安在记者招待会上说，土耳其随时准备在打击恐怖主义、极端主义等方面向巴基斯坦提供各种支持。他说，高层合作委员会首次会议已开始了两国关系的新时代。土耳其和巴基斯坦签署了 18 个协议和谅解备忘录。同天上午，土耳其总统居尔在安卡拉向吉拉尼总理颁发了国家荣誉奖章，以表彰吉拉尼对发展土巴两国关系作出的贡献。居尔在颁奖仪式上说，吉拉尼的工作不仅对加深土巴友好关系具有重要意义，还有助于地区与世界的和平、稳定与繁荣。吉拉尼说，巴基斯坦对进一步提升巴土双边关系有强烈意愿。巴基斯坦总理吉拉尼还受到埃尔多安的设宴款待。在宴会上，土耳其总理埃尔多安的夫人艾米娜鉴于其对巴基斯坦洪灾的救援工作而被吉拉尼授予巴基斯坦弯月奖。

（二）安全防务方面

1 月 26 日，巴基斯坦、土耳其和阿富汗三国第四届领导人峰会就反恐问题达成一致，三国表明坚决反对一切形式的恐怖主义，并将竭尽全力提升本国国力以应对各种形式恐怖主义的决心。会议达成的联合宣言强调三国将加强军事和情报合作，进行联合反恐演练以及分享反恐经验教训。三国首脑还强调年轻人的教育在未来国家发展中的重要性，以及三国的经贸合作问题。峰会同意三国建立更紧密的经贸合作，包括能源、运输、贸易等领域。

3月19日，巴基斯坦和来访的土耳其防务代表团进行会晤，双方表示对现有防务合作的满意，并期望未来防务合作达到更高水平。双方还就加强海上防务合作达成共识。

5月11日，伊斯兰会议组织联席议会执行委员会第二轮开放式会议在土耳其伊斯坦布尔召开。会议期间，巴基斯坦国民议会议长米尔扎与土耳其大国民议会议长沙般举行会谈。米尔扎说，恐怖主义和极端主义是全球和平的威胁，并呼吁世界主要国家对冲突的地区提供外交和军事援助。

5月12日，土耳其陆军参谋长访问巴基斯坦。巴基斯坦总统扎尔达里周三授予土耳其陆军参谋长厄舍克·科沙内尔将军狮子最高军事奖章（Nishan-e-Imtiaz），奖励他为促进巴土双边关系作出的贡献。总统希望两国之间的防务合作能进一步深入发展，特别是在研发和技术转让方面。此后，土耳其陆军参谋长会见巴三军参谋长基亚尼将军，双方讨论了涉及多边利益的问题。

6月7日，巴基斯坦、阿富汗和土耳其三国外长在伊斯兰堡举行会议，三方一致同意，进一步提升在反恐领域的合作，特别是相互提供军事训练和演习的合作机会。三国还强调加强教育合作的重要性，并希望进一步推动基础设施建设、能源、贸易和运输领域的合作。

7月12日，巴基斯坦国防部长乔杜里·艾哈迈德·穆赫塔尔率国防部代表团赴土耳其，开始为期3天的正式访问。此次访问有助于推动两国关系的进一步发展，尤其是防务合作的深入发展。14日，乔杜里·艾哈迈德·穆赫塔尔在安卡拉与土耳其国防部长维克迪·戈努尔会谈时表示，以色列应该对5月31日杀害一名土耳其公民做出道歉，并给予赔偿。双方还就联合对陆海空武器系统的升级进行了讨论。穆赫塔尔还拜见了土耳其总统阿卜杜拉·居尔。居尔总统表示，应该建立土巴之间的联合国防生产工程，他还对巴基斯坦生产的JF-17“雷电”战机表示出浓厚的兴趣。双方还就能源合作、投资促进以及铁路建设工程等方面进行了探讨。

12月24日，土耳其、阿富汗和巴基斯坦在伊斯坦布尔举行第五届三国首脑会议。会议发布联合公报称，三方联合军演定于2011年春季在伊斯坦布尔举行，军演旨在加强合作，更好地打击恐怖主义和极端主义。土耳其总统居尔、阿富汗总统卡尔扎伊和巴基斯坦总统扎尔达里在联合记者会上说，首脑会议取得实质性成果，三方将采取具体措施，促进在铁路建设、警察培训以及缉毒方面的合作。三国首脑会议机制最初由土耳其提出，土方试图以中间人的身份，推动巴基斯坦和阿富汗的互信与合作。首届三方首脑会议于2007年举行，此后三方合作的重点主要在加强协调反恐方面。土耳其与阿富汗、巴基斯坦都保持着良好的关系：一是因为土尔其与阿富汗、巴基斯坦两国都没有共同边界，不存在领土方面的纠纷；二是因为土耳其绝大多数居民信奉伊斯兰教，无论阿富汗还是巴基斯坦都对土耳其怀有好感。

（三）经济合作方面

1月21日，巴基斯坦、伊朗与土耳其考虑开设连接三国首都的客运列车。巴基斯坦铁路官员称，三国已经解决了技术问题，而2009年8月货运列车的开启也有效促进了地区社会经济的发展和繁荣，拉近了各国人民之间的距离。《亚洲时报》报道说，土耳其与巴基斯坦政府已经同意共同出资200亿美元，将现有连接巴基斯坦首都伊斯兰堡和土耳其第一大城市伊斯坦布尔的铁路进行现代化改造，以增加货物运输能力。升级后的高速铁路最终有可能与欧洲铁路网相连接。报道说，正在伊斯坦布尔访问的巴基斯坦总统扎尔达里与土耳其总统阿卜杜拉·居尔详细探讨了铁路升级计划。目前已经有三家土耳其公司对此项目表示兴趣。这项铁路升级计划为期5年。目前，伊斯兰堡经由伊朗首都德黑兰到伊斯坦布尔的运行时间是11天，升级改造完成后，运行时间将缩短至3天。2009年11月，巴基斯坦与土耳其签署了一份促进双边贸易的协议，计划未来两年内将两国贸易额从2009年的7.41亿美元增加到20亿美元。分析人士表示，这条高速铁路开通后，将使巴基斯坦与土耳其的双边经贸往来迈入一个新时代，将大大加强巴基斯坦与欧洲市场的联系。连接伊斯兰堡和伊斯坦布尔的欧亚铁路全长6566公里，在巴基斯坦境内为1990公里，在伊朗境内为2570公里，在土耳其境内为2006公里。现有铁路已年久失修，从伊斯兰堡开往伊斯坦布尔的货运列车通常需要两周才能抵达目的地。1月23日，巴基斯坦总统扎尔达里主张建设连接伊斯兰堡、伊斯坦布尔、德黑兰的铁路，巴驻土耳其大使对记者表示，这条铁路一旦完成，不仅将提供比海运更为快捷的运输方式，有助于促进这三个国家的经济和贸易联系，而且对于巴基斯坦商品通过土耳其进入欧洲市场有重要作用。

3月10日，土耳其总统阿卜杜拉·居尔在与巴基斯坦议会代表会谈时表示，土耳其将继续支持巴基斯坦，两国的友好关系是一种深深植根于两国人民心中的历史联系。他将为推动两国经贸投资和商务往来而继续努力，并将继续帮助巴基斯坦克服眼前的经济困难，特别是能源短缺问题。

4月1日，巴基斯坦与土耳其在拉合尔举行了“巴土CEO商务论坛”。本次论坛由巴基斯坦旁遮普省投资与贸易董事会举办。来自土耳其的60位企业领导人和来自巴基斯坦的200位企业领导人出席了本次论坛。到访巴基斯坦的土耳其总统阿卜杜拉·居尔说，巴土目前经贸额只有7.4亿美元，远远不能反映出两国之间兄弟般的友谊。土巴两国是全天候的伙伴，友好关系经过了时间的考验，双方应该致力于扩大合作，解决制约两国经贸关系更近一步发展的种种问题。在这次访问中，两国决定深化战略伙伴关系，并加强政治和经济合作。两国就下一步促进双方在经贸、投资、农业、基础设施建设、工业、文化、教育、防务以及人员交往等领域的合作达成共识。双方决定采取措施使双边经贸额在2012年达到20亿美元的目标。4月2日，土耳其与巴基斯坦举行联合记者招待会，两国同意从2010年8月开始铁路货运服务。两国还对《双边道路运输协定》的批准实施表示满意，并重申希望到2012年两国的贸易额能够达到20亿美元。

9月16日，土耳其有意向巴基斯坦提供可以自动充气放气的橡胶水坝修建技术，该项技术已经在日本、美国和其他南亚国家成功运用。

10月13日，巴基斯坦总理在与到访的土耳其总理举行会谈时表示，两国可以利用现有的高级合作委员会的机制增强经济联系，以使两国贸易在2012年达到20亿美元的目标。土耳其已为巴基斯坦灾区筹集到了约2亿美元的善款，其中1.26亿美元已经由土耳其商会交给了巴总理减灾基金。

（四）人文社会合作

2月17日，土耳其驻巴大使赫兹兰会见巴青年事务部长侯赛因·布托，双方讨论了共同关心的问题，强调了两国关系的重要性，并赞扬双方的友好关系。双方还就促进两国民间交流、青年往来、扩大合作范围、进一步推动经贸和文化合作达成了共识。

3月2日，巴基斯坦新闻与广播部长凯拉在与土耳其大使赫兹兰的会晤中表示，希望加强两国之间在传媒领域的技术合作。

12月8日，巴总理吉拉尼访问土耳其，土耳其广播电视总局TRT与巴基斯坦国家电视台之间签署了旨在进行节目互换和人员培训的合作协议。

（五）洪灾救援方面

8月11日，土耳其政府向巴基斯坦总理减灾基金捐助了500万美元，支票由土驻巴大使转交给了总理吉拉尼。大使表示，土耳其政府已经派遣了一架飞机并还将派遣三架飞机向巴基斯坦运送必要的救灾物资，特别是帐篷等急需物资。

8月21日，土耳其军队派遣了一架货运飞机到巴基斯坦，帮助运送救灾物资。土方还表示，这架飞机将暂时交由巴基斯坦方面来指挥。土耳其已经向巴方提供了1000万美元的资金援助和140吨的救援物资。

9月28日，土耳其总理雷杰普·埃尔多安严词批评伊斯兰国家，尤其是产油国在向巴基斯坦洪涝灾害地区提供人道主义援助时组织迟缓，行动懈怠。在伊斯兰教科文组织于伊斯坦布尔举办的《古兰经》降世1400年庆祝集会上，土耳其总理拉吉布·埃尔多安呼吁伊斯兰国家应筹集更多爱心捐款，救助巴基斯坦民众。针对伊斯兰会议成员国仅筹集到1亿美元的捐款数额，埃尔多安总理表示难以接受，他强调指出，伊斯兰会议组织成员国对巴的捐款应该筹集到比这个数额更多的捐款，因为这样的人道主义援助是体现穆斯林间的互助精神，以及为救助自家兄弟而同甘共苦的牺牲精神。最后，埃尔多安总理明确表示，土耳其还将继续在全国范围内的所有清真寺筹集更多善款和救援物资，送给巴基斯坦这个兄弟国家。

10月12日，巴基斯坦驻土耳其大使向总理吉拉尼送交一张来自土耳其人民及在土耳其的巴基斯坦团体的183.8万美元的支票。

（六）其他方面

5月20日，土耳其总理埃尔多安致电巴总理吉拉尼，称他对伊朗、土耳其与巴基斯坦就伊朗核燃料问题达成联合声明充满信心，同时，他感谢吉拉尼之前与美国总统奥巴马、俄罗斯总理普京谈及此事。吉拉尼表示，巴基斯坦支持伊朗核问题的和平解决，伊朗有权和平利用核技术。

6月9日，土耳其总统阿卜杜拉·居尔在接见到访的巴基斯坦外长库雷希时保证，土耳其支持巴基斯坦获得联合国安理会非常任理事国资格，支持将于2010年10月在布鲁塞尔举办的民主巴基斯坦之友部长级会议。

四、印度尼西亚

2010年，巴基斯坦和印度尼西亚的关系平稳发展，双方为进一步推动两国经贸关系、防务合作的深入发展开展了许多卓有成效的工作。

（一）政府交往方面

1月12日，印尼总统苏西洛在与巴基斯坦大使的简短会谈中表示，印尼和巴基斯坦有着广泛的伙伴关系，双方在地区和国际重大问题上有着相同的看法，他希望两国关系未来能更上一个台阶。巴大使强调了两国基于共同宗教信仰和对未来发展的关注所建立起来的友谊，并希望尽早落实2005年印尼总统访问巴基斯坦时双方达成的一系列协议，包括支持巴基斯坦成为“东盟全面对话伙伴国”等。

4月22日，巴参议院主席奈克与印尼驻巴基斯坦大使举行会谈时称，巴印两国有必要加强双边关系以及民间交流，进一步巩固两国2007年签署的印尼与巴基斯坦友好条约。奈克还赞赏印尼政府和人民在2007年举行自由而公正的选举，进一步巩固了印尼的民主体制。

11月22日，巴基斯坦外交部长库雷希在与印度尼西亚外长马蒂·纳塔莱加瓦会谈后表示，巴基斯坦和印度尼西亚将共同打击恐怖主义，促进相互间对话。

（二）安全防务方面

1月12日，印度尼西亚总统苏西洛赞扬巴基斯坦政府和人民反对恐怖主义和极端主义的决心。据巴基斯坦驻印尼使馆称，印尼总统在接受巴驻印尼大使萨璐拉赫递交国书时说，巴基斯坦和人民一定能够战胜恐怖主义，并且强调，“恐怖主义不可能战胜国家”。

3月11日，印尼国防部长普尔诺莫和巴基斯坦大使在雅加达举行会晤，双方就进一步扩大防务合作达成共识。巴大使还表达了巴基斯坦与东盟加强合作，进而成为东盟全面对话伙伴的意愿。

5月14日，巴基斯坦国防部长穆赫塔尔同来访的印尼海军司令会晤，双方决定开展防务合作，以此将这两个兄弟国家的合作关系提升到一个新的高度。两国决定在军事训练、军事代表团互访方面加强合作。

7月21日，巴基斯坦国防部长穆赫塔尔和印度尼西亚国防部长普尔诺莫·尤斯吉安托在巴基斯坦国防部签署了开展两国防务合作的协定。

（三）经济合作方面

2月3日，印尼农业部官员表示，印尼希望2010年与巴基斯坦签订一份特惠关税协定，以提高对巴基斯坦的棕榈油出口。印尼希望巴基斯坦将印尼棕榈油进口关税下调到与马来西亚棕榈油进口关税相当的水平，平等对待两国的棕榈油进口。巴基斯坦目前对印尼棕榈油征收8900卢比/吨的进口关税，但对马来西亚棕榈油征收的关税要少15%。

2月17日，印尼人民代表会议议长马祖克在与巴基斯坦大使的会晤中表示，印尼希望增加对巴基斯坦的投资。

2月19日，印尼文化与旅游部秘书长在与巴基斯坦大使的会晤中表示，希望和巴基斯坦加强旅游领域的合作。他说，巴基斯坦拥有雪山、冰川风景、佛教和印度教遗迹以及丰富的伊斯兰文化风情，是印尼旅游爱好者绝佳的旅游目的地之一。他还建议两国开设直航，有助于旅游合作的开展。

3月9日，巴基斯坦食用油精炼商协会副主席称，巴基斯坦可能在2010年中期与印尼签订一项优惠关税协定，从印尼进口棕榈油，这将使巴基斯坦的部分生意从马来西亚转移到印尼。目前，马来西亚在巴基斯坦棕榈油市场的份额达到了95%，如果印尼与巴基斯坦签订了自由贸易协定，那么这一份额将会降到75%。新的关税协定将减少巴基斯坦对马来西亚的依赖。马来西亚拥有巴基斯坦约300万吨的毛棕榈油出口配额。巴基斯坦是全球第四大植物油进口国。2009年进口了179.1万吨食用油，其中97%为棕榈油。巴基斯坦2010年可能进口170至180万吨植物油。

5月27日，巴基斯坦驻印尼大使馆在印度尼西亚首次举行巴基斯坦地毯展览会。展出巴基斯坦的高级地毯，目的是吸引印度尼西亚的消费者对巴基斯坦地毯的关注。这次展览会是巴基斯坦地毯经销商的一个理想平台，在印度尼西亚促进他们的产品销售。通过这次展览会，印度尼西亚和其他外国人能够深入了解巴基斯坦的历史文化。巴基斯坦的手工编织地毯在印度尼西亚有良好的需求，这是因为他们有卓越的设计和精细的编织。

6月8日，巴基斯坦政府宣布，2010年，巴基斯坦政府将毛棕榈油进口关税下调约11％，为每吨94美元（由原来的9000印尼盾/公斤下调到了8000印尼盾）。政府此举旨在减少国内食用油成本。行业官员称，毛棕榈油大部分进口增幅将由印尼来满足。如果巴基斯坦能够与印尼签订自由贸易协定，那么从印尼进口的棕榈油数量将会增加。巴基斯坦每年植物油消费量约为300万吨，极其依赖植物油进口，因为国内食用油产量只有80万吨左右。巴基斯坦近95％的进口棕榈油来自马来西亚，剩余来自印尼。近几年来，巴基斯坦提高了印尼棕榈油进口量，因为马来西亚征收毛棕榈油出口关税。

12月10日，巴基斯坦政府希望与印度尼西亚签署一份政府协议，内容跟印尼与泰国和越南签署的协议大致相同。目前印尼国内大米不足，需从巴基斯坦进口。巴基斯坦国营企业部长穆斯塔·法阿布·巴卡尔证实，巴基斯坦政府已表示愿意向印尼出口大米，但有关部委仍在讨论这一提议。此前，印度尼西亚与泰国和越南分别签署55000吨和50000吨的大米进口合同。到2010年底，印尼将进口550000吨大米。

12月23日，巴基斯坦驻东盟及印度尼西亚大使萨瑙拉赫在雅加达一座大学发表演讲时称，巴印两国或于2011年第一季度签订特惠贸易协定（PTA），从而为双边贸易提供必要的刺激。协定签订后，两国双边贸易额有望于两年内突破200亿美元。萨瑙拉赫在回答学生提问时称，巴对海外投资提供了很好的保护。目前，巴印两国已经签署保护投资协议和避免双重征税协议，为创造良好的投资环境打下了基础。

（四）洪灾救援方面

8月23日，印尼慈善基金会向巴基斯坦拨款2亿印尼卢比，帮助巴基斯坦的受灾民众。由该基金会CEO带领的5人代表团启程前往巴基斯坦视察灾情，并制定援助计划，由40名在巴基斯坦就读的印尼学生组成的志愿者队伍也加入到该代表团中参加救援工作。

9月28日，巴总理吉拉尼对印度尼西亚政府及人民对巴基斯坦灾区的帮助表示感谢。印尼驻巴大使交给他一张173万美元的支票，这张支票将交给总理洪灾救援基金。大使传达了印尼政府和人民对巴的同情和支持。印尼向巴基斯坦灾区捐助了价值100万美元的救灾物资，并派遣了两支医疗队，并将在今后的重建中继续给予巴基斯坦帮助。

五、马来西亚

2010年，巴基斯坦与马来西亚经贸关系发展迅速。自巴基斯坦和马来西亚2007年签署自由贸易协定以来，双边贸易近三年来增长了5倍。巴基斯坦目前是马来西亚在南亚地区的第二大贸易伙伴。双方有意采取进一步措施来挖掘两国合作潜力。此外，双方在防务合作方面取得了一定的成就，马来西亚对巴基斯坦洪灾给予了大量援助。

（一）安全防务方面

2月17日，马来西亚高级专员在伊斯兰堡会见巴海军参谋长，双方讨论了有关共同利益的问题。

5月25日，巴基斯坦国防秘书阿塔尔·阿里在会见到访的马来西亚国防秘书时表示，巴基斯坦和马来西亚都希望加深两个兄弟国家在防务领域的合作，特别是两国武装力量的交流与军事训练的合作。在会谈中，双方还一致同意促进国防工业的合作。

（二）经济合作方面

1月21日，拉瓦尔品第工商联合会代表团访问马来西亚，并参加了1月19—20日在吉隆坡举行的2010年亚洲材料发展与工程机械博览会（SAMPE）。该代表团将与马来西亚合作伙伴寻求更紧密的合作关系。为推动双边贸易的发展，代表团会晤了马来西亚诸多行业代表，包括珠宝、计算机、服装业、纺织业、食品加工业、医药业等一般消费品行业代表。

2月14日，巴基斯坦成为向马来西亚出口合成短纤维机织面料的最大出口国，成为向马来西亚出口大米、冻鱼、床上用品、棉机织面料、马铃薯、油饼和其他固体残渣的五大出口国之一。根据巴基斯坦驻马来西亚高级专员署商务参赞发布的数据，在2008年和2009年，巴基斯坦的8种产品向马来西亚的出口位居前5名。

3月9日，马来西亚驻巴基斯坦高级专员表示，未来马来西亚从巴基斯坦进口的大米数量将是现在的四倍。这也是马来西亚为了减少对泰国和越南大米的依赖，使马来西亚粮食进口多元化而采取的措施。目前，巴基斯坦是马来西亚的第三大大米进口国，但份额只占4.1%。

4月2日，马来西亚雷纳克斯（Renexus）公司董事长克勒在吉隆坡会见巴基斯坦驻马来西亚高专署代办卡兹博士时称，拟以BOO方式向巴基斯坦投资5亿美元，用于在各地尤其是旁遮普省兴建水处理厂，为巴民众和工业提供合格用水。水厂建成后，马方将水卖给巴政府主管部门，由其负责分销并输送至最终用户。此外，克勒还表示，如果投资有保障，该公司有意以BOT方式先期在巴投资和修建一个2万套住房的示范绿色乡镇及配套的娱乐、购物、排污系统、清真寺、通信及交通网络等附属设施。如投资成功，5年内将在巴建造10万套住房，帮助巴方解决住房困难问题。

4月15日，巴基斯坦欢迎马来西亚投资者到俾路支省投资，特别是牲畜养殖加工、水果蔬菜加工、大理石开采以及水处理领域。

5月17日，巴私有化和投资部长瓦卡尔·艾哈迈德·汗抵达马来西亚首都吉隆坡，代表巴基斯坦出席于19日举行的第6届伊斯兰世界经济论坛。与会期间，巴基斯坦方面和马来西亚方面就穆斯林商品合作以及双边经贸合作的深入发展进行探讨。5月20日，巴基斯坦投资部部长瓦卡尔·艾哈迈德·汗在与马来西亚贸易和工业部长穆斯塔法·穆罕默德的会晤中表示，巴马两国应当采取措施，提升双边贸易与投资，充分发挥两国经贸合作的潜力。即将出台的巴马联合商务委员会宪章将为两国私营企业开展互利互惠的贸易合作以及寻找投资机遇提供一个良好的平台。

5月25日，为促进国内旅游业发展，马来西亚政府放宽来自孟加拉国、印度、巴基斯坦和斯里兰卡4国的旅游签证。

5月18—20日在吉隆坡举行的2010年世界伊斯兰经济论坛上，巴基斯坦总理吉拉尼呼吁伊斯兰国家之间加强经济联系，充分发挥伊斯兰国家人口和资源优势。他说，伊斯兰国家的精诚合作将有利于保障伊斯兰国家的能源安全、水源安全与食品安全。吉拉尼还说，巴基斯坦将继续在伊斯兰会议组织中发挥更大的作用。此外，吉拉尼还对马来西亚在伊斯兰经济论坛的创办与发展中发挥的作用给予充分肯定，并希望进一步发展两国之间的贸易与投资关系。马来西亚在食用棕榈油的加工与生产上的丰富经验是巴基斯坦急需的，在防务产品的研发和生产上，马来西亚与巴基斯坦也有贸易与投资的发展空间。吉兰尼还强调两国之间进行金融银行业合作的重要性，并希望巴基斯坦能够从合作中学习更多的银行金融业经营经验。

6月14日，超过8家的巴基斯坦大型企业组团奔赴吉隆坡参加于6月23日召开的2010第七届马来西亚国际清真展览会。这些企业将在展览会上充分展示巴基斯坦巴斯马蒂大米、鸡肉加工品、水果、蔬菜和蔬菜加工品以及食盐的竞争力和价格优势。本次展览会有来自65个国家的超过3万名参观者以及来自世界各地的62家企业和334家马来西亚企业参展。

9月14日，巴基斯坦和马来西亚同意建立一个经济联合委员会，促进两国的贸易、投资和经济合作。巴基斯坦驻马来西亚高级专员表示，经过马来西亚相关部门对巴基斯坦屠宰场和肉制品加工厂的检查，一家位于拉合尔的肉类屠宰和加工企业被指定向马来西亚出口冷冻去骨牛肉。双方代表表示，两国可以加强农产品领域的合作，巴基斯坦可提供水果、蔬菜、牛奶以及各种牲畜，而马来西亚则可以为相关清真食品的生产与加工提供技术支持和市场推广。两国可以在该领域建立联合企业。

11月9日，12家巴基斯坦企业赴吉隆坡参加由马来西亚外贸发展公司主办的“马来西亚贸易2010”博览会。来自日本、印尼、阿联酋等多个国家的约300个参展商和超过8000名贸易代表参加本次博览会。此次博览会对于宣传和推广巴基斯坦商品，并择机打入东盟市场提供了有效的帮助。

据统计，巴基斯坦2010年第一季度对马来西亚出口增加155%，特别是大米出口增速明显，土豆与洋葱出口也显著增长。第一季度双边贸易则较去年同期增长了18.3%，充分反映了两国在自由贸易框架下双边贸易取得的进展。另外，根据巴基斯坦贸易发展的最新数据，2009－2010财年前10个月，马来西亚是东盟十国中进口巴基斯坦商品最多的国家，同时也是巴基斯坦商品出口的第18大目的地国家。但两国的贸易潜力依然远没有发挥出来。在出口商品中，最主要的出口商品巴斯马蒂大米的出口增速达到了33%。

（三）洪灾救援方面

8月12日，马来西亚第一夫人向巴基斯坦受灾民众和财产损失表示慰问。她表示，马来西亚政府已经向巴基斯坦灾区捐助了100万美元的救灾款，还有更多的马来西亚非政府组织和私营企业正在为巴基斯坦灾区筹款。

8月17日，马来西亚减灾委员会成立“巴基斯坦减灾基金”，以帮助巴基斯坦受灾群众。

8月24日，马来西亚相关部门和传媒集团在联合国儿童基金会指导下成立了“巴基斯坦救灾基金”，该基金在联合国儿童基金会指导下主要援助巴基斯坦的受灾妇女、儿童和老人。目前，该基金已经筹集到资金620万卢比。另外，一家马来西亚企业捐助了价值140万卢比的饼干，马来西亚的巴基斯坦商会捐助了170万卢比的现金和4900公斤的救灾物资，还有很多企业也在积极地行动。马来西亚政府已经向巴基斯坦提供了100万美元的援助，并派遣了2架马来西亚皇家空军的运输机向巴基斯坦运送了4600万卢比的救灾物资。

8月27日，马来西亚宣布派遣50名志愿者前往巴基斯坦参与救援工作。与他们一同前往的还有20吨包括药品、大米、帐篷、矿泉水等的救援物资。

9月29日，马来西亚各界向巴基斯坦总理减灾基金捐赠了978万卢比。10月8日，马来西亚再次重申帮助巴基斯坦发展农业和经济的决心。

截至11月1日，马来西亚政府和人民向巴基斯坦减灾基金提供了超过1169万卢比的人道主义援助。马来西亚政府向灾区捐助了100万美元，还派遣2架马来西亚皇家空军运输机向巴基斯坦运送了4600万卢比的救灾物资。马来西亚棕榈油协会捐助了3990万卢比。

六、其他伊斯兰国家

（一）阿曼

2010 年，巴基斯坦与阿曼关系平稳发展，双方广泛开展经贸合作，阿曼对巴基斯坦遭受洪灾也及时提供了援助。

1. 政府交往方面

10 月 14 日，在伊斯兰堡举行的第三届巴基斯坦和阿曼外交秘书级政治磋商会上，两国同意进一步加强在各个领域的合作。

12 月底，巴基斯坦总理吉拉尼对阿曼进行为期两天的友好访问，双方就双边关系、经济合作、贸易、商业和投资进行了广泛交流，两国愿建立双边合作机制。阿曼表示支持巴基斯坦与海湾阿拉伯国家合作委员会签署自由贸易协议。

2. 经济合作方面

3 月 2 日，总理吉拉尼在与阿曼代表团会谈时强调，巴基斯坦和阿曼之间的贸易有着很大的提升空间，还可以促进两国之间旅游和文化交流，呼吁通过发展瓜达尔港促进巴基斯坦和阿曼之间的海运贸易。两国之间的交往不应该仅仅局限于政府之间和商业之间，还应加强民间的交流。阿曼代表团则表示，准备为巴基斯斯坦国内流离失所者提供 1000 万美元的援助，以及为巴基斯坦提供 6 辆救护车。

3 月 9 日，巴基斯坦和阿曼联合部长委员会第六轮会议后，宣布阿曼政府将出资 4500 万美元帮助巴基斯坦在瓜达尔港建设一个国际机场。此外，阿曼国有石油公司还承诺投资 1940 万美元帮助巴基斯坦发展国内能源产业。

3. 洪灾救援方面

8月25日，外交部长库雷希与阿曼大使会谈，对两国关系现状表示满意，希望更进一步促进两国关系发展。库雷希还对阿曼提供的援助表示感谢。阿曼宣布对巴基斯坦给予价值520万美元的援助，并派遣两架满载救援物资的飞机飞抵巴基斯坦。此外，阿曼方面还筹备了2000吨包括食品、饮用水在内的救灾物资。

（二）阿联酋

巴基斯坦和阿联酋是亲密的兄弟，两国有难同当有福同享。2010年，双方在多个领域保持着密切的合作和紧密的联系。

1. 政府交往方面

2月24日，阿联酋驻巴基斯坦大使在与巴基斯坦总理吉拉尼的会晤中，通报了阿联酋巴基斯坦人的情况，并就促进两国商务和经济文化交往达成共识。

2. 安全防务方面

1月11日，阿联酋陆军司令率代表团前往巴基斯坦参加第一届巴基斯坦—阿联酋防务合作会议。

8月7日，巴基斯坦陆军参谋长基亚尼将军前往阿联酋进行工作访问。

10月5日，巴基斯坦和阿联酋商讨签署囚犯引渡条约。

3. 经济合作方面

1月26日，阿联酋政府致函巴基斯坦财政部长塔林称，同意按照远期信用证（延期支付）方式向巴出口食糖，食糖将采用巴方标准，并允在信用证开具后 14 天内交货，以帮助巴方缓解日益加剧的食糖短缺状况和平抑市场价格。

2 月 12 日，阿联酋对巴基斯坦俾路支斯坦省、法塔、西北边境省、旁遮普地区和北部地区拥有的丰富大理石资源表示浓厚兴趣，有意进行投资开发。

9 月 16 日，阿联酋提供给巴基斯坦的 320 兆瓦双燃料发电厂的第一组设备运抵拉合尔。整个电厂设备计划在 10 月底前全部运抵拉合尔。

4. 洪灾救援方面

8 月 1 日，阿联酋总统谢赫·哈利法·本·扎耶德·阿勒纳哈扬下令向巴基斯坦提供紧急人道主义援助，以帮助巴基斯坦政府安置和收容其西北部遭遇洪灾的灾民和无家可归者。阿布扎比王储兼阿联酋武装部队副总司令谢赫·穆罕默德·本·扎耶德·阿勒纳哈扬当天晚上在首都阿布扎比会见了前往欧洲途中对阿联酋进行短暂访问的巴基斯坦总统扎尔达里。在会见中，谢赫·穆罕默德向巴基斯坦总统转达了阿联酋总统对巴基斯坦一些地区遭洪涝而导致人员死伤所表达的哀悼，同时表示，阿联酋将全力支持和援助巴基斯坦政府抗洪救灾。扎尔达里高度评价阿联酋政府和人民对巴基斯坦受灾民众表现出的人道主义精神，认为阿联酋给予的援助将有利于减轻巴受灾民众的疾苦，对此他深表感谢。

8 月 30 日，在阿联酋红十字协会组织的捐款活动中，为巴基斯坦灾民筹集了超过 2000 万美元的善款。此后一段时间，阿联酋的巴基斯坦商会也在不断为巴基斯坦国内灾区筹款。

（三）阿塞拜疆

阿塞拜疆总统盖达尔·阿利耶夫9月4日向巴基斯坦总统扎尔达里发慰问信，强烈谴责发生在巴基斯坦的恐怖行为，并对遇难的平民表示哀悼。

（四）埃及

2010年，巴基斯坦与埃及的关系在政府层面和经贸合作层面都实现了稳定发展，双方为进一步提升贸易往来水平做出了努力。

1. 政府交往方面

4月27日，参议院主席奈克在与埃及外交部长助理会晤中表示，巴基斯坦和埃及的第五轮外交部政治磋商将有助于推动两国关系进一步深入发展。为促进两国贸易的发展，双方在多个领域共签署了30多项双边协议和合作备忘录。两国贸易从2004年的8000万美元增长到2008年的3.1亿美元。双方还就建立伊斯兰国家统一议会以及统一法庭达成共识，强调促进两个兄弟国家间民间交往的必要性。

5月22—23日，应埃及外交部长的邀请，巴基斯坦外交部长库雷希对埃及进行访问，并担任巴基斯坦与埃及联合部长级会议第三阶段主席。在此期间，两国就经贸合作、投资发展、教育以及科技、文化等领域的深入合作进行了探讨。5月22日，埃及—巴基斯坦联合部长级会议在开罗举行，埃及外交部长盖特和巴基斯坦外交部长库雷希共同主持了会议，双方就加强贸易、工业、农业、可替代能源、技术和水资源等领域的合作达成 21 项协议，并就共同关心的国际和地区问题交换了意见。5 月 23 日，巴基斯坦外交部长库雷希在开罗拜访了埃及总统穆巴拉克，双方讨论了双边及地区事务，并就加强两国高层领导人的接触以促进双边关系的深入发展达成共识。库雷希向穆巴拉克总统传达了巴总统扎尔达里、总理吉拉尼的良好祝愿，并介绍了第三届联合部长级会议所取得的进展，表达了对巴埃两国加深经济联系的愿望。穆巴拉克总统表达了相同的愿望，表示将择机访问巴基斯坦。

7 月 23 日，巴总理吉拉尼致信埃及总理纳齐夫，对埃及革命胜利纪念日表示祝贺。

2. 经济合作方面

2 月 5 日，埃及最大的投资银行 EFG-Hermes 表示有意巴基斯坦市场，准备进入巴基斯坦寻找投资机会。

3 月 17 日，埃及大使曼迪・艾马尔在与巴基斯坦商会交流中表示，埃及与巴基斯坦的贸易远没有发挥出潜力，双方应当为之而努力。他说，埃及在可替代能源和可再生能源研究和利用方面具有很多经验，巴基斯坦可以通过合作来应对国内的能源问题。他还表示，埃及将着手改善同巴基斯坦的贸易情况，增加从巴基斯坦的进口，包括农产品、工业产品和医药产品等，并欢迎巴基斯坦企业到埃及投资。

5 月 24 日，巴基斯坦与埃及决定，共同推动 2006 年成立的联合商业委员会的发展，使其在推动两国经贸合作方面发挥更大的作用。

7月9日，巴基斯坦食品及农业部长在与埃及驻巴基斯坦大使会谈后表示，埃及有意从巴基斯坦进口小麦，同时埃及还计划继续支持巴基斯坦改善灌溉设施，为巴基斯坦农业科学家提供研究经费。

9月29日，埃及和巴基斯坦决定进一步深化双边关系，包括农业、可替代能源、棉花研究以及高等教育领域等。双方还将促进两国私营企业的相互投资。

（五）巴勒斯坦

2010年，巴基斯坦重申对巴勒斯坦人民的支持，致力于推动双边合作。巴勒斯坦也对巴基斯坦遭受洪灾给予了力所能及的帮助。

1. 政府交往方面

2月12日，巴基斯坦重申对巴勒斯坦和巴勒斯坦人民的支持。

3月2日，内政部长马利克在与巴勒斯坦大使阿布·沙那布博士的会晤中表示，巴基斯坦将义无反顾地继续支持巴勒斯坦人民直到获得解放。巴勒斯坦大使表示希望进一步推动双方合作。

7月1日，巴基斯坦参议院主席奈克在大马士革出席伊斯兰会议组织成员国议会联盟特别会议时发表演讲称，国际社会应该采取必要措施，迫使以色列尽早解除对加沙地带的封锁。他还提议由伊斯兰会议组织成员国议会联盟和人权组织共同组成一个独立调查委员会，对以色列在巴勒斯坦和加沙的暴行进行调查。

7月7日，总理吉拉尼在总理府会见了巴勒斯坦驻巴基斯坦大使侯赛因，吉拉尼表示，巴基斯坦将继续在各个方面援助巴勒斯坦。吉拉尼请侯赛因大使向巴勒斯坦总统阿巴斯转达他的口信：巴勒斯坦人民是巴基斯坦人民最尊贵的朋友。

2. 洪灾救援方面

8 月 9 日，巴勒斯坦总统阿巴斯对巴基斯坦洪水导致的人员和财产损失表示震惊和悲痛，并指示巴勒斯坦政府立即向巴基斯坦运送包括食品和药品在内的救灾物资。阿巴斯还决定派遣一组医疗队去巴基斯坦。

（六）吉尔吉斯斯坦

2010 年，巴基斯坦与吉尔吉斯斯坦实现了领导人会晤，但年中吉尔吉斯斯坦国内的骚乱给两国的教育文化合作带来了一定的冲击。

1. 政府交往方面

9 月 22 日，巴外交部长库雷希和吉尔吉斯斯坦外交部长卡扎克巴耶夫在参加纽约联合国大会时举行双边会晤，双方表示将共同努力加强两国之间的经贸合作。巴基斯坦表示，吉可以利用瓜达尔港进行对外贸易，而吉尔吉斯斯坦希望从巴基斯坦获取水利建设的经验。

2. 人文社会方面

6 月 13 日，针对近期有巴基斯坦学生在吉尔吉斯斯坦国内骚乱中遇难的消息，巴基斯坦外交部长库雷希表示，将与吉相关部门协商，保证巴基斯坦公民安全撤离。吉尔吉斯斯坦国内有将近 1200－1500 名巴基斯坦人，其中大部分为学生。6 月 15 日，巴基斯坦政府派出的两架军用包机顺利接回了滞留在吉尔吉斯斯坦南部城市奥什的200多名巴基斯坦人。巴军方首架包机于当地时间15日凌晨返回位于首都伊斯兰堡附近的恰克拉拉空军基地，从吉接回134名巴基斯坦人。第二架包机于当天下午4时抵达同一机场，接回其余127人，同时带回13日在奥什骚乱中遇难的一名巴学生遗体。此次被困奥什的巴基斯坦人主要是留学生、经商者和劳工。巴基斯坦外长库雷希当天在机场迎接回国同胞时对媒体表示，巴政府在此次事件中反应迅速，及时援救受困的侨民。此外，巴基斯坦总理吉拉尼14日表示，巴基斯坦已向吉尔吉斯斯坦提供人道主义援助。据巴基斯坦驻吉大使介绍，吉尔吉斯斯坦境内约有1500名巴基斯坦人，其中大部分是留学生。7月27日，吉尔吉斯斯坦邀请巴基斯坦学生返回学校继续学业。

（七）卡塔尔

2010年，巴基斯坦和卡塔尔实现了领导人会晤，双方在能源合作和防务合作方面取得了一定进展。

1. 政府交往方面

4月9日，卡塔尔皇室成员阿卜杜拉·本·阿勒萨尼在巴基斯坦总统府拜见了总统扎尔达里，双方讨论了双边关系。扎尔达里表示，巴基斯坦希望加深与卡塔尔在所有领域特别是经贸、商业、投资、人力资源和能源领域的合作，并邀请卡塔尔的企业家在能源、基础设施和信息技术领域投资。阿卜杜拉·本·阿勒萨尼表示，卡塔尔支持巴基斯坦反恐，并将尽自己的努力帮助巴基斯坦重建部落直辖区和开伯尔—普什图。

9月2日，外交部长库雷希在会见卡塔尔领导人谢赫·哈马德·本·哈利法·阿勒萨尼时，对卡塔尔向巴基斯坦灾区提供的及时援助表示感谢，并希望进一步推动两国关系深入发展。谢赫表示，卡塔尔将尽一切可能帮助巴基斯坦渡过难关。双方还就双边关系的重要性和未来的发展达成共识。

2. 安全防务方面

1月8日，巴基斯坦政府宣布批准与卡塔尔签署的国防协议，加强两国在国防研究领域的合作，加强卡塔尔战略研究中心与巴基斯坦国防大学的合作关系。

7月2日，巴基斯坦参联会主席马吉德前往卡塔尔开始为期两天的官方访问。访问期间与卡塔尔武装部队总参谋长哈马德·阿蒂亚、安全与内部事务部长等卡塔尔军政高官举行会谈，并将签署两国间国防合作备忘录。

3. 能源合作方面

1月13日，卡塔尔政府副首相兼能源和工业大臣阿卜杜拉·本·哈马德·阿提亚表示，巴基斯坦正在寻求通过与卡塔尔签署一项协议，从卡塔尔获得液化天然气（LNG）的供应。阿提亚说，目前全球对柴油的需求量正在增加，而这种趋势在今后将会继续。卡塔尔是世界上最大的液化天然气出口国，而面临长时间电力短缺的巴基斯坦需要天然气来供本国发电厂发电用。巴基斯坦投资部长表示，希望在近期签署这项协议。卡塔尔方面在谈判中已同意每年向巴基斯坦出售100万至200万吨的LNG，但是，双方迄今还没有签署协议。

4. 洪灾救援方面

10月12日，卡塔尔的慈善机构表示将承担巴基斯坦一个地区的灾后重建工作。

（八）科威特

2010年，巴基斯坦与科威特在能源合作方面开展了广泛合作，科威特对巴基斯坦遭受洪灾也给予了充分的援助。

1. 政府交往方面

3月3日，新闻与广播部长凯拉在接见科威特驻巴基斯坦大使时表示，巴基斯坦需要增进同科威特在所有领域的关系。他表示，巴基斯坦和科威特的双边关系历来十分健康，将会随着时间的推移更加稳固。科威特政府和人民总是在巴基斯坦最需要的时候提供帮助。

5月14日，巴基斯坦外交部长库雷希在与新上任的科威特驻巴基斯坦大使会谈时表示，巴科应该在所有领域加强双边关系，巴基斯坦有着极好的投资环境。库雷希还对科威特大使的到任表示欢迎，并希望他能够在巴基斯坦度过一个愉快的任期。

2. 能源合作方面

4月9日，科威特能源公司首席执行官 Muhammad Al-Howqal 拜见了巴基斯坦石油和自然资源部长赛伊德·纳维德·卡马尔。部长向客人强调巴基斯坦所具有的投资潜力和良好的投资氛围。Al Howqal 说，他们的公司和新地平线公司已经在信德省的两个地区开始了联合投资，前期的地理勘查工作已经结束，于2010年6月开始钻探作业。

3. 洪灾救援方面

8月4日，科威特决定向巴基斯坦提供500万美元人道主义援助，以帮助该国洪水灾民渡过难关。科威特红十字会主席巴尔哈·哈穆德表示，这项援助决定是遵照科威特埃米尔（国家元首）谢赫萨巴赫·艾哈迈德·贾比尔·萨巴赫的指示作出的，希望援助能减轻灾民痛苦，为他们重建家园出一份力。科威特红十字会将与科威特外交部一起确保这项人道主义援助在最短时间内送到灾民手中。

8月25日，一项由国际伊斯兰慈善组织（IICO）组织的捐款活动在两天时间里为巴基斯坦受灾民众募集到了800万美元的善款。其中，科威特金融协会（KFH）捐款200万美元，科威特联合减灾委员会捐款250万美元。

10月15日，科威特向巴基斯坦受灾民众提供了价值1200万美元的援助。

（九）利比亚

2010年，巴基斯坦与利比亚在经贸合作方面取得了一定进展，利比亚对巴基斯坦遭受洪灾给予了一定的人道主义援助。

1. 经济合作方面

5月26日，巴基斯坦和利比亚决定加强在纺织品、石化产品、矿物和食品加工领域的合作，利比亚政府将提供一系列优惠措施以便于巴基斯坦企业向利比亚投资。同时，利比亚投资者也有意向巴基斯坦能源和石油天然气领域进行投资。

6月11日，利比亚决定恢复2006年4月以来中断的同巴基斯坦的空中航线，这将有利于两国的贸易和商业往来，并有利于巴基斯坦开拓利比亚市场，对巴基斯坦芒果和其他易腐烂商品的出口也有好处。

2. 洪灾救援方面

8月25日，利比亚国内为巴基斯坦灾民募集了2200万卢比的援助资金，并向巴基斯坦派遣一架满载救援物资的运输机。

9月21日，利比亚政府向巴基斯坦提供450吨的食品，包括大米、牛奶、纯净水等。

（十）孟加拉国

2010年，巴基斯坦与孟加拉国实现了领导人会晤，并开展经济合作与人文教育合作，孟加拉国也积极对巴基斯坦洪灾给予援助。

1. 政府交往方面

4月27日，巴基斯坦总理吉拉尼和孟加拉国总理谢赫·哈西娜在南盟峰会期间举行会晤，两国就在南亚区域合作框架下推动全方位合作尤其是经贸合作达成了共识。

11月1日，巴基斯坦外长和孟加拉国外长举行会晤，双方决定深化发展两国关系，挖掘贸易潜力，早日实现双边贸易10亿美元的目标。两国希望在南亚区域合作等地区和国际合作体系或框架下进一步发展政治、经济和文化交往。

2. 经济合作方面

孟加拉国计划通过政府间的交易，从巴基斯坦寻购10万吨蒸谷米，这批大米可能由巴基斯坦贸易公司和巴基斯坦大米出口商协会供应。12月20日，孟加拉国代表团抵达巴基斯坦，进行为期三天的访问，以决定大米价格以及采购模式。不过巴基斯坦头号大米出口公司质疑两国是否会达成任何的大米合同，因为双方的价格分歧较大。

3. 人文教育方面

7月22日，巴基斯坦向孟加拉国赠送了26台电脑以及若干打印机、电脑桌椅等，以帮助孟加拉国的数字化建设。自2005年以来，巴基斯坦已经为孟加拉国的教育与医疗事业发展提供了4000万卢比的援助，在孟加拉国国内超过30家教育机构和学校建立了计算机实验中心，并为多家医院提供了医疗设备。巴基斯坦外交部表示，巴基斯坦非常乐意在人文社会发展方面帮助孟加拉国。

4. 洪灾救援方面

8月18日，孟政府宣布向巴基斯坦提供价值200万美元的救援物资，其中11吨药品已经运抵巴基斯坦。

9月6日，孟加拉国派出一个由39名医生、护士和药剂师组成的医疗队到巴基斯坦救助水灾灾民，并带去8吨药品。孟加拉国医疗队在巴基斯坦停留4周，主要在南部地区开展救助活动。孟加拉国外交秘书奎耶斯6日在医疗队出发前对记者表示，孟政府计划向巴基斯坦提供54吨药品、50万个净水药片、2000个卫生箱、1万条毯子和5000顶帐篷。巴基斯坦驻孟加拉国高级专员库雷希说，他们感激孟加拉国政府的慷慨之举。

（十一）马尔代夫

2010年，巴基斯坦和马尔代夫关系稳步发展，双方在政府往来和经济合作方面取得了一定发展。

1. 政府交往方面

5月12－14日，马尔代夫外交部长艾哈迈德·沙希德对巴基斯坦进行正式访问，巴基斯坦外交秘书萨尔曼·巴希尔与马尔代夫外交部长艾哈迈德·沙希德举行会晤。双方谈到，两国关系基于共同的宗教信仰和文化传统，两国关系需要进一步全方位的发展。双方还就进一步扩大两国经贸、农业、能源、环境、文化和旅游等领域的合作达成共识。马尔代夫外交部长的此次访问是为了参加一年一度的巴基斯坦与马尔代夫的双边政治磋商。5月13日，马尔代夫外交部长与巴基斯坦外交部长库雷希举行会晤，双方讨论了全面深入发展两国关系的必要性。马尔代夫外交部长还与巴基斯坦内政部长马利克进行会晤，并对巴基斯坦的反恐斗争表示支持。

8月19日，马尔代夫总统致电吉拉尼总理，对巴基斯坦遭受洪灾和巨大损失表示慰问。

2. 经济合作方面

9月28日，马尔代夫驻巴基斯坦高级专员在同巴基斯坦商界人士会谈中表示，马尔代夫希望加强同巴基斯坦的经贸联系，马尔代夫希望扩大进口巴基斯坦的大米、纺织品、鞋类、运动用品以及水果、蔬菜、皮革制品和小麦。同时，以旅游业为支柱产业的马尔代夫在旅游方面可以帮助巴基斯坦。

（十二）苏丹

2010年，巴基斯坦与苏丹关系稳定发展，双方在安全防务合作领域取得了一定成果。

1. 政府交往方面

1月1日，巴基斯坦总理吉拉尼向苏丹总统巴希尔表达对苏丹独立日的庆祝，他表示，巴基斯坦与苏丹有着兄弟般的友谊，双方在伊斯兰事务上广泛合作，在地区和国际问题上也有着共同的看法。两国之间的合作在未来的一年里将继续扩大。他同时还对总统先生的健康问题给予问候，并向苏丹人民致以节日的祝福。

2. 安全防务方面

1月24日，巴参联会主席马吉德将军访问阿曼、苏丹，并在马斯卡特会见阿曼皇家空军的高级军官以及苏丹武装部队的高级军官。双方讨论了南亚和阿拉伯半岛地区局势，并就加强双方的防务和安全合作交换意见。马吉德将军特别强调，在恐怖主义、极端主义以及海盗、贩毒等跨国犯罪的挑战面前，两国只有增进合作，才能有效地应对这些挑战。为了增强两国间的防务和安全合作，马吉德将军还强调两国间建立实时情报分享和磋商机制的重要性，并建议两国成立联合企业来对苏丹的军事技术及后勤人员的培训提供帮助。而后，马吉德将军还单独会晤了苏丹皇家海军上将莱西，双方就两个兄弟国家的海军合作交换了意见。

（十三）突尼斯

突尼斯驻巴基斯坦大使7月26日与巴基斯坦参谋长联席会议主席马吉德将军举行会晤，双方就双边合作、地区安全以及其他共同关心的问题交换了意见。

（十四）塔吉克斯坦

2010年，巴基斯坦与塔吉克斯坦在能源合作领域取得了重大进展，在政府交往和经济合作方面也取得了一定的成就。

1. 政府交往方面

1月6日，巴基斯坦内政部长马利克在与塔吉克斯坦驻巴基斯坦大使会晤时，强调巴基斯坦珍视同穆斯林兄弟国家塔吉克斯坦的关系，并将努力促进双边关系的进一步发展。塔吉克斯坦驻巴基斯坦大使也代表塔总统向马利克发出了访问邀请。双方深入探讨了双边关系和经贸合作的内容。

4月2日，新闻与广播部长凯拉在与到访的塔吉克斯坦驻巴大使会谈时表示，巴基斯坦十分重视与塔吉克斯坦兄弟般的情谊，并将会尽最大的努力加强巴塔双边关系。

4月26日，塔吉克斯坦驻巴大使拜会巴内政部长马利克，双方讨论了双边关系。马利克表示，巴基斯坦重视同塔吉克斯坦的关系，两国应进一步深化双边关系。

4月27日，参议院主席奈克与塔吉克斯坦大使举行会晤，双方就进一步推动两国之间的互利合作以及国会和民间交往达成共识。

4月29日，巴内政部长马利克出访塔吉克斯坦，29号在塔吉克斯坦首都杜尚别会见塔内政部长阿卜杜勒·拉希姆和国家安全委员会主席凯尔·丁。双方讨论了双边关系以及巴基斯坦在反恐战争中的作用。双方同意加强两国在反恐领域的合作。4月29日，内政部长马利克与塔总统拉赫蒙举行会晤，双方就共同关心的问题友好地交换了意见。4 月 30 日，内政部长马利克在塔吉克斯坦杜尚别会见媒体时表示，巴塔是好伙伴，有共同的宗教信仰，现在面临共同的挑战。两国已经就共同打击恐怖主义和毒品走私进行了会谈，并达成重要共识。

7 月 27 日，总理吉拉尼在总理府会见塔吉克斯坦驻巴大使。吉拉尼强调要继续提升巴塔两国的双边合作关系。新签署的阿巴运输贸易协定可以为塔提供一个出海口，巴方希望以此来增加巴塔两国的联系。

8 月 17 日，巴、阿、俄、塔四国召开领导人峰会，讨论反恐合作和扩大经济往来的事宜。期间，巴塔两国领导人举行会晤，双方决定加快落实“中亚—南亚”输电项目（CASA－1000）并共同努力建立中亚贸易和能源通道。双方还同意两国在能源、医药产品、纺织品和其他制造行业建立合资公司，推动两国经贸合作的进一步深化。

2. 能源合作方面

4 月底 5 月初，巴基斯坦水电部部长佩尔韦兹和塔吉克斯坦驻巴大使祖巴多夫达成协议，双方同意加快实施从塔吉克斯坦进口 100 万千瓦电能的“中亚—南亚”输电项目（CASA－1000）。根据计划，塔吉克斯坦将向巴基斯坦输送 1000MW 的电力。双方商定成立联合工作组，共同推动该项目早日建成。此外，佩尔韦兹强调该项目早日完工的必要性，并称两国将尽快开通伊斯兰堡与杜尚别之间的直线航班。祖巴多夫则表示，该项目有助于加强两国之间的双边关系。

10 月 2 日，巴基斯坦表示有意同塔吉克斯坦合作，共同开发塔吉克斯坦境内的石油与天然气资源。

3. 经济合作方面

7月3日，塔吉克斯坦大使邀请巴基斯坦商务代表团参加18—22日在杜尚别举行的商务论坛，以促进两国间的贸易往来。他表示，塔吉克斯坦为了促进两国贸易与投资的发展，已经放宽了签证政策。他说，塔吉克斯坦总统访巴期间，两国签署了8项协议以促进两国的经贸交往。两国政府都有意恢复和重建两国历史上的友好关系。2009年双边贸易额为1400万美元，远远没有发挥出潜力。

10月23日，在莫斯科举行的第一届经贸四方（俄、塔、阿、巴）会谈中，塔吉克斯坦对向巴基斯坦提供能源很有兴趣，并对巴基斯坦纺织品、水果、蔬菜和皮革制品表示了兴趣。巴方则提出，参会国应该为巴基斯坦商品进入俄罗斯、塔吉克斯坦和中亚提供便利。

（十五）土库曼斯坦

2010年，巴基斯坦和土库曼斯坦关系平稳发展，双方在能源合作领域取得重大突破。

8月25日，巴基斯坦总理吉拉尼在会见土库曼斯坦副总理兼外长拉希德·梅列多夫时表示，巴基斯坦寻求早日完成土库曼斯坦—阿富汗—巴基斯坦—印度（TAPI）天然气管道项目，以解决能源需求。双方还就进一步加强双边关系交换了意见。

10月27日，巴基斯坦联邦信息部长凯拉在联邦内阁第68次会议后的新闻发布会上表示，内阁会议已经批准了土库曼斯坦—阿富汗—巴基斯坦—印度（TAPI）天然气管道项目的《天然气管道框架协议》。

12月11日，土库曼斯坦、阿富汗和巴基斯坦三国总统以及印度石油和天然气部长在土首都阿什哈巴德举行“四国能源峰会”，四国签署政府间框架协议，决定开始修建连接四国的天然气管道。土总统别尔德穆哈梅多夫表示，这条管道全长1735公里，起自土库曼斯坦东部道列塔巴德气田，经阿富汗坎大哈、巴基斯坦奎达至印巴边境的印度小镇法济尔加。管道竣工后，预计每年可望从土输出330亿立方米天然气。据估计，这一项目造价将超过40亿美元。该管道由于受制于阿富汗局势以及巴印紧张的政治关系，发展进程颇为坎坷。早在1995年，时任土耳其总统尼亚佐夫就公开提出建设跨阿富汗气管的建议。同年，土库曼斯坦和巴基斯坦两国开始就这一项目举行技术论证。但直到阿富汗塔利班政权被推翻之后，土阿巴三国才签署关于跨阿富汗气管的协议。2008年，印度加入上述项目。同年4月，土阿巴印四国签署了修建上述管道的框架协议。2009年下半年以来，四国有关天然气管道建设的谈判有所加速。2010年12月，四国就修建天然气管道项目最终达成协议。

（十六）乌兹别克斯坦

2010年，巴基斯坦和乌兹别克斯坦实现了多次领导人会晤，双方在防务合作方面取得了一定的成果，并有意今后进一步推动经贸合作的发展。

1. 政府交往方面

3月30日，外交部长库雷希在接待乌兹别克斯坦外交部长弗拉基米尔·诺罗夫时表示，巴基斯坦期待与乌兹别克斯坦发展全方位的双边关系，特别是经贸关系。目前两国贸易额仅为4000万美元，潜力还远没有挖掘出来。诺罗夫重申乌兹别克有意通过阿富汗向巴基斯坦出口1000兆瓦电力的计划，并表示，乌兹别克对于巴基斯坦的反恐行动表示全力支持，并希望巴基斯早日成为上海合作组织的正式成员国。两国外长还同意，年中在伊斯兰堡召开经济联合委员会年会。

4月1日，总统扎尔达里与到访的乌兹别克斯坦外交部长弗拉基米尔·诺罗夫在总统府举行会谈，扎尔达里称，巴基斯坦非常重视发展与乌的双边贸易关系，并强调，巴乌双方有必要加强合作，采取提升两国经济联系的联合措施，以实现两国经贸关系潜力的全面开发。

6月11日，总统扎尔达里在出席上海合作组织领导人峰会期间与乌兹别克斯坦总统卡里莫夫举行双边会谈，就双边关系、地区局势以及共同面临的恐怖主义和极端主义的威胁交换了意见。乌总统对巴基斯坦在反恐中发挥的作用和做出的牺牲表示称赞，并表示乌兹别克斯坦将坚定地全力支持巴基斯坦。扎尔达里表示，巴乌目前4000万美元的贸易额不能反映两国间的友好关系，建议双方应该通过签署自由贸易协定等手段来推动双边经贸合作的发展。扎尔达里对乌国的投资者表示欢迎，并表示希望从乌国进口液化天然气。双方还就扩大化肥、陶瓷领域的合作交换了意见。

2. 安全防务方面

3月31日，乌兹别克斯坦外交部长诺罗夫与巴参联会主席马吉德上将举行会谈，双方讨论了地区安全形势及其对乌、巴的影响以及双边防务合作。

3. 洪灾救援方面

9月1日，为了表示对巴基斯坦受灾的同情，乌兹别克斯坦决定取消建国19周年的国庆庆典活动。乌兹别克向巴基斯坦捐助40吨救灾物资，包括婴儿食品、面粉、大米、纯净水、鞋、服装、帐篷、药品、毛毯等总价值约为30万美元。

（十七）叙利亚

2010年，巴基斯坦和叙利亚实现了领导人会晤，双方同意建立更为紧密的双边关系，并希望进一步推动两国官方及民间的政治、经济团体互访。

1月8日，巴基斯坦总统扎尔达里抵达大马士革，开始对叙利亚为期两天的官方访问。这是扎尔达里2008年9月就任总统以来首次访问叙利亚。在与叙总统巴沙尔·阿萨德的会晤中，扎尔达里代表巴基斯坦人民对总统兄弟的去世表示慰问。两国首脑同时商讨了两个伊斯兰兄弟国家的双边关系，并就共同关心的地区和国际问题交换意见。双方表示将继续加强叙巴关系，并一致同意拓宽两国各个领域的合作，以造福两国人民。叙利亚总统府发布的公报称，两国领导人在会谈中回顾地区和国际形势的最新发展，并讨论了叙利亚和巴基斯坦为实现中东地区、南亚和中亚地区的安全与稳定作出贡献的途径。扎尔达里向巴沙尔通报了巴基斯坦局势的最新发展。巴沙尔强调，叙利亚支持巴基斯坦政府为实现巴安全与稳定所作出的努力。叙总统对巴基斯坦在反恐斗争中发挥的作用和做出的牺牲表示赞赏，并称阿富汗的不稳定不仅对巴基斯坦乃至对全球都有重大影响。除非阿富汗问题得到彻底解决，否则地区和世界和平难以实现。叙总统还表示，相信在扎尔达里的领导下，巴基斯坦一定会很快渡过难关并实现发展。巴基斯坦驻叙利亚大使纳瓦布·赖萨尼称巴基斯坦总统对叙利亚的访问具有重大意义，这将大大增进两个兄弟国家之间的友谊。他表示，巴基斯坦和叙利亚有着历史、文化、宗教的深厚联系。在阿里·布托和贝·布托时期，双边关系达到顶峰。叙利亚还以贝·布托来命名大马士革巴基斯坦国际伊斯兰大学的多功能礼堂。

1 月 9 日，巴基斯坦总统扎尔达里参观了哈兹拉·比比·扎伊纳布的神社，并献上法迪哈。此后，扎尔达里在大马士革巴基斯坦国际伊斯兰大学参加了贝·布托纪念礼堂奠基仪式，并表示，巴基斯坦国际伊斯兰大学将促进巴基斯坦与叙利亚关系的发展。巴基斯坦国际伊斯兰大学成立于 1982 年，至今仍是叙利亚提供英国整套剑桥教育系统的最大教育机构，学生来自超过 45 个国家，是叙利亚唯一一所国际学校。在奠基仪式上，扎尔达里表示他将进一步促成巴基斯坦教育部门同叙利亚方面的全方位合作。他希望学校能发挥巴基斯坦驻叙利亚外交机构的作用，并且希望在这里学习的学生将来长大后能为巴基斯坦和叙利亚的友谊发挥更大的作用。叙利亚新闻媒体对扎尔达里的访问表示了高度关注，报纸和杂志做出了专题报道，电视新闻也进行了跟踪专题报道。巴基斯坦始终主张和平解决中东问题和叙利亚与以色列的戈兰高地问题。叙利亚总统对巴基斯坦政府和人民在叙利亚和以色列问题上给予的外交和政治支持表示感谢。

8 月 9 日，巴基斯坦总统扎尔达里在叙利亚巴沙尔·阿萨德国际机场做技术停留时，与叙利亚总统巴沙尔·阿萨德举行双边会晤。双方讨论了双边、地区和国际事务以及共同感兴趣的话题。

（十八）也门

2010年，巴基斯坦和也门关系平稳发展，两国有意进一步推动双边关系在多个领域的深入发展。

3月16日，参议院主席奈克在与也门大使阿卜杜尔·拉赫曼的会晤中强调，巴基斯坦与也门议会之间应该增加沟通。巴基斯坦和也门设有联合部长委员会，以促进两国诸如能源、教育、科技、银行、交通、人力资源等多领域的合作，并分享经济发展的经验。

7月27日，总理吉拉尼在与也门大使的会谈中表示，希望两国共同努力，推动两国关系在经贸合作等多个领域的深入合作，并希望巴基斯坦大米、纺织品、医疗用品、机械以及伊斯兰食品等能在也门市场上有好的表现。

（十九）约旦

2010年，巴基斯坦和约旦关系稳步发展，双方在防务合作方面取得了一定成果，约旦对巴基斯坦洪灾积极提供援助。

1. 政府交往方面

5月25日，巴总理吉拉尼致信约旦首相萨米尔·里法伊，对约旦建国25周年表示祝贺，他表示，巴基斯坦和约旦有着共同的历史、文化遗产和价值观，并相信两国基于平等互利建立起来的友好关系将继续深入发展。

8月12日，巴参议院主席奈克在与约旦大使的会晤中表示，巴基斯坦希望与约旦建立友好的兄弟般感情，并希望两国加强政界与民间的交往。

8月25日，约旦大使和巴基斯坦外交部长会谈，探讨了两国的友好关系，并希望进一步促进两国关系深入发展。库雷希对约旦向巴基斯坦提供的援助表示感谢。

2. 安全防务方面

9月21日，约旦皇家空军司令马利克·哈巴什奈赫将军会见巴基斯坦参联会主席马吉德将军，双方探讨了双边防务合作以及地区安全的有关事宜。马吉德将军还对约旦向巴基斯坦灾区提供的援助表示感谢。

3. 洪灾救援方面

8月2日，约旦国王向巴基斯坦洪灾中遇难的民众表示深切哀悼，并为巴基斯坦祈福。8月下旬，约旦向巴基斯坦提供了3.5吨的药品和食物，另外还派遣了一支由25名医生组成的医疗小组在巴基斯坦灾区进行救援。

（二十）伊拉克

2010年，巴基斯坦和伊拉克关系稳步发展，伊拉克对巴基斯坦洪灾给予了力所能及的帮助。

1. 政府交往方面

3月13日，扎尔达里在同即将离任的伊拉克大使雅库比的会晤中表示，巴基斯坦希望与伊拉克深入发展双边关系，特别是经贸和商务领域的合作。

2. 洪灾救援方面

12 月 13 日，一批价值约合 160 万美元的小麦面粉在伊拉克南部的一个港口装船启程，运往巴基斯坦，用以支持世界粮食计划署对巴基斯坦洪灾灾民的救援行动。粮食计划署驻巴基斯坦代表卡隆对于伊拉克政府向巴基斯坦捐赠 4000 吨小麦面粉表示感谢。他指出，在冬季的这几个月向巴基斯坦受到洪水袭击的民众提供支持相当重要。

七、伊斯兰会议组织

2010 年，巴基斯坦与伊斯兰会议组织（OIC）充分合作，在伊斯兰世界各项事务中发挥了积极作用。同时，伊斯兰会议组织也发动全体成员对巴基斯坦洪灾进行援助。

3 月 16 日，伊斯兰会议组织成员国议会联盟秘书长克里克博士与巴参议院主席奈克举行会晤，双方探讨了关于未来加强巴基斯坦议会与伊斯兰会议组织成员国议会联盟合作的有关事宜，并强调伊斯兰国家之家应当精诚合作的必要性。克里克博士特别指出巴基斯坦在伊斯兰会议组织中的领导作用，希望巴基斯坦未来能进一步加强同伊斯兰会议组织的合作。

3 月 23 日，总统扎尔达里在会见伊斯兰会议组织秘书长埃克迈勒·丁·伊桑奥卢博士时表示，巴基斯坦十分感谢伊斯兰会议组织在巴基斯坦反恐时期给予的支持和帮助，并为其颁发了勋章。秘书长对总统为其颁发勋章表示感谢，并称赞巴基斯坦对伊斯兰会议组织的支持和巴基斯坦在维护伊斯兰世界团结方面所作的贡献。秘书长表示，伊斯兰会议组织将继续支持巴基斯坦反恐，并支持巴基斯坦在结束清剿的地区开启重建工程。3月24日，总理吉拉尼在与伊斯兰会议组织秘书长会谈时表示，赞赏伊斯兰会议组织对查谟和克什米尔地区人民自决权利的支持。

在洪灾救援方面，8月10日，巴基斯坦联邦财政部长谢赫与来自沙特阿拉伯、阿联酋、土耳其、科威特、印度尼西亚、伊朗、阿曼、卡塔尔、巴林、埃及、利比亚、文莱和阿富汗等伊斯兰国家驻巴基斯坦大使举行会谈。谢赫向大使们通报了洪灾情况并感谢伊斯兰国家对巴基斯坦的援助。

8月18日伊斯兰会议组织秘书长伊桑奥卢召集各成员国在伊斯兰会议组织总部召开伊斯兰会议组织紧急会议，评估巴基斯坦洪灾形势并商讨向巴基斯坦提供救援事宜。伊斯兰会议组织呼吁各会员国及国际社会成员，向深受水患之苦的巴基斯坦提供紧急援助。伊斯兰会议组织对国际社会发布一份新闻公报，其中特别给伊斯兰世界国家，呼吁不论是穆斯林个人或是伊斯兰国家本身，都应该向巴基斯坦提供紧急的物资和财务援助。伊斯兰会议组织秘书长、土耳其裔的伊桑奥卢在会议上呼吁所有伊斯兰国家及国际社会，尽快对巴基斯坦提供紧急援助。伊斯兰会议组织一名发言人证实，伊斯兰发展银行已经发出1120万美元的援助资金给巴基斯坦。

8月26日，即将前往伊斯兰堡了解巴基斯坦水灾人道主义救援情况的伊斯兰会议组织秘书长伊桑奥卢表示，巴基斯坦水灾是巨大的灾难，强调巴基斯坦无力应对洪灾损失。他要求伊斯兰会议组织57个成员国在最短时间内向巴基斯坦受灾民众提供援助。伊桑奥卢指出，伊斯兰会议组织将专门为巴基斯坦以及该组织其他遭受自然灾害的国家成立特别援助基金。

2010年巴基斯坦与欧盟关系

吴 凯

纵观2010年，巴基斯坦与欧盟及欧盟各成员国关系发展总体平稳。

首先从巴基斯坦与欧盟的关系来看：2月，欧盟发表的“巴基斯坦行动计划”承诺通过对伊斯兰堡提供经济援助，支持其社会经济发展。3月，除英国和荷兰外，欧盟另外16个国家的外交代表在白沙瓦做出决定，为巴基斯坦商品进入所有欧盟成员国提供便利，为6月举行第2届巴欧峰会营造良好的氛围。

2010年巴欧关系的高潮是6月在比利时首都布鲁塞尔召开的第2届巴欧峰会，双方就未来5年合作计划达成一致，强调在经贸、安全、能源等各领域深化合作。

欧洲理事会常任主席范龙佩、欧盟委员会主席巴罗佐和巴基斯坦总理吉拉尼共同出席会议。根据会后发表的联合声明，双方决定在经济发展、自由贸易、清洁能源以及反恐和打击极端主义等方面携手合作，强调在应对气候变化哥本哈根峰会上所取得成果的基础上共同推动气候问题谈判。双方还同意在裁军、武器出口、核不扩散等安全问题上加强对话，重申在维护阿富汗局势以及该地区稳定和安全所作的承诺。同时，欧盟欢迎巴基斯坦在打击贩毒等方面所做的努力。而范龙佩在会后举行的联合记者招待会上表示，欧盟是巴基斯坦最重要的贸易伙伴之一，巴基斯坦的发展对欧盟乃至世界具有直接影响，加强合作符合双方利益。

在经济和社会层面，欧盟表示将继续支持和援助巴基斯坦，并把援助金额从目前的每年5000万欧元提高到2011年至2013年每年7500万欧元。这些资源将首先用于增强巴基斯坦法律部门、支持马拉坎德地区发展和支持巴基斯坦国家能源建设等三个方面。巴基斯坦对欧盟2010年3月推出的“司法系统公务员能力建设”项目表示欢迎。该项目旨在帮助巴政府更加有效地进行反恐。

巴吉拉尼总理表示，通过加强制度建设，将有助于在南亚地区实现和平与繁荣。欧盟负责外交和安全政策的高级代表凯瑟琳·阿什顿和巴基斯坦外长将定期举行会晤。

巴—欧峰会的举行对于巴基斯坦未来发展至关重要，欧盟是世界重要的经济体，巴基斯坦力求通过峰会达到进一步减少关税壁垒的目的。

在巴基斯坦的洪灾中，欧盟也扮演了积极角色。洪灾发生后，欧盟宣布对巴基斯坦洪灾地区提供3900万美元援助。而欧盟及各成员国也积极援助巴基斯坦进行灾后建设。

9月，欧盟决定对巴基斯坦主要出口产品实施限期关税减让的优惠贸易政策，以帮助巴消除洪灾负面影响并维持政局稳定。该政策每年将涉及价值3亿欧元（约合3.9亿美元）的巴对欧出口产品。欧盟采纳了巴基斯坦的建议，同意出口到欧盟市场的物品暂停征收三年关税，以帮助巴基斯坦恢复被洪水影响的经济。2010年底，欧盟委员会正式公布将在未来三年内暂停征收巴基斯坦75项产品进口关税的正式提案，可增加巴基斯坦对欧盟出口金额近1亿欧元（约1.4亿美元）。欧盟免征收进口关税的75项巴基斯坦产品为巴基斯坦主力出口项目，其中有60%出口到欧盟，以成衣和纺织品为主。

欧盟拟给予巴基斯坦纺织品关税减免的项目包括：针织或钩针织手套，适用6.4%的普惠关税（GSP）税率和8%的一般关税税率；女用棉制成衣所适用的普惠关税和一般关税税率则为9.6%与12%。欧盟免关税进口之产品清单中亦包括许多纱线和棉布，以及多项针织和梭织成衣项目。该提案若经欧盟部长理事会批准，将自2011年1月1日起实施。尽管欧洲纺织品与成衣企业均反对给予巴基斯坦任何援助，欧盟却依然坚持。巴相关产业界却认为欧盟的关税减免项目仅能促进纺织物料的出口，巴希望关税优惠能包含更多的成衣项目，因为成衣业是唯一能增加巴就业机会和帮助经济复苏的产业。

虽然如此，这些积极成果是巴基斯坦所愿意看到的，外长库雷希表示，更希望同欧盟进行贸易而非接受欧盟援助，表示普惠制地位将使巴基斯坦对欧盟的出口增加到60亿美元，同时还将创造100万个就业岗位。

在发展同欧盟各成员国的关系上，巴基斯坦不仅全面开花，而且目标明确。

从2010年巴基斯坦与欧盟成员国双边访问的全面性来看，既有英、法、德这样的欧洲核心国家，也有如挪威、捷克、爱尔兰等这样的小国。从双边访问的频繁性来看，巴基斯坦特别关注英国。

在欧盟成员中，巴基斯坦一直重视同英国发展双边关系。2010年巴基斯坦继续保持同英国的传统友谊，英国是巴基斯坦2010年同欧盟成员国的双边外交中最频繁的一个。

2010年初，巴基斯坦外交部长库雷希与英国外交大臣米利班德举行会谈，同意建立两国国民基金会。在总理吉拉尼、总统扎尔达里与米利班德的会谈中，不仅涉及双边关系，更是积极沟通对阿富汗问题的看法。

5月，英国新上任的外交大臣黑格与巴外长库雷希通电话。希望尽快与巴外长进行联系，使巴英关系向前发展。

6月，英国外长黑格访巴并同内政部长马利克举行会谈。黑格表示，英国政府将继续支持巴基斯坦所进行的反恐战争，英国将在未来4年内向巴基斯坦提供6.65亿英镑的援助。其中，2亿英镑用于教育领域，5000万英镑用于受恐怖主义之害的地区。巴总理吉拉尼在会见黑格表示，希望巴英关系在新的领导人带领下达到新的高度。

7月，巴总理吉拉尼在总理府与到访的英国保守党主席沃西会谈。吉拉尼表示，第一轮巴英战略对话取得丰硕成果，这种高级别的会谈对于提升两国关系很有帮助，他期待着英国新任首相大卫·卡梅伦能够出席第二轮巴英战略对话并访问巴基斯坦。

2010上半年巴英关系持续升温，朝着积极利好的方向发展。然而，巴英关系在下半年开始却出现了一些小波折。

7月，英国首相卡梅伦在印度班加罗尔对印度企业领袖发表演讲时称，巴基斯坦在阿富汗及世界其他地区输出恐怖主义。英国首相的言辞使巴英关系出现不和谐因素，引起不小的外交风波。巴外长库雷希随即表示对英国首相卡梅伦所发表的演说表示非常吃惊，认为这是巴基斯坦方面完全不能接受的。而巴基斯坦三军情报局局长帕沙更是取消了原定对英国的访问，使得巴英关系瞬间趋冷。

8月，巴基斯坦洪灾为英国找到了修补双边关系的契机。英国积极援助巴基斯坦，号召英国民众为巴基斯坦捐款，给双边关系找到了缓和的台阶。在巴总统的访问中，巴基斯坦总统扎尔达里与英国首相卡梅伦举行范围广泛的会谈，涉及双边合作、战略对话、建立英国—巴基斯坦基金、打击武装分子、赈灾工作、巴基斯坦产品进入欧盟市场、在贸易投资、农业、教育和文化领域合作等方面，并发表联合声明。两国承诺保持“牢不可破的”友谊，共同打击恐怖主义。这意味着两国的外交风波已经平息。

9月，英国宣布将向巴基斯坦再追加95亿卢比的援助。使英国成为欧盟成员中对巴援助额最大的国家，双边关系重新恢复热度。

而相比之下，德国和法国与巴基斯坦的关系就要冷清许多。

2010年，巴基斯坦同法国的关系只能用不温不火来形容。相比于英国的“热闹”，巴基斯坦和法国的关系平平。唯一的大事是8月初总统扎尔达里对法国的访问，访问期间，扎尔达里同萨科奇会谈，双方讨论最多的问题是阿富汗局势。法国是在阿富汗驻军最多的国家之一，按增兵计划，驻阿法军将增至4000人。萨科齐在会谈中表示“鼓励”巴基斯坦进一步扩大反恐努力，在阿富汗取得成功，需要巴基斯坦支持，也符合巴基斯坦利益。两国决定建立更坚固的合作反恐关系。对卡梅伦称巴基斯坦输出“恐怖主义”的言论和巴基斯坦的反恐表现，法国外交部和爱丽舍宫均表态谨慎。法国外交部声明，两国将讨论安全、反恐、地区和经济合作议题。在与法国外交部长贝尔纳·库什内共进工作午餐时，双方讨论了地区议题和欧洲对巴基斯坦洪灾的人道主义援助。在法国期间，扎尔达里总统还前往法国北部的诺曼底，对已故妻子贝·布托的家人进行私人访问。在与萨科奇会谈后，法国总统府没有发表任何正式公报或声明。扎尔达里在会谈结束后简要地对记者表示，法国将巴基斯坦看做“负责任的伙伴”。这就是2010年巴法关系的唯一亮点，而“负责任的伙伴”关系也表明了双方各自在对方心目中的定位。这次访问更像是扎尔达里总统为之后的英国之行所做的铺垫。巴法关系在2010年没有取得什么重大合作意向。相比于印度2010年和法国所签订的各种大单，巴基斯坦远远不及。唯一取得的有积极意义的合作项目是2010年底巴基斯坦与法国签署的一项3344万欧元的援款协议，用于在巴第三大城市费萨拉巴德实施饮用水系统项目，该项目将使该市近一半的家庭连接至市政供水系统。

同德国的关系则更加冷淡，双方高层交往贫乏。所谈到的问题基本都与阿富汗有关，在8月的洪灾中，德国政府向巴基斯坦提供了价值5450万卢比的帐篷、席子和饮用水，共向巴基斯坦提供了1.09亿卢比的人道主义援助。而双方在经济方面所取得的成果，也仅仅是在6月，德国经济合作与发展部长宣布，为巴基斯坦设立一个800万欧元的多方捐助信托基金，用来帮助巴基斯坦国内遭受恐怖活动影响的人民。

总结2010年的巴欧关系，巴基斯坦积极推进了同英国的关系，为未来进一步发展同欧盟的经贸往来奠定了基础。虽然同欧多国均有往来，但相比与英国的传统友谊，与法、德两国的密切程度及互访都远远不及。与法国的关系，也许只有8月萨科奇的访问为双方关系带来了些许热度。同德国的关系，除了在阿富汗问题和经济方面进行过会谈外，其他领域的外交往来稀少。

2010洪灾对巴基斯坦经济的影响

谢　静

一、洪灾情况及其影响

2010年7月20日夜间，巴基斯坦开伯尔—普赫图赫瓦省的三个村庄遭到雷击。随后，这一带普降暴雨，并引发洪水，这三个村庄被暴雨引发的洪水冲毁，当时初步预计死亡人数超过100人。

此后，各地持续普降暴雨，巴基斯坦开伯尔—普赫图赫瓦省信息部长表示，截至8月5日，洪灾已经导致该省847人丧生，720608人无家可归，另外还有420万人受洪水影响。

2010年7月爆发的洪灾逐步向南部省份蔓延。巴基斯坦五分之一的土地被淹没。①

8月8日，巴基斯坦联邦洪灾委员会发布消息，迄今为止，

① http：//www. app. com. pk/en _/index. php? option = com _content&task=view&id=111785&Itemid=1

巴基斯坦洪水导致至少1249人丧生，4717人受伤，274377间房屋损毁或部分损毁，2958665人受灾。各地区房屋被破坏或被毁的情况是：旁遮普省90618间，开伯尔—普赫图赫瓦省156934间，俾路支斯坦省19619间，联邦直辖部落区1389间，吉尔吉特-巴尔蒂斯坦2336间，自由克什米尔3454间。政府已经建立了188处灾民安置点。旁遮普省有1472个村庄，开伯尔—普赫图赫瓦省有468个村庄，俾路支斯坦省有2584个村庄，吉尔吉特-巴尔蒂斯坦有193个村庄，共4717个村庄受到洪水影响。①

洪水造成巴基斯坦经济损失超过430亿美元，几乎是该国一个季度的国内生产总值。共有360万公顷农作物受灾，120万头牲畜和600万只家禽死亡，1700万人生活受到影响。巴基斯坦食品及农业部初步估计，洪水造成巴基斯坦包括甘蔗、水稻、棉花以及其他农作物在内的主要经济作物损失4210亿卢比。② 由于洪水对巴基斯坦基础设施的破坏，造成巴基斯坦铁路部门损失40亿卢比。③

联合国人道主义事务协调人表示，巴基斯坦洪水造成的破坏比2010年海地地震、2005年克什米尔大地震、2004年印度洋海啸更严重。④ 国际货币基金组织发言人表示，洪水对巴基斯坦脆弱的经济造成巨大伤害，将减少巴基斯坦的出口，并会导致预算

---

① http://www.app.com.pk/en_/index.php?option=com_content&task=view&id=112278&Itemid=1

② http://thenews.com.pk/31-08-2010/ethenews/t-268.htm

③ http://www.dawn.com/wps/wcm/connect/dawn-content-library/dawn/the-newspaper/front-page/floods-inflict-rs4bn-loss-on-railways-180

④ http://www.app.com.pk/en_/index.php?option=com_content&task=view&id=112519&Itemid=1

出现问题。①

2009－2010财年巴基斯坦联邦和地方的综合预算赤字已经上升到9290.61亿卢比。根据巴基斯坦财政部发布的财政报告，在此期间收入为2万亿卢比，但支出为3.038万亿卢比，赤字为9290.61亿卢比。②

由于洪水影响，巴基斯坦无法实现原定年产1400万包棉花的计划，因此，巴基斯坦将在2010—2011财年度大量进口棉花。③

巴基斯坦出口剩余小麦的计划也向后推迟，因毁灭性的洪水冲走库存的谷物，这导致人们对下一年作物更加忧虑。④

巴基斯坦总理吉拉尼表示，由于巨大的洪水，巴基斯坦在基础设施、牲畜和农作物方面的损失总计可能高达40－60亿美元。这些损失将使巴基斯坦2010—2011财年的经济增长下降到2.5％⑤

灾害发生后，巴基斯坦开始各项自救行动。经巴基斯坦总理吉拉尼批准，巴基斯坦内阁紧急救援处向开伯尔—普赫图赫瓦省的受灾民众派送救援物资。⑥ 联邦部长们到受灾地区视察并评估

---

① http：//www. app. com. pk/en _/index. php? option = com _ content&task=view&id=112527&Itemid=13

② http：//www. dailytimes. com. pk/default. asp? page=2010 \ 09 \ 01 \ story _ 1－9－2010 _ pg1 _ 3

③ http：//www. nation. com. pk/pakistan-news-newspaper-daily-english-online/Politics/07－Aug－2010/Flash-floods-affect-cotton-crop

④ http：//baike. baidu. com/view/4163802. htm

⑤ http：//www. app. com. pk/en _/index. php? option = com _ content&task=view&id=114946&Itemid=1

⑥ http：//www. app. com. pk/en _/index. php? option = com _ content&task=view&id=111206&Itemid=1

受灾民众的需求，安排专职人员负责救灾工作具体责任，包括食物、水资源、通信、工业生产等各部门，视察遭受洪水的旁遮普省米安瓦利及其周边地区。[①] 同时，建立总理洪水救济基金以援助受洪水影响的民众。巴基斯坦国家银行的各分行接受捐赠。内阁成员向救灾基金捐赠一个月的薪水，17 级以上的官员将向救灾基金捐赠一天的薪水。[②] 8 月 15 日，总理吉拉尼与穆盟（谢）领导人谢里夫会谈，双方一致同意设立一个委员会，监督向受灾民众分发救灾援助的情况。[③]

总统扎尔达里在与英国内政大臣谈话时，呼吁国际社会向受洪水危害的巴基斯坦提供实质性帮助。[④] 外交部长库雷希也呼吁国际社会支持巴基斯坦抗击洪灾。[⑤]

二、各方捐助情况

1. 中国

8 月 1 日至 2 日，中国政府向巴基斯坦政府提供价值 1000 万元人民币的紧急人道主义援助，以帮助巴基斯坦受洪水影响地区的救灾工作。中国驻巴基斯坦大使馆表示，中国政府将向巴基斯

---

① http://www.app.com.pk/en_/index.php?option=com_content&task=view&id=111190&Itemid=1

② http://www.app.com.pk/en_/index.php?option=com_content&task=view&id=111110&Itemid=1

③ http://www.nation.com.pk/pakistan-news-newspaper-daily-english-online/Politics/15-Aug-2010/Gilani-Nawaz-join-hands/

④ http://www.nation.com.pk/pakistan-news-newspaper-daily-english-online/Politics/06-Aug-2010/Zardari-urges-world-to-support-flood-affectees

⑤ http://www.app.com.pk/en_/index.php?option=com_content&task=view&id=111647&Itemid=1

坦提供1.25亿元人民币的紧急人道主义援助。同时，中国驻巴基斯坦大使馆全体官员捐赠了60万卢比现金以帮助开伯尔—普赫图赫瓦省遭受洪水影响的民众。[①] 之后，中国红十字会向巴基斯坦捐赠5万美元现金的紧急援助款。中国驻巴基斯坦大使刘建与巴基斯坦外交部长库雷希会谈并向库雷希外长转交了全巴中国企业协会和在巴华侨华人自发向巴灾区捐赠的149.5万卢比现金。[②]

9月19日，在纽约出席第65届联合国大会的中国外交部长杨洁篪在“巴基斯坦洪灾救援高级别部长级会议”上表示，巴基斯坦遭受历史罕见洪灾后，中国政府第一时间提供紧急人道主义援助，累计金额将达3.2亿元人民币，并向受困的巴基斯坦北部地区运送生活物资，满足当地民众生活所需。中国救援队和医疗队深入重灾区救助灾民，社会各界纷纷向巴捐款捐物。中巴是患难与共的真正朋友，中国政府将继续在力所能及的范围内为巴基斯坦灾民安置和灾后重建提供支持和帮助。[③]

作为巴基斯坦的友好邻邦，根据灾情的发展，中国政府4次追加援助，向巴基斯坦提供和承诺援助总额达到2.47亿美元。

2010年12月，中国总理温家宝访问巴基斯坦，在中国—巴基斯坦商务合作峰会上发表讲话时提出多项举措，落实援助巴基斯坦灾后重建工作。他表示，中方将兑现所有承诺，积极帮助巴

---

① http：//www. app. com. pk/en _/index. php? option = com _ content&task=view&id=111211&Itemid=1

② http：//www. app. com. pk/en _/index. php? option = com _ content&task=view&id=111545&Itemid=1

③ http：//news. cntv. cn/world/20100920/101240. shtml

基斯坦灾民重建家园，确保每一个项目都能真正惠及巴方灾民。温家宝表示，根据巴方意愿，中方将采取四项措施落实救灾援款，即：拨出1000万美元现汇，用于支持巴政府出台的“灾民补偿计划”，直接发放到灾区人民手中，帮助灾民尽快实现生产自救；援建三个农业合作项目，即粮食加工项目，调气和冷藏仓库项目、农作物遥感卫星测控项目；承担巴方受灾地区部分水毁公路修复工程，帮助打通巴基斯坦南北和东西交通要道，将使1.5亿居民受益；开展人力资源培训合作，为巴方举办防灾减灾、纺织技术或管理、农业种植等培训班，增强巴基斯坦可持续能力建设。

访问期间，温家宝同巴基斯坦总理吉拉尼在会谈时达成共识，把巴基斯坦灾后重建作为双方务实合作最紧迫的任务。温家宝表示，中方愿意再提供1亿美元优惠贷款和3亿美元优惠出口买方信贷，用于双方商定的项目。

2. 联合国及国际组织

8月2日，联合国秘书长潘基文授权从联合国中央应急基金中拨出1000万美元，帮助遭受洪水急需援助的巴基斯坦。[①] 潘基文要求他的“援助巴基斯坦特使”里佩尔前往巴基斯坦，帮助实施联合国赈灾行动。联合国难民署向遭受洪水的巴基斯坦西北部地区数以千计的家庭分发救灾物资。[②]

世界银行行长佐利克在华盛顿会见巴基斯坦财政部长哈菲兹

① http://www.app.com.pk/en_/index.php?option=com_content&task=view&id=111211&Itemid=1

② http://www.app.com.pk/en_/index.php?option=com_content&task=view&id=111362&Itemid=1

·谢赫时表示，世界银行在本财政年度里将会把与洪灾有关的支持从 9 亿美元增加到 10 亿美元。[1]

国际货币基金组织总裁卡恩在与巴基斯坦财政部长哈菲兹·谢赫会谈后表示，国际货币基金组织将向巴基斯坦提供 4.5 亿美元紧急贷款。[2]

世界粮食计划署 8 月 5 日开始动用直升机向巴基斯坦北部斯瓦特山谷地区被洪水阻断的数十万饥饿民众运送粮食。[3]

8 月 1 日，欧洲委员会宣布向巴基斯坦捐赠 3900 万美元的人道主义援助。[4]

3. 美国

8 月 1 日，美国宣布向巴基斯坦提供 1000 万美元的人道主义援助。[5] 并及时提供大量直升机以及临时桥梁。[6] 8 月 5 日，美国驻巴基斯坦大使馆表示，美国正在制定一个新的 2500 万美元的援助计划，这笔钱将由美国国际开发署提供给国际组织和用来建立为巴基斯坦民众提供食物、卫生保健和避难所的巴基斯坦非政府组织（NGOs）。[7] 美国国务卿希拉里在与巴基斯坦总理吉拉

---

① http://www.app.com.pk/en_/index.php?option=com_content&task=view&id=114966&Itemid=1

② http://www.app.com.pk/en_/index.php?option=com_content&task=view&id=115025&Itemid=1

③ http://news.cntv.cn/world/20100806/101929.shtml

④ http://www.dailytimes.com.pk/default.asp?page=2010\08\01\story_1-8-2010_pg7_9

⑤ http://www.app.com.pk/en_/index.php?option=com_content&task=view&id=111167&Itemid=1

⑥ http://www.app.com.pk/en_/index.php?option=com_content&task=view&id=111387&Itemid=1

⑦ http://www.app.com.pk/en_/index.php?option=com_content&task=view&id=111785&Itemid=1

尼通电话中，表达了美国对巴基斯坦的支持，表示美国将尽全力帮助巴基斯坦。[①] 美国国务院外国灾难援救办公室代理主任马克沃德表示，美国政府将向巴基斯坦政府追加援助 2000 万美元，用于巴基斯坦的救灾行动。美国已为此次洪灾向巴承诺提供 5500 万美元援助。[②] 8 月 11 日，美国表示，将赈灾援助增加到 7100 万美元并派更多的直升机参加救援工作。[③]

截至 8 月 26 日，通过巴基斯坦国家灾难管理局、联合国应急响应计划、当地和国际组织，美国已经向巴基斯坦捐赠 1.5 亿美元用于救灾。[④]

4. 其他各国

英国紧急灾难委员会表示，英国民众已经向巴基斯坦捐赠 400 万英镑用于帮助遭受洪水的民众。[⑤]

德国外交部长威斯特维勒宣布，德国政府将向巴基斯坦提供价值 5450 万卢比的帐篷、席子和饮用水。德国共计向巴基斯坦提供了 1.09 亿卢比的人道主义援助。[⑥]

丹麦大使馆向巴基斯坦红新月会捐赠 53000 美元。[⑦]

---

① http://e.thenews.com.pk/tp_details.asp?id=30585

② http://www.app.com.pk/en_/index.php?option=com_content&task=view&id=112580&Itemid=1

③ http://www.app.com.pk/en_/index.php?option=com_content&task=view&id=112666&Itemid=1

④ http://www.app.com.pk/en_/index.php?option=com_content&task=view&id=114652&Itemid=1

⑤ http://www.app.com.pk/en_/index.php?option=com_content&task=view&id=112261&Itemid=1

⑥ http://www.app.com.pk/en_/index.php?option=com_content&task=view&id=111257&Itemid=1

⑦ http://www.app.com.pk/en_/index.php?option=com_content&task=view&id=111657&Itemid=

加拿大国际合作部长奥达宣布，加拿大政府向遭受洪水的巴基斯坦人民提供200万美元人道主义援助，并向150000个巴基斯坦受灾家庭提供食物援助。①

日本政府向巴基斯坦提供300万美元经济援助以及价值23万美元的紧急物品援助，包括帐篷、脱水蔬菜等物品。②日本和韩国政府决定共同捐赠1000万卢比给巴基斯坦政府以在马拉根德地区为遭受洪水影响的民众建立职业技能训练项目。③

新加坡向巴基斯坦开伯尔—普赫图赫瓦省运送了价值3万美元的赈灾物品；新加坡慈援组织组成一个3人赈灾小组前往白沙瓦以帮助该省赈灾和援助工作；新加坡还向国际红新月联合会捐赠10万美元的人道主义援助以帮助巴基斯坦受洪水影响的民众。④

荷兰向巴基斯坦捐赠100万欧元的经济援助以帮助遭受洪水的巴基斯坦。⑤

泰国政府宣布向巴基斯坦提供75，000美元的人道主义援助，泰国总理向巴基斯坦受灾家庭表达了同情，并承诺将会向巴基斯坦提供进一步的援助。⑥

---

① http：//www. app. com. pk/en _/index. php? option = com _content&task=view&id=111650&Itemid=1

② http：//www. app. com. pk/en _/index. php? option = com _content&task=view&id=111728&Itemid=

③ http：//www. nation. com. pk/pakistan-news-newspaper-daily-english-online/Politics/04－Aug－2010/River-Indus-changes-course-amid-record-flood

④ http：//www. app. com. pk/en _/index. php? option = com _content&task=view&id=111810&Itemid=1

⑤ http：//www. app. com. pk/en _/index. php? option = com _content&task=view&id=111837&Itemid=1

⑥ http：//www. app. com. pk/en _/index. php? option = com _content&task=view&id=111798&Itemid=1

科威特政府向巴基斯坦捐赠 500 万美元救灾款。[1]

巴勒斯坦总统阿巴斯对巴基斯坦洪水导致的人员和财产损失表示震惊和悲痛，并指示巴勒斯坦政府立即向巴基斯坦运送包括食品和药品在内的救灾物资。阿巴斯还决定派遣一组医疗队去巴基斯坦。[2]

沙特发展基金会代表团拜访巴基斯坦外交部长库雷希时表示，从沙特起飞的 8 架救灾班机已经到达巴基斯坦，沙特将继续每天发送两架次航班的救灾物资到巴基斯坦。[3]

在 8 月 19-20 日联大就巴基斯坦洪灾召开的会议上，超过 40 个国家承诺向遭受洪水灾害的巴基斯坦政府和人民提供援助，各国共承诺捐助资金 2.545 亿美元。[4] 截止到 2010 年 9 月 1 日，各个国家承诺向巴基斯坦的救灾援助达 9.8452 亿美元。[5]

三、灾后重建问题

在洪水退去之后，巴基斯坦政府将面临很多难题。

首先是灾后重建工作。联合国驻巴基斯坦人道主义事务协调员莫格万加表示，巴基斯坦洪水已经导致上百万人受灾，至少

---

① http://www.app.com.pk/en_/index.php?option=com_content&task=view&id=112044&Itemid=1

② http://www.app.com.pk/en_/index.php?option=com_content&task=view&id=112425&Itemid=1

③ http://www.app.com.pk/en_/index.php?option=com_content&task=view&id=112464&Itemid=1

④ http://www.app.com.pk/en_/index.php?option=com_content&task=view&id=114017&Itemid=1

⑤ http://www.app.com.pk/en_/index.php?option=com_content&task=view&id=114901&Itemid=1

150万人无家可归。他估计，用于巴基斯坦重建的费用在1.5亿美元到1.6亿美元之间，甚至更多。①

如何进行灾后重建成为了巴基斯坦政府急需解决的第一个难题。巴基斯坦总统扎尔达里表示，巴基斯坦从洪灾中恢复过来至少需要3年时间。②

其次，如何保证受灾民众中妇女和儿童的权益也是政府需要面对的问题。在此次洪水危机中，死亡人数中相当大的比例是妇女和儿童，根据联合国儿童基金会估计，350万灾区儿童面临着由于水污染而导致疾病的危险。作为弱势群体，如何在医疗、食品、教育和人身安全方面保障灾区妇女和儿童的合法权益，无疑考验着巴政府的执政能力。

最后，还有如何解决洪水引发的次生灾害问题。受灾地区80%的粮食储备已被洪水吞噬，大批农田被淹没，由于农田中覆盖着大量的淤泥，如何在灾害后迅速恢复农业生产成为较为紧迫的任务。灾区的防疫工作仍然艰巨，由于受灾人口数量众多，一旦传染病疫情流行，必将给巴基斯坦全国民众带来毁灭性的灾难。③

巴基斯坦政府的救灾表现将影响未来的政局走向和民主化进程。

---

① http：//www. dawn. com/wps/wcm/connect/dawn-content-library/dawn/the-newspaper/front-page/%24200－million-needed-for-relief-un－880

② http：//www. app. com. pk/en _/index. php? option = com _content&task=view&id=114399&Itemid=1

③ http：//news. sina. com. cn/w/sd/2010－10－20/141521315409 _ 2. shtml

2010年巴基斯坦的债务问题

彭　念

2010年，全球经济增速放缓、巴国内安全局势欠佳以及特大洪灾来袭，巴出口和外国投资大幅减少，财政赤字不断攀升，债务总量急剧上升，巴所面临的债务问题日趋严重。本文拟分析2010巴基斯坦的债务现状、产生原因及其影响。

一、巴基斯坦的债务现状

受金融危机的影响，公共债务开始小幅增加，至2010年3月，公共债务占GDP的比例增至55.6%。[①] 之后，增速加快，至2010年6月，公共债务占GDP的比例攀升至63.4%，环比上升7.8个百分点。[②] 2010年7月，巴爆发特大洪灾，为实施救灾

---

① Government of Pakistan，*Economic Survey 2009－10*，p. 111.

② “巴公共债务占GDP比重三个月内上升7.8个百分点”，中国驻巴基斯坦大使馆经济商务参赞处，2010年11月8日。

http：//pk. mofcom. gov. cn/aarticle/jmxw/201011/20101107232446. html?958176512=2270346803

行动，资金匮乏的巴政府被迫向世行、亚行等国际金融机构申请紧急贷款，从而导致债务总量急剧上升。

（一）内债

内债占GDP的比重呈逐年下降之势（2008年除外），但内债的增速却呈上升之势。

2010年（截至3月底）内债比上年增加了6310亿卢比，增速达16.35%，增速比上一财年略缓。但洪灾爆发后，政府向央行大举借债，导致内债额上升。据巴基斯坦《商业记录报》2010年12月22日报道，巴基斯坦国家银行（央行）日前公布报告显示，本财年开始以来（自2010年7月1日至12月11日），巴政府共从央行借款3366亿卢比（1美元约合85卢比），较上财年同期增长346%。①

在内债中，长期债务占GDP的比重不断下降，从2004年的10.1%降到了2010年（截至3月底）的5.3%，下降了接近一半。流动债务的比例不断上升，从2004年的9.6%上升到2010（截至3月底）的15.7%，上升了大约1.5倍。同时，巴内债中流动债务的比例偏高，不利于债务管理，也会给爆发债务危机造成风险。因此，巴政府不得不考虑适当减少流动债务比例，使债务结构更加合理，这对于解决巴的债务问题是有益的。

① “本财年巴政府借款剧增346%”，中国驻巴基斯坦大使馆经济商务参赞处，2010年12月23日。http：//pk. mofcom. gov. cn/aarticle/jmxw/201012/20101207325630. html? 78089472=2270346803

（二）外债

巴外债总额不断攀升，2010年12月持续上升到了537亿美元。截至2010年6月底，外债占GDP的比重上升至30%。特大洪灾爆发后，巴又向国际货币基金组织寻求紧急贷款，导致外债总量进一步攀升。此外，其外债占出口额的比例达357.89%，已大大超过国际警戒线（200%），这表明巴的债务问题很严重。

在外债结构中，政府债务所占比重从2005年度的31.1%上升到2010年度（截至3月份）的42.4%，增幅达36%。私人债务从2005年度的1.3%上升至2010年度（截至3月份）的3.2%，增幅接近60%。IMF债务呈先降后升的态势，并在2010年度（截至3月份）大幅上升至7.2%。

二、债务产生的原因

巴基斯坦债务问题的形成经历了漫长的积累过程，其原因错综复杂，概括起来主要有以下几点。

（一）国际收支失衡

巴的出口除了在1998－1999年度大于进口之外，其余年份都是进口大于出口，并且差额持续扩大，这表明，巴的国际收支状况不断恶化，已达到了非常严重的地步。而国际收支的持续恶化，使得巴政府不得不通过向外借款来弥补这一差额，导致债务总量急剧上升。

（二）投资—储蓄缺口

2004年以来，巴国家储蓄一直低于投资，其差额不断扩大（2008-2009年度除外），所需的外部资金不断增多，这种状况导致了巴债务总量的攀升。另外，巴投资额占GDP的比例很低，即使是在2006-2007年达到最高值，也不过22.5%，仍低于世界平均投资率（24.1%）。[①] 巴的投资水平低，尽管经济增速近年来放缓，仍不能满足发展对资金的需求，导致政府财政赤字进一步扩大，政府不得不举借债务来填补赤字，债务总量也就随之上升。

（三）财政赤字

巴财政赤字连年攀升，政府入不敷出，只能靠借债来填补赤字，从而造成债务量的上升。巴从1980年起就出现了财政赤字，并一直持续到2009年。

2010年上半年，巴基斯坦经济运行良好，总支出有所回升，然而之后的洪灾却迫使政府缩减支出，从而造成了总支出和发展支出比例的下降。此外，经常性支出一直大于发展支出，2010年的这一比例已达5.64倍。这表明巴政府把大量的可用资金投

① 李晓西：《宏观经济学》（中国版），中国人民大学出版社，2005年，第200页。

入到了非发展支出上，从而造成发展资金不足，极大制约了巴生产力的发展，影响了巴的出口创汇能力，进一步加剧国际收支失衡状况，外债随之上升。同时，国内的基础设施、人力资源建设也受到影响，这直接关系到巴吸引外资的成效。

（四）债务偿还和借贷成本上升

债务偿还已成为巴财政支出的最大项目，严重挤占了发展资金的支出。同时，借贷成本不断上升，使得债务总量不断攀升，进一步增加了债务偿还额。

在过去五年内，巴的债务偿还总额已从2005－2006年度的21.62亿美元增加到2009－2010年度的31.12亿美元，增加了43％。[①] 随着灾后重建工作的展开，巴大举借债，债务偿还压力也将日益增大。同时，债务偿还受多种因素的影响，波动大，巴的债务风险因素在增加。

利息支出额的比例在近年来有所上升，利息支付占GDP的比例已经接近国防支出和发展支出之和了。这不仅对发展资金具有很大的“挤出效应”，还使利率维持在高水平。这不仅加重了债务偿还问题，还抑制了私人投资。[②]

不论是内债、外债还是公共债务，其借贷成本都不稳定。巴

---

① Ijaz Kakakhel, Country's debt servicing increases 43% in 5 years, *Daily Times*, Sep24, 2010, http://www.dailytimes.com.pk/default.asp?page=2010%5C09%5C24%5Cstory_24-9-2010_pg5_9

② Jamal Sarwar, "The Foreign Debt Quagmire: A Case Study of Pakistan," *REGIONAL STUDIES*, Vol. 20, 2002, p. 65.

银行改革后，国家银行的借款利率与通过公开投标获得的商业借贷利率挂钩。[①] 这一政策变化导致了借贷成本的大幅上升。同时，由于大部分外债是低利率的长期债券，这种债务结构会随着短期高利率贷款的持续增长而不断变化。[②] 此外，卢比持续贬值，使外债偿还的实际成本上升。巴的债务状况并未得到实质上的缓解。

（五）税收

巴财政收入的主要部分来自税收，但是税收占国内生产总值的比率却一直保持在低水平，近年来一直处于10%以下。税收的减少导致了财政收入的减少，而同期支出又不得不增加，这就造成了赤字的上升。

三、债务问题对巴基斯坦的影响

债务问题已经严重阻碍了巴经济的发展，此外，公共债务，尤其是外债，其影响不仅局限于经济领域，还触及政治和安全领域，甚至威胁到了巴的主权。

---

① Fasih Uddin 、M. Akram Swati，*Pakistan*：*Pakistan's Economic Journey—Need For A New Paradigm*，Islamabad：Institute of Policy Studies，2009，p. 148—149.

② Fasih Uddin 、M. Akram Swati，Pakistan：Pakistan's Economic Journey—Need For A New Paradigm，Islamabad：Institute of Policy Studies，2009，p. 148.

（一）债务问题阻碍了经济发展

债务并不一定总是阻碍经济的发展。在 20 世纪 90 年代以前，外援及外贷就曾为巴经济的发展提供了帮助。但是进入 90 年代后，巴的债务总量不断增加，导致借贷成本及偿债压力也随之不断上升，巴政府不得不将大笔预算用于偿还债务与支付利息，从而挤占了发展资金，债务开始褪变为巴经济发展的“绊脚石”。发展资金的短缺使得巴政府和私人投资锐减，严重制约了巴生产力的发展，使得巴的出口创汇能力受到极大削弱，造成了严重的国际收支失衡。同时，巴财政赤字通过债务融资，导致利率提高。而利率的提高又导致借款成本上升，从而使私人投资受到抑制，经济活动水平下降。

洪灾爆发后，巴政府苦于资金匮乏，被迫向国际货币基金组织借款救灾，导致巴债务总量急剧上升，偿债压力进一步增大。虽然巴官员呼吁国际社会减免巴的债务，但这也无济于事，因为减免的债务只占总债务的很小一部分。面对巨额债务，巴政府除了继续借债，减少发展资金的支出之外，还相继出台措施大力吸引外国投资进入巴基斯坦。但巴国内安全局势欠佳，外国投资不增反降，本国投资也因资金短缺而减少，因此，巴经济仍在低层次上循环。

总之，巴经济发展对债务的依赖仍将是长期的，这将制约巴经济的长远发展。

（二）债务问题制约了反恐成效

沉重的债务负担使得巴政府在打击恐怖分子面前“捉襟见肘”，而必须依靠援助，制约了巴的反恐成效。而反恐不力又使得巴国内动荡不安，抑制了投资，扰乱了正常的经济秩序并造成严重的经济损失，使得巴更加无力反恐。此外，最重要的是，沉重的债务负担使得巴政府并无足够的资金投入到教育、医疗等“民生工程”领域。而正是由于这些领域长期得不到发展，才使得恐怖主义滋生。

在巴基斯坦，由于政府无足够的资金投入基础教育领域，加上很多家庭无力负担学费，很多青少年进入当地的宗教学校（免收学费）接受宗教教育，极端思想对贫困青少年影响很大，从而为恐怖主义的蔓延提供了条件。巴总理吉拉尼曾数次指出，文盲群体滋生了恐怖主义，政府将优先发展教育，以提高人民的识字率来应对恐怖主义。①

另外，“民生工程”领域资金投入的匮乏使得民众对巴政府的执政能力充满质疑。尤其是在部落地区，由于经济落后，政府资金投入不足，再加上恐怖分子的影响力，民众极易受到恐怖组织的蛊惑，引发社会的动荡。2010年8月特大洪灾爆发后，巴政府就因资金匮乏，救灾不力，引起了灾民的不满，巴塔及其他武装组织乘机与政府展开救灾竞赛，争取民心。同时，武装组织

---

① “Higher literacy to help country fight terrorism：Gilani，*Daily Times*，May21，2010，http：//www. dailytimes. com. pk/default. asp? page = 2010%5C05%5C21%5Cstory _ 21－5－2010 _ pg7 _ 15

也借此机会逃避政府的打击，积蓄力量。

总之，沉重的债务负担以及反恐的现实需要，使得巴的确无暇顾及“民生领域”的发展，然而忽视“民生”发展的恶果只能使巴反恐战争陷入长期的拉锯战。

（三）债务问题威胁到了巴基斯坦的主权

为满足国际货币基金组织的贷款要求，巴政府开始实施国际货币基金组织所要求的经济稳定计划。虽取得一定成效，但巴财政支出减少，工业生产萎缩，失业人数大增，出口持续下滑，卢比持续贬值，债务总量继续上升，经济形势恶化，严重威胁到社会的稳定。

此外，有些援助的附加条件甚至直接干涉了巴的内政，威胁到了巴的主权。美国发动阿富汗战争后，巴战略地位日显，美国为拉巴反恐，不断向其提供援助，但添加了很多政治性附加条款，对巴的主权构成威胁。而巴由于严重的债务负担，资金匮乏，只好被迫接受。

2009 年 9 月，美国提出援巴的《克里－卢格－伯曼法案》，在巴国内掀起一片争论，巴一部分官员认为该法案威胁到了巴的主权，侵犯了巴的国家安全利益。

巴洪灾发生后，美国一方面提供援助，一方面施压促巴打击恐怖分子，并频频越境打击，这些都严重威胁到了巴的主权。

2010年中巴边贸新态势

李玉环

一、2010年中巴边贸动态

2010年中巴边境贸易续有发展，呈现一些新动态，主要表现在以下方面。

（一）边界开放时间调整

由于气候原因，中巴边贸口岸每年开放时间为5月1日至12月31日，1月至4月关闭。2009年，巴基斯坦北部地区因山体滑坡形成堰塞湖，阻断了巴向其北部地区的运输路线。2010年1月，应巴政府请求，中国政府同意调整开放边界的时间，提前开关，从中国境内向巴北部地区运送物资，以保障货物和原料的供应。巴方表示，中国政府的这一举措是中巴“全天候”友谊的另一个里程碑，必将深化两国之间的关系。①

（二）“喀交会”成为推进中巴边贸的重要平台

2010年6月4日，在巴基斯坦首都伊斯兰堡，巴私有化部长卡瓦卡·艾哈迈德和中国驻巴大使罗照辉共同出席为中国喀什·中亚南亚商品交易会（简称“喀交会”）举行的新闻发布会。当天，中国喀什政府代表团一行在伊斯兰堡举行新闻发布会，为将于6月28日至7月2日在中国新疆喀什举办的第六届“喀交会”开展招商推广活动。

6月28日，第六届中国新疆喀什·中亚南亚商品交易会在喀什国际会展中心隆重开幕。喀交会着眼于宣传周边国家的优势产业、产品和特色资源，促进信息、资源的共享及合理开发利用，形成喀什与中亚、南亚各国经济互动的良好格局。巴基斯坦参议员、巴基斯坦—中国研究所（Pakistan—China Institute）主席穆沙希德·侯赛因带领由60名成员组成的代表团，从吉尔吉特经陆路到中国喀什参加喀什贸易展览会。巴基斯坦的代表团由商人、文学家、企业家、学者、学生以及媒体人士组成。② 60辆标注着“中巴友好”的大篷车通过陆路访问中国，参加喀什贸易展销会，以此来促进中巴关系的发展。他们从陆路走，是要突出

① 巴联社1月23日的报道，http：//www. app. com. pk/en _/index. php?option=com _ content&task=view&id=94818

② 巴联社1月20日的报道，http：//www. app. com. pk/en _/index. php?option=com _ content&task=view&id=94515

丝绸之路这条传统线的重要性。[1]“喀交会”上，巴基斯坦客商展出的精美铜器、手工艺品、纺织品吸引了众多的游人和客商，人们排着队经过他们的展位，仔细欣赏并选购喜爱的物品。大批巴基斯坦珠宝商人在“喀交会”上设立展位，寻找商机。

二、中巴边贸发展的有利方面

2010年出现一系列有利于中巴边贸发展的新进展。

（一）中国新疆喀什设为经济特区

2010年5月，新疆喀什被设为经济特区，为扩大中巴边贸创造了良好的平台。

2010年5月，中央新疆工作会议上正式批准喀什设立经济特区，为中巴贸易通道的建设提供了新的有利契机。2010年两会期间，来自新疆地区的代表提出设立新疆喀什经济特区的方案，并建议国务院把进一步扩大新疆喀什向西开放纳入国家沿边开放的整体战略之中，以大开放促进喀什经济社会的大发展。

喀什有着悠久的历史和灿烂的文化，是维吾尔族人口最稠密的地区，维吾尔族的文化、建筑、艺术都在这里体现，具有浓郁的维吾尔族风情。喀什作为祖国最西端的一座城市，周边与五国接壤，具有“五口通八国，一路连欧亚”的独特区位优势，是祖

---

① 巴联社1月24日的报道，http：//www. app. com. pk/en_/index. php?option=com_content&task=view&id=94852

国向西开放的重要门户。喀什水土、光热、旅游、矿产、石油天然气、农副产品资源十分丰富，发展潜力巨大。喀什是祖国的西大门，自古就是军事战略要地。周边与塔吉克斯坦、阿富汗、巴基斯坦、吉尔吉斯斯坦、印度五国接壤，有红其拉甫、吐尔尕特、伊尔克什坦、卡拉苏四个口岸对外开放。随着 1999 年南疆铁路库尔勒至喀什段贯通、2004 年喀什航空口岸开放和喀什至巴基斯坦伊斯兰堡通航，喀什结束了遥远封闭的历史，一跃成为中国进入中亚、西亚以及欧洲的国际大道道、向西开放的桥头堡，战略地位更显突出。喀什距周边国家首都只有一千多公里的半径。喀什周边接壤国家多，要真正把喀什建设成为向中亚、南亚和西亚开放的桥头堡，对周边国家形成发展上的比较优势，实现跨越式发展，根本的出路就是面向周边国家，实施全方位的向西向南开放。

喀什区位优势明显，经济特区的设立，为实现喀什地区乃至新疆经济的跨越式发展具有重要战略意义。批准设立喀什经济特区，享受产业、税收、金融、土地、外贸等特殊政策，有利于把喀什建设成向西出口加工基地和商品中转集散地，进口能源和稀缺矿产资源的国际大通道，向外开发能源资源和开拓国际市场的新欧亚大陆桥。

喀什是深化向西开放的门户。喀什与周边经济互补性强，中亚、南亚各国特别希望加强与中国经济的合作，对内地投资者来说，喀什是进入中亚、南亚市场的有利之地。周边国家轻工纺织、食品工业滞后，中亚国家每年进口大量蔬菜、肉制品，对机电产品需求也十分广阔。这些出口产品大部分都来自中国中东部地区，长途运输成本高、周期长。在喀什建立经济特区，实现全方位对外开放，充分发挥地缘区位优势，促进内地开放型产业向西部转移，有利于形成我国与中亚、南亚更密切的合作格局。

国家把进一步扩大新疆喀什向西开放纳入国家沿边开放的整体战略之中，以大开放促进喀什经济社会的大发展，批准设立“中国喀什经济特区”，并赋予国家计划单列权限，享受产业、税收、金融、土地、外贸等特殊扶持政策，依托沿海内地及乌昌地区、天山北坡、天山南麓经济带的先进生产力要素，辐射全疆，面向中亚、南亚、西亚，广泛集聚优势，加快超常规发展，把喀什建设成为向西出口加工基地和商品中转集散基地，进口能源和稀缺矿产资源的国际大通道，向外开发能源资源和开拓国际市场的“新欧亚大陆桥”。在新疆喀什地区外经贸持续健康稳定发展的有利形势下，以各项优惠政策吸引更多的各类出口加工企业在喀什落户，实现喀什地区乃至新疆经济的跨越式发展。

喀什被设立成为面向中亚、南亚的经济特区，为中巴边贸的发展创造了良好的基础。

（二）良好的政策支持

中国新疆喀什地区与巴基斯坦北部地区自1969年正式开展边境贸易以来，中巴两国的边贸已经历了四十多年。自中巴红其拉甫口岸正式向第三国开放以来，中巴两国的经贸进展顺利。近年来，中巴贸易中双方的过货量以及人员的进出量同比增加迅速。2007年7月已正式生效的《中巴自由贸易协定》为双方经贸的发展提供了政策基础。[①]

中巴边贸发展有着良好的政策支持。中国政府对中巴之间的“边民互市”实行“特殊优惠”政策。据此政策，中巴边境地区边民可以在边境线政府指定的集市上，在不超过规定的金额或数量内进行商品交换活动。中巴边民互市对进驻互市区的中巴企业免征一切政策性收费。而中巴边民互市就设在红其拉甫边境口岸所在的新疆塔什库尔干县。边民互市有利于边境地区商品贸易的繁荣。

在国际金融危机中，美元汇率持续下跌，与此同时，中国经济稳步快速增长，人民币汇率成为国际关注热点。在 2010 年“乌洽会”上，“巴基斯坦哈比比银行”的展位受到格外关注，因为巴基斯坦哈比比银行支持人民币跨境结算，该银行开展人民币结算业务将近一年，越来越多的贸易公司看好人民币，踊跃使用人民币结算。

2010 年 12 月，国务院总理温家宝对巴基斯坦进行正式访问，成果丰硕，取得圆满成功。访问期间，两国政府表示对边境贸易给予支持和鼓励。在中巴联合公报第十二条中，双方共同宣布，支持和鼓励边境贸易，以促进两国边境地区的共同发展和繁荣。双方将探讨设立跨境经济区的可行性，并采取步骤加强双方在边境管理方面的合作。表明双方对边境贸易达成了重要共识，成为促进两国边贸发展的有利政策支撑。

从充满活力的中巴边贸发展的新动态和有利条件支持来看，可以预期，中巴边贸前景可观。

---

① “金融危机下充满活力的中巴边贸”，http：//news. 163. com/09/0902/18/5I7NS1H6000120GU. html

后记

自2009年1月起，四川大学巴基斯坦研究中心对巴基斯坦主要英文报纸即《Daily Times》（每日时报）、《Dawn》（黎明报）、《Nation》（国民报）、《The News》（新闻报）以及APP（巴基斯坦联合通讯社）等媒体每天所刊载的重大新闻、社论和评论员专栏文章进行下载、筛选，编辑成《巴基斯坦新闻摘要》和《巴基斯坦专题评论》。《巴基斯坦新闻摘要》每旬一册，主要包括政治、经济、外交等内容，按时间顺序编排，每篇新闻注明来源网站。《巴基斯坦专题评论》每旬一册，每册分为内政篇、外交篇、经济篇和其他篇等四部分。各篇再按照时间顺序编排，每篇评论也注明来源网站。形成巴基斯坦新闻、专题评论的系统英文原文资料，为国内了解和研究巴基斯坦全年形势发展动态提供帮助。

经过2009年一年的运行，社会反映良好，这是对所有参加此项工作的人的极大鼓舞。

2010年即将结束时，我们考虑，应该运用所汇集的相关资料，对巴基斯坦全年形势进行分析并提出初步看法，为我国相关研究人员大致了解该年度巴基斯坦总体情况提供帮助，也为更多读者及时了解巴基斯坦这个友好邻邦的最新情况提供可读之书。

为此，我们决定出版《巴基斯坦报告》（2010 年），列入四川大学巴基斯坦研究中心编辑出版的《巴基斯坦研究丛书》系列，并争取坚持下去，每年出一本，形成巴基斯坦研究的年度报告系列，以丰富我国的巴基斯坦研究事业。

参加本书撰稿的都是从事《巴基斯坦新闻摘要》和《巴基斯坦专题评论》的人员，在一年来坚持下载、汇集相关资料的基础上，选取专题进行分析和评论。陈继东、晏世经对初稿进行统稿和必要的修改，并最后定稿。保留了作者各自的表达风格，全书体例只是大致统一，并不十分严格。特此说明。

这是一项探索性的工作，远谈不上成熟和完善，敬请读者不吝赐教，支持和帮助我们把这项有意义的事做下去，并努力做得更好些。

陈继东　晏世经　谨识

2011 年 5 月 30 日于成都

图书在版编目（CIP）数据

巴基斯坦报告（2010年）/ 陈继东等著. —成都：巴蜀书社，2012. 5
（巴基斯坦研究丛书）
ISBN 978－7－5531－0009－8

Ⅰ. 巴… Ⅱ. ①陈… Ⅲ. ①巴基斯坦－研究报告－2010 Ⅳ. ①D735. 3

中国版本图书馆 CIP 数据核字（2012）第 072535 号

巴基斯坦报告（2010年） 陈继东 晏世经 等著

责任编辑	周文炯 张红义
封面设计	张 科
出 版	四川出版集团巴蜀书社 成都市槐树街 2 号 邮编：610031 总编室电话：(028)86259397
网 址	www.bsbook.com
发 行	巴蜀书社 发行科电话：(028)86259422 86259423
经 销	新华书店
印 刷	四川机投印务有限公司
版 次	2012 年 5 月第 1 版
印 次	2012 年 5 月第 1 次印刷
成品尺寸	203mm×140mm
印 张	9.125
字 数	200 千
书 号	ISBN 978－7－5531－0009－8
定 价	20.00 元